房地产法诸问题与新展望

王者洁　著

知识产权出版社
全国百佳图书出版单位

图书在版编目(CIP)数据

房地产法诸问题与新展望/王者洁著.—北京：知识产权出版社，2016.4
ISBN 978-7-5130-3941-3

Ⅰ.①房… Ⅱ.①王… Ⅲ.①房地产法—研究—中国 Ⅳ.①D922.181.4

中国版本图书馆CIP数据核字(2015)第301195号

责任编辑：王　辉　　　　　　　责任出版：刘译文

房地产法诸问题与新展望

FANGDICHANFA ZHUWENTI YU XINZHANWANG

王者洁　著

出版发行：知识产权出版社有限责任公司	网　址：http://www.ipph.cn
电　话：010-82004826	http://www.laichushu.com
社　址：北京市海淀区西外太平庄55号	邮　编：100081
责编电话：010-82000860转8381	责编邮箱：wanghui@cnipr.com
发行电话：010-82000860转8101/8029	发行传真：010-82000893/82003279
印　刷：三河市国英印务有限公司	经　销：新华书店及相关销售网点
开　本：720mm×1000mm 1/16	印　张：13
版　次：2016年4月第1版	印　次：2016年4月第1次印刷
字　数：200千字	定　价：42.00元
ISBN 978-7-5130-3941-3	

出版权专有　侵权必究

如有印装质量问题，本社负责调换。

序 言

　　房地产作为人类生存必不可少的一项财产,其性质在现代社会发展的过程中日益复杂化。作为调整房地产这一特定客体法律关系规范的房地产法,不仅调整房地产领域平等主体之间房地产交易、房地产权属等诸多法律关系,具有解决与土地或房屋有关的权利冲突、维护房地产市场经济平稳发展的功能;与此同时,亦调整着土地利用、房屋规划,以及房地产市场秩序等法律关系,且兼具保障弱势群体生存和发展的住房需求之功能。

　　房地产法的基本原则应体现民法的基本原则,盖因房地产法作为民法之下位法必然当以民法作为立法依据,与民法保持内在的协调;此外,亦应体现社会法的基本原则。房地产法调整土地利用、房屋规划,以及房地产市场秩序等法律关系,关系到人的生存权、发展权,以及社会的稳定,不能完全以私法上意思自治为基础的法律来控制,政府有必要对房地产业予以适当的宏观调控,采取社会保障等措施以满足弱势群体生存和发展的住房需求,以求得社会秩序的稳定与和谐发展,维护社会公共利益。房地产法的基本原则作为贯彻实施房地产法律规范应遵循的普遍准则,是房地产法律规则的指导思想,亦是立法者在房地产领域所奉行的政策之体现。故此,对房地产法基本原则的梳理与阐释是研究房地产法领域内诸多法律问题的前提。

　　当下,诸多房地产法律问题日益突显,房地产交易领域相关利益主体的权利冲突时有发生。特别是预售商品房之上负载的主体众多、法律关系尤为复杂,权利主体之间冲突频仍。因而从各权利主体所享有的权利性质出发,当在厘清各权利主体权利类型的基础上,确定各主体之间的权利顺位关系,妥善处理预售商品房主体

— 1 —

之间的权利冲突,以保障其依法享有的房地产权利,维护交易安全。

住房需求具有社会普遍性,对于其中部分中低收入的住房困难者,政府当以适宜方式给予保障,在住房保障层次上进行良好的衔接,形成可持续性的住房保障供应链,这对于维护特殊群体的房地产权利具有重要意义。目前北京、天津等直辖市均已对公共租赁房、廉租住房,以及限价商品房等制度进行了探索和实践,但在实际操作中尚存在诸多制约因素。故住房保障功能的落实亟须具体的制度和规范来实现,形成一套立体的、多元的、开放式的制度体系,乃健全我国住房保障体系、实现居民住房权、完善社会保障功能的出路。

随着社会需求日益提升,房地产在居住功能之外利用形式呈多元化趋势,如出现房屋分时利用与住房反向抵押等新型房产利用形态。任何新制度的引进与推行均非一蹴而就,尚需经过吸收与发展、本土化与国际化并存的辩证发展过程,唯有选择性的借鉴域外成功经验,在研究域外模式的基础上,结合国内地区实践经验,建构可具操作性的制度框架与规范的运行体系,方能突破推行房屋分时利用与住房反向抵押之现行障碍,实现新型房产利用模式的良性运行。

此外,本书对房地产法发展趋势进行了立法展望。目前,个人住房房产税已由试点转为推进房产税立法,个人住房房产税法律体系的建立是统一房地产税法律的必然需求。制定具有明确性、可行性、稳定性的法律规则使其在现实中有法可依,已成为个人住房房产税立法亟待解决的问题。

伴随房地产经济发展新型权利不断产生,采光权与居住权纠纷在司法实践中纠纷日益增多,亟须相应的法律规范予以调整和约束。立法和法律权利是当下生活的一般反应,与社会发展同步,并非静态而固定。法律大多都是经过不断的司法裁判过程方才具体化,从而形成具有规范性、可操作性的明确标准,许多法律规范事实上是借助裁判成为现行法的一部分。采光权与居住权通过诉诸法院而表达出来,又经由法院裁判生成一种新型权利。故此,新型权利的法定化已成为维护权益、解决纠纷、实现法律保护的迫切需求。

书稿的最终问世,实乃基于众多领导、师长、同仁的帮助。尤为感谢南开大学法学院博士生导师陈耀东教授一直以来的帮助与指导,在此谨表谢忱。本书在写作和出版过程中,本校几位硕士研究生郭号林、郭丽华、张莉莉、常宇璠、王梦、畅婷婷等同学不仅在资料搜集、整理等方面付出了辛苦,部分同学还共同撰写了其中内容,在此深表谢意。此外,知识产权出版社编辑为本书的体系架构、写作风格、观点内容等提出了很多中肯的修改建议,令本人受益匪浅,亦在此鸣谢。

由于本人学识有限,书中疏漏乃至错误与不妥定然难免,祈盼批评指正。

王者洁

2015 年 10 月 30 日

目 录

第一章　房地产法的基本原则 … 1
一、保障房地产权利人合法权益的原则 … 1
　（一）保护土地使用权人的合法权益 … 1
　（二）保护房屋所有权人的合法权益 … 3
　（三）保护房屋租赁权人的合法权益 … 5
　（四）保护房屋居住权人的合法权益 … 6
二、房地产登记公示原则 … 7
　（一）登记公示原则的性质与模式 … 7
　（二）登记公示原则的法律依据 … 9
　（三）登记公示原则的社会价值 … 11
三、土地公有制和土地有偿使用原则 … 12
　（一）社会主义土地公有制 … 12
　（二）国有土地有偿使用 … 14
四、房地产资源可持续利用原则 … 17
　（一）土地资源的稀缺性 … 17
　（二）切实保护耕地 … 19
　（三）坚持可持续发展观 … 21
五、房地产综合开发原则 … 23
　（一）严格执行城市规划 … 23
　（二）鼓励发展居民住宅 … 24
　（三）坚持综合开发、配套建设 … 25
　（四）经济效益、社会效益、环境效益相统一 … 26

— 1 —

六、城市住房商品化与社会保障相结合原则 …… 27
  （一）城市住房商品化 …… 27
  （二）城市住房社会保障 …… 30

第二章 预售商品房的权利冲突与顺位确定 …… 33
一、预售商品房各权利主体享有的权利类型 …… 33
  （一）预售商品房所负载的各项权利之主体 …… 33
  （二）预售商品房各主体享有的权利 …… 34
二、预售商品房各主体享有的权利性质 …… 36
  （一）买受人权利的性质 …… 36
  （二）建设工程承包人优先受偿权的性质 …… 38
  （三）金融机构抵押权与按揭权的性质 …… 39
三、预售商品房各主体间的权利冲突 …… 41
  （一）金融机构与建设工程承包人之权利冲突 …… 41
  （二）金融机构与买受人之权利冲突 …… 42
  （三）买受人与建设工程承包人之权利冲突 …… 43
  （四）预售商品房之上其他权利冲突 …… 44
四、预售商品房各主体间的权利顺位确定 …… 45
  （一）金融机构与建设工程承包人之间的权利顺位 …… 45
  （二）金融机构与买受人之间的权利顺位 …… 47
  （三）买受人与建设工程承包人之间的权利顺位 …… 48
  （四）预售商品房之其他权利冲突的顺位确定 …… 49

第三章 限价商品房制度的法律规制 …… 51
一、限价商品房制度的基本理论 …… 51
  （一）限价商品房的界定 …… 51
  （二）限价商品房制度的特点 …… 52
  （三）限价商品房制度的功能 …… 53
二、限价商品房制度的现状 …… 54

（一）各地限价商品房政策及比较 ………………………………… 54
　　（二）对现行限价商品房制度的肯定与质疑 ……………………… 57
三、限价商品房制度实施中存在的问题 ………………………………… 58
　　（一）相关法律制度不完备 ………………………………………… 58
　　（二）准入及退出机制不健全 ……………………………………… 58
　　（三）定价机制不合理 ……………………………………………… 59
　　（四）监督机制不完善 ……………………………………………… 60
　　（五）融资渠道较为单一 …………………………………………… 60
四、破解限价商品房问题的思路 ………………………………………… 61
　　（一）健全限价商品房法律规范 …………………………………… 61
　　（二）完善限价商品房准入机制 …………………………………… 62
　　（三）规范限价商品房定价体系 …………………………………… 63
　　（四）建立限价商品房退出激励机制 ……………………………… 63
　　（五）强化限价商品房监管机制 …………………………………… 64
　　（六）创新限价商品房金融制度 …………………………………… 65

第四章　公共租赁住房制度的法制化 …………………………………… 67
一、四直辖市公共租赁住房制度评述 …………………………………… 67
　　（一）公共租赁住房的管理机构及运营主体 ……………………… 67
　　（二）公共租赁住房的房源筹集及资金渠道 ……………………… 68
　　（三）公共租赁住房的监督管理 …………………………………… 70
二、公共租赁住房制度存在的法律问题 ………………………………… 72
　　（一）相关法律规范缺位 …………………………………………… 72
　　（二）公共租赁住房行政规章不合理 ……………………………… 73
　　（三）管理主体法律定位不明确 …………………………………… 74
　　（四）公共租赁住房监督机制不健全 ……………………………… 75
　　（五）公共租赁住房配套制度不完善 ……………………………… 76
三、域外公共租赁住房制度的经验及启示 ……………………………… 77
　　（一）香港及周边国家的公共租赁住房制度 ……………………… 77

（二）香港及周边国家的成功经验及启示 ………………………… 78
四、公共租赁住房制度的法律完善 ……………………………………… 80
　（一）加强公共租赁住房立法 …………………………………………… 80
　（二）完善相关行政规章 ………………………………………………… 81
　（三）明确公共租赁住房主体法律定位 ………………………………… 82
　（四）强化公共租赁住房法律监管 ……………………………………… 83
　（五）健全公共租赁住房配套制度 ……………………………………… 84

第五章　廉租住房制度中的政府责任 …………………………………… 86
一、廉租住房制度中政府责任的类型 …………………………………… 86
　（一）政府市场主体准入规制责任 ……………………………………… 86
　（二）政府市场秩序规制责任 …………………………………………… 87
　（三）政府宏观调控责任 ………………………………………………… 87
　（四）政府可持续发展保障责任 ………………………………………… 87
　（五）政府社会分配调控责任 …………………………………………… 88
二、廉租住房制度政府责任的落实——以四直辖市为仪表 …………… 88
　（一）北京市廉租住房制度的责任落实 ………………………………… 88
　（二）天津市廉租住房制度的责任落实 ………………………………… 90
　（三）上海市廉租住房制度的责任落实 ………………………………… 91
　（四）重庆市廉租住房制度的责任落实 ………………………………… 93
三、廉租住房制度中政府责任仍存在缺失 ……………………………… 94
　（一）市场主体准入规制责任的缺失 …………………………………… 94
　（二）市场秩序规制责任的缺失 ………………………………………… 94
　（三）宏观调控责任的缺失 ……………………………………………… 95
　（四）可持续发展保障责任的缺失 ……………………………………… 96
　（五）政府社会分配调控责任的缺失 …………………………………… 97
四、廉租住房制度政府责任承担机制的完善 …………………………… 98
　（一）建立市场主体准入规制责任承担机制 …………………………… 98
　（二）健全市场秩序规制责任承担机制 ………………………………… 99

（三）完善宏观调控责任承担机制 ………………………………… 100
　　（四）改进可持续发展保障责任承担机制 …………………………… 101
　　（五）优化社会分配调控责任承担机制 ……………………………… 102

第六章　房屋分时利用法律问题刍议 ……………………………… 103
一、房屋分时利用的特征与类型 ………………………………………… 103
　　（一）房屋分时利用的法律特征 ……………………………………… 103
　　（二）房屋分时利用的两种类型 ……………………………………… 104
　　（三）房屋分时利用所涉及法律关系 ………………………………… 106
二、我国房屋分时利用的现状及困境 …………………………………… 107
　　（一）房屋分时利用现状 ……………………………………………… 107
　　（二）房屋分时利用面临的困境 ……………………………………… 109
三、域外房屋分时利用法制借鉴 ………………………………………… 111
　　（一）美国房屋分时利用法制环境 …………………………………… 111
　　（二）欧盟房屋分时利用法制环境 …………………………………… 113
　　（三）墨西哥房屋分时利用法制环境 ………………………………… 114
四、完善我国房屋分时利用的法律思考 ………………………………… 115
　　（一）制定专门法律制度及配套制度 ………………………………… 115
　　（二）健全监督管理机制 ……………………………………………… 118

第七章　住房反向抵押法律探索 …………………………………… 120
一、住房反向抵押的理论基础 …………………………………………… 120
　　（一）住房反向抵押的法律特征 ……………………………………… 120
　　（二）住房反向抵押涉及的法律关系 ………………………………… 122
二、我国住房反向抵押实践述评 ………………………………………… 123
　　（一）我国住房反向抵押的突破性尝试 ……………………………… 123
　　（二）住房反向抵押发展新动向 ……………………………………… 125
三、住房反向抵押推行面临的障碍 ……………………………………… 126
　　（一）住房反向抵押的法律困境 ……………………………………… 126

（二）住房反向抵押的现实问题……………………………………… 129
四、域外住房反向抵押制度的启示与借鉴……………………………… 130
　　（一）住房反向抵押的国际运作模式…………………………………… 130
　　（二）域外住房反向抵押制度的启示…………………………………… 132
五、住房反向抵押制度规则构建………………………………………… 134
　　（一）住房反向抵押应遵循的实体规则………………………………… 134
　　（二）住房反向抵押应遵循的程序规则………………………………… 135
　　（三）住房反向抵押监管制度之完善…………………………………… 137

第八章　开征个人住房房产税立法展望　139

一、个人住房房产税的内涵与性质……………………………………… 139
　　（一）个人住房房产税的基本内涵……………………………………… 139
　　（二）个人住房房产税的法律性质……………………………………… 141
二、个人住房房产税试点城市评述……………………………………… 142
　　（一）沪渝试点个人住房房产税政策对比……………………………… 142
　　（二）沪渝试点个人住房房产税的实施效果…………………………… 144
　　（三）沪渝试点个人住房房产税方案的合理性………………………… 145
　　（四）沪渝试点个人住房房产税方案存在的问题……………………… 146
三、开征个人住房房产税面临的问题…………………………………… 147
　　（一）开征个人住房房产税的法理困境………………………………… 147
　　（二）开征个人住房房产税的实践困境………………………………… 149
四、域外个人住房房产税的制度借鉴…………………………………… 150
　　（一）域外个人住房房产税的制度设计………………………………… 150
　　（二）域外个人住房房产税的目标定位………………………………… 152
　　（三）域外个人住房房产税制度的启示………………………………… 154
五、开征个人住房房产税的立法展望…………………………………… 155
　　（一）个人住房房产税的立法目标……………………………………… 155
　　（二）个人住房房产税的立法模式选择………………………………… 156
　　（三）个人住房房产税的课税要素设计………………………………… 156

（四）个人住房房产税征管机制之健全 158

第九章 住房采光权的侵权与救济 160
一、采光权的权利渊源与性质 160
（一）采光权的权利渊源 160
（二）采光权的法律性质 161
（三）采光权系复合型权利 161
二、采光权侵权的救济存在法律困境 163
（一）现行法律对采光权保护的制度尚未详尽 163
（二）采光权侵权的认定标准尚未统一 164
（三）采光权侵权的救济标准尺度不一 166
三、对侵害采光权行为的法律救济 167
（一）明确采光权侵权责任主体 167
（二）明晰采光权侵权构成要件 168
（三）拓宽采光权侵权救济路径 169
（四）量化采光权侵权救济具体标准 171

第十章 居住权制度的确立与建构 173
一、居住权的理论解说 173
（一）居住权的权利渊源 173
（二）居住权的法律法规 176
二、居住权的司法救济 178
（一）居住权纠纷层出不叠 178
（二）居住权纠纷类型日益分化 178
（三）居住权纠纷裁判适用标准模糊 179
三、居住权确立的法理依据 181
（一）居住权具备独特的物权属性 181
（二）居住权可弥补用益物权体系的不足 181
（三）居住权具有权利结构的融合性 182

四、居住权的权利建构 …… 183
（一）居住权的设定 …… 183
（二）居住权的主体与客体 …… 184
（三）居住权的权利与义务 …… 185
（四）居住权的变动与终止 …… 186

参考文献 …… 188

第一章 房地产法的基本原则

房地产法所调整的对象是基于房屋和土地等不动产而发生的法律关系,不仅关乎私人财产权,且关乎人类的生存权,故房地产法的基本原则一方面应体现民法的基本原则,房地产法作为民法的下位法必然要以民法作为立法依据,与民法保持内在的协调;另一方面应体现社会法的基本原则,房地产法调整土地利用、房屋规划以及房地产市场秩序等法律关系,关系到人的生存权、发展权以及社会的稳定,不能完全以私法上意思自治为基础的法律来控制,国家有必要对房地产业进行适当的宏观调控,采取社会保障等措施来满足弱势群体生存和发展的住房需求,保护其房地产权利,以求得社会秩序的稳定与和谐发展,维护社会公共利益。

一、保障房地产权利人合法权益的原则

(一)保护土地使用权人的合法权益

1. 土地使用权系用益物权

《民法通则》规定,土地使用权属于"与财产所有权有关的财产"。《物权法》亦将建设用地使用权列为用益物权。土地使用权作为一种独立权利形态的存在,无论在立法上还是在实践中都已经得到了确认。传统民法中,土地使用权包括地上权、地役权、土地用益物权,以及使用权(法国民法典)、建筑权(瑞士民法典),而没有统一的土地使用权概念。在我国,土地使用权是一种与土地所有权相并列的独立的民事权利,它是有中国特色的土地使用制度的产物,是一种新型物权。

在计划经济体制下,土地使用权并不是一项独立的物权。随着社会主义市场经济体制的确立,两权分离原则的提出,利用民事法律来调整土地的使用关系已成为发展趋势。国务院1990年颁布的《城镇国有土地使用权出让和转让暂行条例》中规定:土地使用权可以转让、出租、抵押,表明土地使用权已成为一项用益物权。

房地产法诸问题与新展望

土地使用权作为一项民事权利,其基本性质是:①土地使用权是一种物权,且为他物权。土地使用权虽然是土地所有权权能分离的结果,是在他人所有的土地上设定的权利,但与在租赁、使用借贷、寄托等情况下因债而发生的占有权的转移是不同的。土地使用权是一种他物权,是在他人所有物上设定的物权。②土地使用权是一种用益物权,且是一种区别于其他国家用益物权的新型用益物权。土地使用权以土地的使用收益为目的,不外乎非营利性使用或是营利性使用两种目的。但我国的土地使用权又不同于大陆法上的传统用益物权,较传统用益物权有更充分的享用权能和更广泛的适用范围。

2.对土地使用权的物权保护

基于土地使用权的基本性质,以及土地使用权本身所具有的其他特性,如派生性、从属性等,特别是目前我国特殊的立法现状决定了土地使用权时时有受到土地所有人侵害的可能。

我国的土地使用权,无论是国有土地使用权还是集体土地使用权,受到土地所有者干预的程度很高。土地所有者干预土地市场产生了极大的影响,尤其是集体土地使用者所受到的干预,在很大程度上挫伤了土地使用者的积极性,甚至造成某些地方弃耕撂荒的现象。土地使用权的相对弱化,不符合建立土地使用权制度所遵循的实现土地保护和资源有效利用的目标,亦不符合目前《物权法》发展的趋势。因此,《物权法》第121条规定:"因不动产或者动产被征收、征收致使用益物权消灭或者影响用益物权行使的,用益物权人有权依照本法第42条、第44条的规定获得相应补偿。"

土地使用权作为一种直接支配土地的物权,土地使用权人享有直接占有、使用土地的权利,排除任何第三人的侵占、侵害和其他妨害,享有物权法上的物上请求权。土地使用权人享有的物上请求权作为一种维护权益的自我保护措施,尤其是在情况紧急来不及请求公力救济的情况下,在法律允许的范围内,土地使用权人行使物上请求权有利于避免或减轻自己土地权利遭受的侵犯。在我国,土地为国家所有,土地使用权人的利益保障要依赖于对国家权力和使用人权利的界定,从而有利于使用权人和所有权人利益,以及社会利益的充分调和,并使法律能够充分调动土地私权主体和土地公权主体的积极性,促进法律的遵守,极大提高土地资源和法律资源的配置效率。

(二)保护房屋所有权人的合法权益

1. 房屋所有权所受到的限制

房屋所有权受到土地使用期限的限制,土地使用权作为一种用益物权,有一定的存续期间。我国法律规定,房地产权利人仅享有土地的使用权,且按土地的不同用途对这种使用权分别作了最高使用年限的限制,这意味着房屋所有权人拥有的是一种有期限、受限制的所有权,与那种完全意义上的财产显然有所分别。当期限届满时,土地使用权归于消灭。而相对于土地使用权期限而言,大多数建筑房屋的使用寿命并未完全终结,这无疑对房屋所有权人的利益构成威胁,极大地限制了其权利。故《物权法》第149条规定:"住宅建设用地使用权期间届满的,自动续期。非住宅建设用地使用权期间届满后的续期,依照法律规定办理。该土地上的房屋及其他不动产的归属,有约定的,按照约定;没有约定或者约定不明确的,依照法律、行政法规的规定办理。"以此保护房屋所有权人的利益。

房屋所有权受到国家收回权的限制,收回权时时成为威胁房屋所有权绝对性、恒定性的因素之一。《城市管理法》第21条规定:"土地使用权出让合同约定的使用年限届满,土地使用者需要继续使用土地的,应当予以批准。……土地使用权出让合同约定的使用年限届满,土地使用者未申请续期或虽申请续期但依前款规定未获批准的,土地使用权由国家无偿收回。"此规定表明,土地使用者虽有申请续期的权利,但这种申请可能被驳回。这实际上使政府处于强势地位,而置土地使用者于弱势地位,对房屋所有人权利的行使又设置了一道障碍。值得注意的是,《物权法》第148条规定:"建设用地使用权期间届满前,因公共利益需要提前收回该土地的,应当依照本法第42条的规定对该土地上的房屋及其他不动产给予补偿,并退还相应的出让金。"但对非住宅建设用地使用权期间届满后的续期问题,规定尚不明确。

房屋所有权受到国家征收征用的限制,对不动产的征收,其理论依据是相对所有权或所有权的限制。1949年《德国基本法》第15条第2款规定:"所有权承担义务。它的行使应当同时服务于公共利益。"自此,"所有权社会化"理论逐渐得到世界范围的承认和应用。

我国同世界各国一样,为了公共利益在对财产所有权保护的同时对所有权进行一定限制。第四次宪法修正案第10条第3款规定:"国家为了公共利益的需要,可以依照法律规定对土地实行征收或者征用并给予补偿。"《物权法》第42条第1款和第3款规定：为了公共利益的需要，依照法律规定的权限和程序可以征收集体所有的土地和单位、个人的房屋及其他不动产。征收单位、个人的房屋及其他不动产，应当依法给予拆迁补偿，维护被征收人的合法权益；征收个人住宅的，还应当保障被征收人的居住条件。《城市房地产管理法》第19条亦规定："在特殊的情况下，根据社会公共利益的需要，可以依照法律程序提前收回，并根据土地使用者使用土地的实际年限和开发土地的实际情况给予相应的补偿。"

由于房地产征收不利于房屋所有权人权利的行使，故房地产征收应严格区分是为公益利用还是商业利用，如果是为公益目的而迫不得已征收房屋，应当给予房屋所有人充分的补偿，以维护房屋所有人合法权益。对于为商业目的而征收房屋的，应该按市场经济客观规律办事，尊重房屋所有权人的意志，遵循自愿、平等、等价有偿的原则，不能随意强制征收，充分保护房屋所有权。

2. 充分保护房屋所有权人的权利

所有权的社会作用最初被认为是"定纷止争"，当下，所有权的首要作用是确定财产的归属。对国家来说，财产的归属关系尤其是重要财产的归属关系，对一国的基本经济制度和政治制度会产生重要影响；就个人而言，没有对物的所有权，不仅将失去维系其生存与发展的保障，而且还将丧失个人人格的实现和发展。所有权的存在对国家和个人都有不可估量的作用，已成为维系社会发展的基础。保护房屋所有权人的合法权益，对实现房屋的使用价值，满足房屋所有权人的利益需求有着极为重要的意义。

由于房地产天生的不可分性，房屋所有权人的权利必然与土地所有权及使用权紧密相连。土地权利制度的设立，关系到房地产市场的发育、土地资源的配置以及房屋所有权的完整性。土地制度改革的核心问题实际上是土地所有权与使用权的权利如何进行分配的问题，土地所有人一旦出让了土地使用权，便丧失了因土地使用权的取得而产生的占有、使用、收益和部分处分的权利，所有人的所有权不再完整，使用人的使用权相对独立扩张，甚至具备了所有权的部分属性。在这种情况下，有关土地使用期限、国家收回权、征收征用等规定无疑对房屋所有权的完整性构成了破坏。为了充分地保护房屋所有权人的合法权益，房地产法必须契合时代脚步，以保护权利人合法权益为重心，与物权法相协调一致，以进一步分配好土地所有权和使用权的关系,保障房屋所有权的充分性和完整性。

当然,房屋所有权人的占有、使用、收益、处分权能的行使并不是绝对的,它也要受到一定的限制,诸如,禁止权利滥用、遵循诚实信用原则、不得侵犯社会公共利益等方面的限制。

(三)保护房屋租赁权人的合法权益

1. 保护房屋租赁权人合法权益的重要性

房屋租赁权是房屋承租人一项重要的权利,房屋租赁权具有两栖性——兼具债权性与物权性,需要在立法上予以特别的保护。房屋租赁权的性质属于债权,债权的特点之一是效力的相对性,不具有排他性。在租赁的关系中,由于房屋所有人(出租人)可以随时处分财产,租赁关系会随之消灭,从而使承租人对租赁物的使用处于极不稳定的状态。对房屋承租人而言,会处于不能实现自己权利甚至"露宿街头"的恐惧之中,这势必会增加社会的不稳定因素。因此,对房屋租赁权的合理规范,不仅对保护租赁权人的合法权益至关重要,也是维护社会秩序稳定的需要。

现代立法为了保障房屋租赁债权的稳定性,保护承租人的利益,都确立了"买卖不破租赁"原则,房屋租赁权普遍呈物权化的趋势,使房屋租赁债权具有对抗一般人之效力。普鲁士法率先规定:不动产租赁亦得因登记而有对抗力,买卖不破租赁。《法国民法典》第1743条第1款规定:"如出租人出卖其租赁物,买受人不得辞走已订立经公证或规定有确定日期的租赁契约的土地承租人、佃农或房屋承租人。"《日本民法典》第605条规定:"不动产租赁实行登记后,对以后就该不动产取得物权者,亦发生效力。"《意大利民法典》第1599条第1款规定:"租赁契约包含租赁物有在转让前的明确时间、内容的,可以对抗第三买受人。"

最高人民法院《关于贯彻执行〈民法通则〉若干问题的意见》第119条规定"私有房屋在租赁期内,因买卖、赠与或者继承发生房屋产权转移的,原租赁合同对承租人和新房主继续有效",《合同法》第229条也有"租赁物在租赁期间发生所有权变动的,不影响租赁合同的效力"的规定,这些都体现出我国法律承认不动产在租赁债权上的物权化。

2. 房屋租赁权的物权化效力

通说认为,房屋租赁权物权化效力主要表现在以下四方面:①租赁权之对抗力,即买卖不破租赁;②侵害租赁物所产生的对第三人之效力,即承租人可基于对

— 5 —

房屋的合法占有,对第三人侵害租赁物和租赁权的行为,可请求其停止妨害赔偿损失;③处分之可能性,在一定条件下,承租人可为转租或租赁权让与之行为;④时间之延续性,通常租赁合同期限较其他债权的合同要长得多。❶

房屋租赁权尽管出现物权化的倾向,但只能存在于债权状态,否则将对出租房屋所有人极其不利,这是由于他物权具有对抗所有人的效力,所有权人将不得处分所有物,使权利处于冻结状态。故各国立法大多赋予房屋租赁以一定的物权效力,而不承认其为物权,房屋租赁权未能进入物权的法定类型,仍为一种具有两栖性的债权。

(四)保护房屋居住权人的合法权益

1. 居住权制度的作用

居住权制度的确立具有重要的作用:①是对基本人权的肯定和尊重。房屋是人类安身立命的基础,居住权的确立是满足人类对房屋的需要,对基本人权的维护。如果人类的居住权没有稳定可靠的法律保障,就失去了作为社会个体自由发展的基础。②有利于实现对房屋的最大化利用。在现代社会,财产以其价值得到最大化的利用为首要原则,作为不动产的房屋应实现其最大化利用。居住权制度可以较好地分配财产所有权的归属与财产的利用权,从而实现对房屋的最大化利用。③可以充分尊重财产所有人的意志和意愿。房屋所有人可以通过订立遗嘱以及订立合同的方式为他人设定居住权,同时将房屋所有权留给其法定继承人,这种制度安排可以体现财产所有权人的多方面需要,换言之,所有人对其死后的房屋不仅能够通过处分控制它的归属,而且能够控制它的利用,使所有人的意志得到充分的贯彻和尊重。

中国作为世界上最大的发展中国家,社会保障制度刚刚初步建立,一部分人由于经济收入所限,无力购买商品房,亦无力支付高昂的租金租用他人房屋。但由于与房屋所有人具有某种血缘关系、长期共同生活的关系或其他特殊关系,房屋所有人专门为这些具有特殊关系的住房困难者设立居住权,使这种居住权在一定期限内限制所有人和第三人行使其权利,能够在一定程度上解决这部分人的住房问题,不仅能够体现互助互济的良好道德风尚,更有利于社会秩序的稳定与和谐社会的

---

❶ 史尚宽.债法各论[M].北京:中国政法大学出版社,2000:148-150.

构建。

2.居住权制度确立的必要性

应否在《物权法》中规定居住权制度,一直以来人们对此问题争论颇为激烈。2007年3月16日第十届全国人民代表大会第五次会议通过了《物权法》,终于使争论暂时告一段落。《物权法》最终并未对居住权制度作出规定,但居住权作为一种权利实现方式,不仅能够保障特殊群体的生存发展的需要,而且能够充分发挥房屋财产的价值实现物尽其用。因此,应当将居住权纳入用益物权体系,在《物权法》中予以明确。在《物权法》中确认居住权这项权利,是房屋作为一项财产在现代社会财产体系中地位提高的表现,建立居住权制度,不仅符合了中国人的权利观念和财产观念,更有利于财产价值的发挥,也符合经济发展的要求,是社会进步的重要体现。

二、房地产登记公示原则

(一)登记公示原则的性质与模式

1.不动产登记的性质

不动产登记是世界各国民法物权中不动产物权的一种法定公示方式。登记作为不动产物权的公示方法,是不动产交易的规则,也是对不动产资源利用的前提。因此,不动产登记的本位或本质,应是不动产物权的公示形式。物权公示的法理根据在于物权的本质,即物权是对世权或绝对权,有排他性。物权公示使第三人通过这一可察知的客观"外形",得以认识某一物上的物权状况,免遭物权排他性的不测损害。物权公示使物权排他性效力获得了正当性,与物权排他性本质互为表里、不可分离,是物权形式要素或存在外形。物权公示是建立客观公正而安全的交易秩序,保护第三人利益的工具。

从登记行为过程来看,登记包含了诸多行为,但真正由当事人参与的仅是登记请求及登记申请两部分,研究登记行为的性质应从这两项权利去考察;从登记所产生的效力来看,登记行为是产生私法效果的行为,登记的首要意义在于物权变动的公示及公信,相对人及利害关系人均可查阅登记簿册,并且任何人均可相信登记权利而为之交易。

自罗马法以来,法律在理论上被划分为公法与私法,其区别之实意"除理论认识目的以外,厥载于救济程序。易言之,即私法案件由普通法院管辖;公法案件,除刑事案件由普通法院管辖外,原则上得受行政救济,由行政机关或行政法院管辖。"❶就登记制度而言,预告登记、异议登记、撤销登记性质上均为向法院提起的私法上之诉权,并且登记机关应负登记错误之赔偿责任。故登记性质上为私法行为当无异议,其特殊之处在于是由国家设立的担负公共职能的机关参与的私法行为。故此,应注意登记之私法属性及保护交易安全之功能,摒弃批准式的行政行为观念,剥夺登记机关之行政特权,确立其为法律服务、为当事人服务的立场,这对不动产登记制度的建立具有指导性意义。

2. 不动产登记的模式

由于各国经济发展的状况和各自的国情不同,因此在世界范围内主要产生了三种登记制度:

(1)权利登记制度,也称为实质主义登记制或德国登记制,指不动产物权变动,除了需要有当事人的意思表示一致外,还必须经过登记机关实质审查确定,并践行法定登记形式后才产生效力。采取此种登记模式的国家和地区主要有德国、瑞士、奥地利,以及中国台湾地区等。

(2)契约登记制度,也被称为形式主义登记制,这种登记制度滥觞于法国,故又称为法国登记制。依该登记制度,不动产物权的取得、丧失与变更,经当事人订立契约即已生效,但非经登记不得对抗第三人。采取此模式的除了法国外,还有日本、意大利、美国等国家。

(3)托伦斯登记制度,为澳大利亚托伦斯爵士于1858年在南澳大利亚州所创立。该制度的基本精神与权利登记制度相同,指不动产物权变动申请经实质审查后以政府所发的凭证确认物权,以便利物权移转的制度。现代各国采取此登记制度的除澳大利亚之外,还有英国、爱尔兰、菲律宾、加拿大等大多数英语国家和地区。

我国现行的不动产登记制度,显然无法套用上述三种登记制度予以评断,既不是契据登记制也不属于权利登记制或托伦斯登记制,而是介于权利登记制与托伦斯登记制之间的一种登记制度。主要根据在于:我国实行以国家干预为主的发证

---

❶ 王泽鉴.民法总则[M].台湾:三民书局,1992:2.

制度,就发给登记权利书证而言,现行不动产登记制度与托伦斯登记制大抵一致;依照我国现行法,登记为不动产物权变动的生效要件,这一点又与托伦斯登记制和权利登记制并无差异。

(二)登记公示原则的法律依据

1.《物权法》是登记公示原则的依据

《物权法》是调整私人财产法律关系的法律,而不动产在私人财产中占主导地位,可以说不动产是物权的基础与核心。房地产法作为专门调整不动产法律关系的法律必然以其母法——《物权法》为依据。因此,《物权法》中对不动产物权登记公示的规定成为房地产法确立登记公示原则的直接依据。

《物权法》第9条至第22条对不动产登记制度作了较为完整的规定。第9条规定:"不动产物权的设立、变更、转让和消灭,经依法登记,发生效力;未经登记,不发生效力,但法律另有规定的除外。"该条表明物权变动必须经登记才能发生效力,未经登记不生效。第14条规定:"不动产物权的设立、变更、转让和消灭,依照法律规定应当登记的,自记载于不动产登记簿时发生效力。"该条规定了不动产物权变动于何时发生效力。第15条规定:"当事人之间订立有关设立、变更、转让和消灭不动产物权的合同,除法律另有规定或者合同另有约定外,自合同成立时生效;未办理物权登记的,不影响合同效力。"该条表明不动产登记与不动产物权合同的关系,即不动产物权登记只是发生物权变动效力的条件,但其并不影响合同的效力。此外,《物权法》还对登记机构、预告登记、登记簿以及登记当事人的权利、责任作了明确的规定。

可见,登记制度是《物权法》中的重点内容,《物权法》对登记制度的规定,不仅成为房地产法确立登记公示原则的根本依据,也是制定与登记制度相关的法律、行政法规的依据。房地产法中确立登记公示原则能够明确房地产权利归属,保障当事人的合法权利,维护房地产交易安全,促进房地产市场健康有序的运行,从而实现房地产资源合理有效的配置。❶

2.《不动产登记暂行条例》是登记公示原则的法律依据

《不动产登记暂行条例》自2015年3月1日起施行,标志着不动产统一登记制

---

❶ 林建伟.房地产法基本问题[M].北京:法律出版社,2006:120.

度的正式建立。根据《物权法》第 10 条规定,不动产实行统一登记,并授权行政法规对统一登记的范围、登记机构和登记办法作出规定。《不动产登记暂行条例》,通过立法规范登记行为、明确登记程序、界定查询权限,整合土地、房屋、林地、草原、海域等登记职责,实现不动产登记机构、登记簿、登记依据和信息平台"四统一"。通过不动产统一登记,进一步提高登记质量,避免不动产权利交叉或冲突,从而保证各类不动产物权归属和内容得到最全面、统一、准确的明晰和确认,有利于不动产的查询,保障不动产交易安全。

《不动产登记暂行条例》是登记公示原则最直接的法律依据,《不动产登记暂行条例》的制定,主要遵循四项原则:①统一规范。明确由不动产登记机构负责登记,并对机构设置、簿册管理、基本程序、信息共享与保护提出统一要求。②严格管理。重点规范登记行为,强化政府责任,提高登记质量,增强不动产登记的严肃性、权威性和公信力。③物权稳定。明确已经发放的权属证书继续有效,已经依法享有的不动产权利不因登记机构和程序的改变而受到影响。④简明扼要。主要围绕实现"四统一"做出原则规定,对一些操作性规定,在今后的配套实施细则和技术规程中予以细化。《不动产登记暂行条例》的出台及实施,是对登记公示原则的最好诠释。

3. 登记公示原则在房地产立法中的体现

登记公示原则,在我国现行房地产立法中得到了充分的体现。《城市房地产管理法》第 35 条规定:"房地产转让、抵押,当事人应当依照本法第五章的规定办理权属登记。"第 44 条规定,商品房预售应向县级以上人民政府房产管理部门办理预售登记,取得商品房预售许可证明。第 61 条规定:"房地产抵押时,应当向县级以上地方人民政府规定的部门办理抵押登记。因处分抵押房地产而取得土地使用权和房屋所有权的,应当依照本章规定办理过户登记。"

《城镇国有土地使用权出让和转让暂行条例》第 25 条规定:"土地使用权和地上建筑物、其他附着物所有权转让,应当依照规定办理过户登记。"第 31 条规定:"土地使用权和地上建筑物、其他附着物出租,出租人应当依照规定办理登记。"第 35 条规定:"土地使用权和地上建筑物、其他附着物抵押,应当按照规定办理抵押登记。"第 36 条第 2 款:"因处分抵押财产而取得土地使用权和地上建筑物、其他附着物所有权的,应当依照规定办理过户登记。"第 38 条规定:"抵押权因债务清偿或者其他原因而消灭的,应当依照规定办理注销抵押登记。"第41条规定:"土地使用权期满,土地使用者可以申请续期。需要续期的,应当依照本条例第二章的规定重新签订合同,支付土地使用权出让金,并办理登记。"

《城市私有房屋管理条例》第6条规定:"城市私有房屋的所有人,须到房屋所在地房管机关办理所有权登记手续,经审查核实后,领取房屋所有权证;房屋所有权转移或房屋现状变更时,须到房屋所在地房管机关办理所有权转移或房屋现状变更登记手续。数人共有的城市私有房屋,房屋所有人应当领取共同共有或按份共有的房屋所有权证。"此外,国家土地管理局1995年修正的《土地登记规则》对土地登记制度作了较为详细的规定。

上述法律规定大部分制定于计划经济体制下,对登记只作了行政效力的规定。登记的基本功能是为了实现不动产物权的公示,登记公示方法的建立极大地减少了物权变动中的纠纷,维护了交易安全。[1]

(三) 登记公示原则的社会价值

1. 有利于维护不动产交易安全与秩序

不动产物权公示制度对维护财产秩序,保护交易安全具有重要意义。从静态角度看,通过不动产物权的登记公示使物上权属状况公之于众,明确权利的归属,起着定纷止争的作用,不论对所有权还是他物权,都使世上任何人负有不侵犯该物权的义务;从动态角度看,登记公示制度使外界得以明了物上权属状况,并从权属状况的变化查知物权的变动,对此变动予以认可和信任。静态安全和动态安全都是法律所要保护的对象,当二者发生冲突时,物权公示制度变成为平衡静态安全、动态安全的调和点。物权公示制度的这一权利冲突平衡功能,使物权人和善意第三人的利益冲突得以合理协调,具有重要的公平和效益价值,无疑有助于市场经济秩序的良性运行和发展。

2. 有利于保护善意第三人的利益

登记公示原则对维护不动产物权的善意取得人的利益至为重要。法律就是为了保护善意第三人,才将不动产登记簿记载之权利视为真实,并赋予其社会之公信力。从而在信赖登记的善意第三人取得登记的不动产物权时,其正当权利不会

---

[1] 王利明.民法[M].北京:中国人民大学出版社,2000:149.

因为有错误的登记而被追夺,因此一种客观公正的社会交易秩序才能得到维护。❶如果不动产物权登记没有这种效力,则善意第三人必须在交易时对其前手的不动产物权的正当性进行核查,否则一旦核查不周,善意第三人就可能因此而承担巨大损失。因此,通过不动产物权变动的登记公示,赋予不动产交易善意第三人物权登记的公信力,不仅能够维护善意第三人的利益,也是实现社会公平正义的需要。

3. 有利于提高房地产的效益价值

登记公示原则体现了"物尽其用"的基本价值取向。现代物权法除了界定物的归属、明晰物权外,也注重物权移转在提高经济效益、实现资源优化配置的功用,逐渐实现了物从"归属"到"利用"的转变。确立登记公示制度,不但公开了不动产所有权的归属,同时也公示了建立在不动产上的用益物权、担保物权等,体现了不动产物权的可转让性,促进不动产资源的充分利用。同时,登记公示制度能促进不动产交易的迅捷,使得不动产交易主体根据不动产物权的占有与登记情况,可以充分信赖公示标的物上的权利归属并与对方进行交易,并不需要对权利归属状况,以及权利有无瑕疵进行调查,从而降低交易成本,促进交易迅速顺利地完成。

三、土地公有制和土地有偿使用原则

(一)社会主义土地公有制

1. 土地制度的一般社会意义

土地是自然资源中最基本、最宝贵、最重要的资源,是人类生存和发展不可或缺的依赖,土地被认为是一切财富之母,"是一切生产和一切存在的源泉。"❷由于土地本身所具有的重大意义,在人类历史上土地制度的选择和运行,始终关乎整个社会的生存和发展,关乎人民的疾苦与安康。历史证明,适应社会生产力发展的土地制度将大大地促进社会的发展,反之则使社会发展呈现倒退的趋势。

人类历史有多远,土地制度的发展就有多久。在原始社会,由于生产力水平极端低下,人们集合在以土地公有制为主的土地制度下生存。随着生产力的发展,土

---

❶ 孙宪忠.论不动产物权登记[J].中国法学,1996(5):32-35.
❷ 马克思.资本论(第3卷)[M].中央编译局,译.北京:人民出版社,1972:106.

地制度的变迁便成为生产制度变革的先导或成果。处于农业社会时代的春秋战国时期废除井田制,使土地私有制得以确立,中国的历史车轮从奴隶社会驶进了封建社会。至欧洲工业革命后,土地制度的变更成为资本主义发展的重要条件,法国民法典对革命后土地关系的确认,即是这一重大制度变革的重要性成果。工业化时代,西方国家对土地所有权的限制,代表了一种适应公平诉求的制度改良,而社会主义国家在建国初期的土地改革和土地公有化运动,以及后来对土地公有制的种种改革,无不意味着一次一次深刻的社会变革。

2. 土地所有权制度的特殊性及类型选择

土地所有权是土地制度的重要组成部分,土地所有权在一定程度上有别于其他不动产所有权,我国法律中土地不允许私人所有的规定即体现了这一点。土地所有权之所以有自身的特殊性源于土地本身的特殊性:①土地作为一种自然资源,是人类最基本、最重要的生存条件,具有固定性、耐久性、有限性和不可替代性。因此,合理利用和保护土地是任何国家都必须坚持的基本国策。②土地是非可再生资源,不可创造和再生。由于土地的这种稀缺性,其归属和利用对一国经济制度、政治制度的确立和运行有着极其重要的影响。③土地所有权制度直接构成社会制度的一个重要组成部分,土地制度是基本国家制度,基本国策。

在市场经济发达国家,主要存在两种土地所有制模式:以美、日为代表的国家实行的是完全以市场为调控手段的私有制模式;英国及我国香港则采用以土地国有制即国家参与土地制度,对土地进行有效控制的市场模式。历史证明,土地制度的选择事关中国社会的和平与稳定。基于土地所有制度的特殊性尤其是土地所有权制度是一国社会制度的重要组成部分这一重要特点,我国历史上形成了土地公有制的土地制度。

3. 土地公有原则在我国法律中的体现

土地公有是指土地所有权属于全民所有和集体所有,国家不允许任何个人享有土地所有权,这在《宪法》《物权法》和《土地管理法》中均有体现。土地公有原则是社会主义经济基础在所有制上的体现,《宪法》第6条第1款规定:"中华人民共和国的社会主义经济制度的基础是生产资料的社会主义公有制,即全民所有制和劳动集体所有制。"第10条更进一步明确规定:"城市的土地属于国家所有。农村和城市郊区的土地,除由法律规定属于国家所有的以外,属于集体所有;宅基地和自留地、自留山,也属于集体所有。"可见,我国从根本法的高度确立了土地公有原则,《宪法》所确立的土地归属和利用基本制度是房地产法必须遵循的根本大法。

《物权法》第47条规定:"城市的土地,属于国家所有。法律规定属于国家所有的农村和城市郊区的土地,属于国家所有。"并在第58条规定了集体所有的不动产,包括:法律规定属于集体所有的土地和森林、山岭、草原、荒地、滩涂。《土地管理法》第2条第1款规定:"中华人民共和国实行土地的社会主义公有制,即全民所有制和劳动群众集体所有制。"该条第5款规定:"任何单位和个人不得侵占、买卖或者以其他形式非法转让土地。"在我国,土地所有权的主体只能是国家或集体,任何单位或个人都无权享有土地所有权,任何单位或个人转让土地所有权的行为都属违法,禁止土地所有权的流转。在市场经济条件下,为了能够充分发挥土地资源的价值,法律允许土地使用权的流转,土地使用权的流转并没有否定土地公有制。实践证明,在禁止土地所有权流转的条件下,通过市场作用于土地使用权,土地资源同样可以得到优化配置和充分利用。

改革和完善土地法律制度是房地产立法的重要组成部分,中国应建立起一套既有利于促进经济发展,又有利于实现社会公平分配的具有中国特色的土地法律制度。该制度以土地公有制为前提,通过承认和保障各种土地用益权利,实行国有土地有偿、合理使用,实现土地资源的保护和有效利用,为更好地构建适应社会发展和顺应经济体制改革的房地产法律铺平道路。

(二)国有土地有偿使用

1. 旧有土地使用权制度及其弊端

我国从1949年至1962年逐步形成了城市土地国家所有农村和市郊土地集体所有的公有制,与这种公有制相伴随的是计划经济和"一大二公"体制下的所有权和使用权不相分离,以及土地无偿无期限使用和土地权制非市场化的制度。在土地所有权与使用权不相分离的情况下,国有土地使用者不承担向所有者支付土地使用费和租金的义务,土地使用没有期限,土地使用权亦不能有偿出让、转让、出租或抵押。

这种国有土地制度存在严重的弊端,在经济体制改革以前主要表现为:①不利于土地资源的合理配置。在计划体制下,计划制定者盲目拨地,造成建设项目占地过多,部分土地闲置或低效利用。②不利于提高土地的价值和利用效益。土地使用者没有明确和稳定的土地权益,缺乏对土地投入的积极性,低效用地和闲置浪费土地的现象长期得不到纠正。

在经济体制改革后这种用地制度弊端更加突出,主要表现为:①无偿用地制度鼓励企业征收土地,加剧"多征少用,征而不用"的浪费现象,加速耕地的流失。②无偿用地造成企业之间的不公平竞争。占地多、占好地的企业,可以利用土地扩大经营规模,从事多种经营或者吸引外资,取得较好的经济效益;而占地少、占地差的企业,以及刚成立的企业(尤其是民营企业),不仅得不到好处还要为本企业扩大再生产用地支付高昂的成本。③不利于土地资源的优化配置。许多长期以来被闲置或低效利用的土地在土地权利的非市场化的情况下无法转到需要用地并且能够高效利用的土地的企业中,从而形成"有地的不用,用地的没有"的尴尬局面。④造成隐性土地市场和土地投机。土地使用权的流转是一种客观的需求,人为地禁止土地有偿转让、出租等,只能加剧土地供需矛盾,形成土地隐形市场。不仅导致国家土地收益大量流失,而且助长土地投机,扰乱土地市场秩序。

土地公有制一方面在维护社会公正方面发挥了积极作用,防止土地过分集中,这对于人口众多的我国具有十分重要的意义,与国际上土地所有制公有化的改革发展趋势不谋而合;另一方面,使我国土地所有权一直停留在公法意义上,在私法意义上几乎没有体现——国家土地所有权不能流转,集体土地所有权由政府严格控管,只能通过征收转为国家所有权,土地所有权的高度单一和凝固导致的僵化,加之国家所有权,以及集体所有权本身固有的主体虚位的缺陷必然要求建立灵活的土地使用制度来予以弥补。

2. 土地有偿使用制度的确立与完善

所谓土地有偿使用,是指任何企业、组织和个人为经营目的而需用土地使用权的必须以货币支付相应对价才能取得。"土地有偿使用制度的确立,是我国土地所有权理论的重大突破,它标志着我国土地开始进入商品化经营的时代。"[1]1988年修改《宪法》和《土地管理法》,终于突破了旧有制度,承认了土地出租和土地使用权的转让,确立了国有土地有偿使用制度。这是符合市场经济客观规律与现代法

---

[1] 刘俊.中国土地法理论研究[M].北京:法律出版社,2006:39.

治精神的土地使用制度,该制度的特点在于:①土地使用权是一种相对独立的财产权;②土地使用权可以按照设定的规则进入市场,这种土地制度的确立也迎合了《物权法》的发展趋势即"从归属到用益"。

市场经济下,人们对物权的关心重点已从所有权转移到用益物权。换言之,人们对利益获得途径的关心程度已超过了静态的利益归属。这种变化趋势即所谓的"从归属到用益",也称为"所有权的动态化"。社会主义市场经济体制下,如果公有财产不能进入流通,这些具有巨大价值的财富,无异于丧失了利用与增值的机会,不啻于对资源的极大浪费,且对维护社会主义公有制不利。因此,从归属到利用强调土地使用权的重要性尤为必要,既可以维护公有制,不至将财产"化公为私"而威胁我国的立国之本,又可以将公有财产交由其他主体利用,充分实现公有财产的增值,发挥个人的积极性与创造性,保障个人利益得以维护。

目前我国土地市场虽已初步形成但还很不规范,其中问题突出表现在国有土地资产流失严重,各种土地使用单位不但成为土地的最大利益主体,而且成为实际上的土地所有者。基于这一社会现实,应逐步完善土地有偿使用制度,建立土地流转的统一市场机制。逐步减少取消行政划拨国有土地的方式、协议出让方式,而代之以招标和拍卖的出让方式配置土地资源,进而培育和形成以出让土地使用权转让、出租、抵押、投资入股为主的活跃的土地市场。

3. 实行土地有偿使用的意义

实行土地有偿使用制度从根本上改变了旧有土地使用权无偿使用和非市场化的弊端,进一步解放了土地上的生产力,极大地促进了经济的发展。具体而言,这一制度的意义主要表现在以下三个方面:

(1)土地有偿使用适应了商品经济发展的客观要求。土地经过人类长期以来的开发、投入与改良,逐渐形成了自身的价值,这种价值不仅是交换价值和使用价值的结合,而且较一般商品巨大。商品经济的发展,必然要求这种追加了人类劳动的土地进入市场,通过市场来实现土地的价值,土地有偿使用正是顺应了商品经济发展的要求,将土地纳入市场经济条件下,促进了土地价值的实现。

(2)土地有偿使用促进了土地的合理利用。土地有偿使用制度的确立,极大地刺激了土地使用者积极利用土地的决心,倘若土地使用者怠于经营土地便无法收回因取得土地使用权所支付的成本。故通过有偿使用不但减少了土地的浪费,提高了土地利用率,而且通过土地使用者的积极投入和合法流转活跃了地产市场,实现了资源的优化配置,使土地利用趋于合理化。

(3)实行土地有偿使用制度,还可以防止国有资产流失,抑制土地投机,增加国家财政收入,扩充建设资金,促进国家经济建设和社会的发展。

四、房地产资源可持续利用原则

(一)土地资源的稀缺性

1. 土地的不可再生性与耕地总量的减少

土地作为一种最重要的自然资源是人类最宝贵的财富,是人类生存的基础。土地具有不可再生性,土地不是人类的劳动产品,不能通过劳动创造产生,而是自然形成的,且随着人们的不断利用日益减少。自工业社会以来,随着人口的急剧膨胀,以及工业化、城市化进程的加快,人类对土地的需求愈加迫切,导致土地的供给越来越紧张,而成为一种稀缺资源。同时,土地资源的容量有限,并非取之不尽用之不竭。人类长期以来对土地的掠夺式利用,导致大量的土地被占用或浪费,沙漠化、荒漠化严重,可利用的土地面积越来越小。

《土地管理法》规定:"十分珍惜、合理利用土地和切实保护耕地是我国的基本国策",由此可见保护耕地的重要性,但现实中对这一基本国策贯彻的如何呢?第一次全国土地调查显示,截至1996年10月31日,我国耕地面积为19.5亿亩;2006年10月31日,这个数字锐减为18.27亿亩,10年净减少1.24亿亩,平均每年净减少1240万亩。随之2009年底,第二次全国土地调查展开,调查显示,我国耕地最新数据为203077万亩,比原来数据增加2亿亩。尽管如此,仍不得不面对耕地总体质量不高、后备资源不足的现实。从人均耕地看,全国人均耕地0.101公顷(1.52亩),较1996年一次调查时的人均耕地0.106公顷(1.59亩)有所下降,不到世界人均水平的一半。耕地减少的如此之快有复杂的原因,主要是建设占用、退耕还林、农业结构调整等。从生态建设角度讲,生态退耕和农业结构调整是合乎情理的,减少的耕地大部分是质量低下的耕地。令人遗憾的是,目前城市化过程中的建设用地反而大部分占用的是优质耕地。

2. 非合理利用土地引发的诸多问题

耕地锐减使粮食安全得不到保障,我国粮食产量自1998年创造了5.12亿吨

房地产法诸问题与新展望

的历史最高水平后,连续下降,2003年已经跌至4.31亿吨,虽然2004年以后粮食产量有所增加,但截至2014年粮食总产量也只有60710万吨❶,还不充分能满足人们的需要。"民以食为天",粮食是人生存之本,耕地减少,粮食生产得不到保障,很容易引发社会矛盾,不利于社会的稳定。

失地农民缺少物质保障导致社会矛盾加剧,城市化进程使大量农民丧失了土地,失去了最基本的物质保障,而地方政府在征收农民土地时给予的补偿过低,这与政府从征地中取得的利益相比较显失公平。在城市扩张过程中,许多地方政府通过"农转非"撤销了集体经济组织建制,或在"城中村"改造中将集体所有的土地全部转为国家所有,虽然使农民变成了"城里人",但失去了土地的农民在城市"务农无地,上班无岗,低保无份",立足谋生非常艰难,长远生计没有保障,导致社会矛盾加剧。特别是大批农民工涌入城市,城市难于承受人口过多的重负,社会秩序混乱,不稳定因素增长。

非合理利用土地造成土地退化、水土流失严重、生态环境恶化,我国是世界上土地荒漠化较为严重的国家之一,现有荒漠化土地40多亿亩,占国土面积近30%,每年因荒漠化造成的直接经济损失达540亿元相当于西北五省(区)全年财政收入的3倍,而最严重的荒漠化即沙漠化也以每年3000平方千米的速度在扩展。国家环保总局发布的《2013年中国环境状况公报》显示,中国水土流失总面积294.91万平方千米,水力原因流失129.32万平方千米,风力原因流失165.59万平方千米。

非合理利用土地导致森林植被破坏严重,大量耕地被占用的同时,林地、草原也被占用,为了增加土地面积,大规模围湖造田、围河造田,造成湿地系统破坏,河流湖泊的数量急剧下降,防洪、蓄洪的功能降低,洪涝灾害频发。土地的不合理利用,生态环境的破坏导致动植物生存环境的恶化,致使我国物种数量急剧减少。据统计,近五十年来约有200种高等植物灭绝,约有400种野生动物濒临灭绝。

---

❶ 数据来源:中华人民共和国2014年国民经济和社会发展统计公报。

(二)切实保护耕地

1. 必须对基本农田进行重点保护

《物权法》第 43 条规定:"国家对耕地实行特殊保护,严格限制农用地转为建设用地,控制建设用地总量。不得违反法律规定的权限和程序征收集体所有的土地。"保护耕地,就是保护农业综合生产能力,保障国家的粮食安全。没有一定的、可供 13 亿多人口生活的耕地,对中国这样一个人口大国来说非常危险。经济建设与城市化发展不能以盲目牺牲耕地为代价,应把"保护耕地"作为重中之重。

基本农田是耕地中的精华部分,是保障国家粮食安全最基本的依靠,保护耕地最重要的是把基本农田保护好。建立的基本农田保护区制度对于耕地保护发挥了重大作用,应该把这一制度落到实处:一是把基本农田保护区落实到地块,要一个村一个村的落实,一块地一块地的落实。二是严肃基本农田审批制度,保证基本农田存在的永久性,基本农田不能被占用,因为一旦被占用很难弥补。这意味着耕地红线要严防死守,18 亿亩耕地红线仍然必须坚守,同时现有耕地面积必须保持基本稳定。可见,国家对于保护耕地的决心。

2. 保护耕地应强化所有权的保护作用

从《物权法》角度讲,农民集体对其所有土地享有排他权,不应受到不正当干预,但农村集体所有权是一种"弱势产权",农村集体土地所有人"农民集体"只是象征性的所有者,政府代表国家实际上掌握和控制了农民集体土地的最终处分权,政府对农用地的征收往往采取强制措施,农用地受工业化、城市化的过度压制,导致大量耕地被占用。

因此,《物权法》第 59 条规定:农民集体所有的不动产和动产,属于本集体成员集体所有。涉及农民集体所有财产归属以及集体成员重大利益的事项,必须依照法定程序经本集体成员决定。第 60 条规定:"对于集体所有的土地和森林、山岭、草原、荒地、滩涂等,依照下列规定行使所有权:(一)属于村农民集体所有的,由村集体经济组织或者村民委员会代表集体行使所有权;(二)分别属于村内两个以上农民集体所有的,由村内各该集体经济组织或者村民小组代表集体行使所有权;(三)属于乡镇农民集体所有的,由乡镇集体经济组织代表集体行使所有权。"

显然,《物权法》强化了农民集体对其所有土地的权利,保护耕地只有以《物权法》为基础,将农村集体所有权用严格的法律形式确定下来,方能使农用地向城市用地的转变建立在以市场为依托和政府作为一方民事主体与集体所有权主体平等的基础上,避免政府对农民集体所有权的侵犯,从根本上实现土地的合理利用。❶

3. 改革征地制度并控制征地规模以保障农民权益

在城市化、工业化进程中,征收农民土地引起的矛盾已引起了社会各方面的高度关注,也是当前引发部分农村不稳定的一个重要因素。目前地方政府滥用行政权力,征地规模过大,圈占耕地过多,致使失地农民的权益得不到保障,因此必须改革征地制度:①强化土地利用规划约束和用途管制;②国家要谨慎行使征地权力,把公益性项目与经营性项目严格区分,尽量缩小征地范围;③严格控制征地规模,可征可不征的尽量不征,可用可不用的尽量不用,必须征和必须用的尽量少征少用;④针对目前被征地农民获得补偿过低、农民的权益得不到保障的问题,政府应该给予被征地农民以合理的、公平的、及时的补偿费用,保障农民在征地过程中的权益不受侵犯。《物权法》第42条第2款规定:征收集体所有的土地,应当依法足额支付土地补偿费、安置补助费、地上附着物和青苗的补偿费等费用,安排被征地农民的社会保障费用,保障被征地农民的生活,维护被征地农民的合法权益。

4. 实行占用耕地补偿制度

《土地管理法》第31条规定:"非农业建设经批准占用耕地的,按照'占多少,垦多少'的原则,由占用耕地的单位负责开垦与所占用耕地的数量和质量相当的耕地;没有条件开垦的或者开垦的耕地不符合要求的,应当按照省、自治区、直辖市的规定缴纳耕地开垦费,专款用于开垦新的耕地。"按照这一条规定要求,建设占用多少耕地就要补充多少同等数量和同等质量的耕地,同时在复垦补充耕地时还要兼顾生态环境。目前我国耕地补充仅能达到数量上的要求,还尚未达到质量和生态方面的要求。实现补充复垦耕地的同时,要满足数量、质量和保护生态三项要求:①加大投入,任何单位和个人都不得减免耕地开垦费,建设单位还必须缴纳新增建设用地有偿使用费并不得减免和拖欠;②行政管理机构要把工作落到实处,对耕地复垦工作进行科学规划,对负责补充耕地的单位加强监督管理;③完善《土地管理法》,并配套出台有关耕地占补平衡方面的法律、法规,进一步明确占用耕地和补充耕地的权利和义务;④补充耕地要科学,符合生态规律,不能补充一亩耕地毁坏一

---

❶ 王利明.物权法专题研究(上)[M].长春:吉林人民出版社,2001:192.

亩森林,得不偿失。

(三)坚持可持续发展观

1.房地产资源可持续利用要以"生态物权"为基础

《物权法》作为自然资源配置与利用的基本规则,其关于土地资源归属和利用的制度安排及实施都将直接对"土地环境"产生重大影响,无论是土地资源的合理分配,还是土地的合理利用都是《物权法》的基本内容。如果不能实现土地利用的物权化,仍像过去那样对土地利用进行行政化、僵化的干预,肆意对土地进行征收、划拨,限制私人主体的民事权利,土地利用不可能满足可持续发展的要求,因为倘若私人对物权的稳定没有信心,必定会对土地资源进行掠夺性使用,所以,土地利用的可持续性发展应在物权法得到贯彻,土地利用的物权化过程就是实现可持续发展的过程。

符合可持续发展要求的经济被称为"生态经济",建立在可持续发展观上的文明是"生态文明",那么保障和促进可持续发展的物权,可以称之为"生态物权"。应该用"生态物权"去实现土地利用的可持续性,进而推动整个社会的可持续发展。

2.房地产资源可持续利用要坚持土地的集约利用

所谓土地的集约利用,是在土地上合理增加物质与劳动投入以提高土地收益的经营方式。集约利用土地并不是刻意少用土地,而是要充分掌握用地面积、投入的财力、人力和产出之间的比例,所谓产出不仅包括经济产出,还包括生态产出。土地的粗放式利用,势必会进一步激化土地资源不足与人口增长之间的矛盾。在"人口—土地—环境"这一链条中,土地处于中间环节,土地利用能否持续发展直接决定人口与环境能否可持续发展,因此我国的城市化、工业化应该促使土地利用由粗放型向集约型转变。

中国香港、新加坡、日本、韩国等土地资源稀缺的国家和地区,城市建设多采取高密度的土地集约利用模式,其中成功经验应予以借鉴。实现土地集约利用应在结合我国国情的基础上,严格制定和实施相关的法律、法规、政策和规划,进行合理的土地规划,把好农用地转用审批关,以及建立规范的土地市场,实现土地合理利用和城市建设合理布局,减少土地资源的浪费,不断提高土地的利用率和产出率。

3.房地产资源可持续利用应加强宣传教育提高人们的道德水平

人类自产生以来就开始征服自然、利用自然,同时也破坏着自然,最终导致生

房地产法诸问题与新展望

态环境恶化,使包括土地在内的许多自然资源出现危机。继而人类制定和实施相应的法律、法规、政策和措施来弥补和挽救人类自己犯下的错误,然而这种事后性的保护无法取得理想的效果,实现土地资源可持续发展关键在于人类能主动地去保护和珍惜,防危机于未然。这要求人们具备善良的道德素质,唤起内心的良知,"在终身占有人的占有期内,他应该爱护土地,合于一种善良的利用规则,他不得对土地造成任何的'毁损',不得因疏忽或过分地开发以致减少土地的价值"。❶

所以,土地利用的可持续发展、生态环境的保护必须有广泛的群众基础,需要广大人民群众积极参与,要加强对土地保护、实现可持续发展的宣传教育,提高人们内心善良的道德素质,增强人们珍惜土地的意识,使人类认识到保护土地,保护生态环境都是在保护人类自己未来的利益。

4. 房地产资源可持续利用要尊重历史、面向未来

可持续发展是我国经济发展的基本目标和基本任务,可持续发展的核心思想是在经济发展的同时,注意保护资源和改善环境,使经济和社会发展能持续进行下去。房屋建筑作为自然资源和人类智慧的结晶其本身具有价值性、稀缺性和标志性,因此,房屋建筑具有可持续发展能力。特别是那些具有历史意义的建筑,恰恰正是城市发展资源中具有价值性、稀缺性和历史标志性的关键因素之一,历史建筑是历史文化遗产的一个重要组成部分,如同那些珍贵的自然资源一样是不可再生资源,历史标志性建筑同样应当实现可持续发展。

房屋会因时代的变迁其原有的功能逐渐丧失,但是其建筑材料、建筑形式、建筑结构等仍具有可利用价值。房地产的一种功能丧失了,并不代表其整体价值的丧失,还应发掘房地产本身所蕴含的其他价值,特别是房屋在历史长河中积淀下来的文化内涵,为其注入新的功能,最大限度地使用其原有的材料和空间结构,不仅避免拆毁重建而消耗的更多资源,也使其获得新的生机。在房地产开发中,对于具有历史意义的房屋建筑不应一味推倒重建,应当重新利用并且保护其文化价值和内涵,让原汁原味的历史性房屋建筑保留下来,挖掘其潜力和价值,让这些历史文化遗产重新获得新生留给子孙后代。

---

❶ [美]阿瑟·库恩. 英美法原理[M]. 陈朝璧,译. 北京:法律出版社,2002:162.

五、房地产综合开发原则

(一) 严格执行城市规划

1. 城市规划及其重要意义

城市规划是指为了实现一定时期内城市的经济和社会发展目标,确定城市的性质、规模和发展方向,合理利用城市土地、协调城市空间布局和管理城市的综合布置和战略安排。[1] 具体内容包括总体规划、详细规划和分区规划。

总体规划包括:城市的性质,发展目标和发展规模,主要建设标准和定额指标,建设用地布局、功能分区和各项建设的总体部署,综合交通体系和河流、陆地系统,各项专业规划,近期建设规划。详细规划包括:规划地段各项建设的具体用地范围,建筑密度和高度等控制目标,总平面布置,工程管线综合规划和竖向规划。分区规划是在总体规划的基础上,对城市部分地区的土地利用、人口分布、基础设施配置做出的进一步规划安排,为详细规划的编制提供依据。[2]

城市规划对房地产开发具有重要意义:①城市规划是城市发展的纲领,是房地产开发的重要依据,严格执行城市规划是保障城市土地合理利用与房地产开发经营活动协调进行的前提和基础,是实现城市经济和社会发展目标的重要手段;②城市规划是政府对城市建设进行宏观调控和微观管理重要措施,严格执行城市规划,是对城市房地产开发进行合理控制、实现土地资源合理配置的有效途径;③科学制定和执行城市规划,是合理安排城市各项建设,指导城市有序、协调发展的重要保证。

2. 房地产开发要严格执行城市规划

城市房地产开发要严格进行城市规划,从法定程序看,城市规划管理主要体现为"一书两证"(建设项目选址意见书,建设用地规划许可证,建筑工程许可证)。通过"一书两证"的审核与发放,实现对房地产开发选址、开发建设用地和开发的建筑工程规划的管理。在城市规划区内进行房地产开发必须坚持适应经济的原则,开发项目的选址、布局、土地利用及各项建设必须符合城市规划,服从规划管

---

[1] 程惠瑛.房地产开发与交易——房地产法原理与实务[M].上海:复旦大学出版社,1998:72.
[2] 陈耀东.房地产法学[M].天津:南开大学出版社,1998:97-98.

理。任何单位和个人都必须服从根据城市规划做出的调整用地决定,不得占有道路、广场、绿地、高压供电走廊和占用地下管线进行开发。城市新区开发应当合理利用现有设施,开发城市新区应当具备能源、交通、防灾等建设条件,并避开地下矿藏有保护价值的地下文物古迹,以及工程地质条件不宜开发的地段。现代城市的发展要求把城市从整体上划分为不同的功能区域,如居住区、商业区、工业区等,房地产开发应根据城市规划的要求进行项目的选址与施工。[1]

(二)鼓励发展居民住宅

1. 住宅建设极大地推动社会经济发展

随着商品住宅建设的快速发展,以住宅为主的房地产业已经成为国民经济的重要支柱产业。在国家扩大内需战略的实施中,居民住宅消费和房地产投资已经起到重要作用。居住条件的不断改善,带动了居民生活需求的新发展,推动了社会全面进步的步伐。在全面建设小康社会过程中,由于工业化、城市化建设处于加速阶段,住宅科技进步贡献率不断提高,地区之间发展不平衡等因素,住宅建设特别是城镇住宅建设仍有巨大的潜力,还将长期保持持续发展,并成为贯穿我国全面建设小康社会始终的主要推动力。

2. 住宅建设关乎社会稳定

居民住宅建设是房屋开发的重要内容之一,居住水平从不同程度上反映了人民生活水平和社会进步水平的高低,住宅建设是社会保障体系的一个重要方面。居民住宅既是人们基本的生活资料,也是人们的主要财产,居民住宅问题的解决既关系到人民的切身利益,也关系到一个国家的社会生活秩序。住宅紧缺与人民要求改善居住条件和居住环境的矛盾是世界各国普遍面临的社会问题。因此,保障公民的住宅权利,改善其居住条件和居住环境,对于维护社会稳定、促进经济发展有重大意义。

3. 国家鼓励居民住宅建设

随着住房制度改革的推进和人民生活水平的提高,人们对住宅的需求会越来越大。国家作为管理者有责任和义务去改善人民的居住条件和环境,这就意味着要通过法律与政策导向,引导房地产开发企业投资于居民住宅建设。

---

[1] 钱品石.房地产法[M].北京:高等教育出版社,2005:169.

目前,为鼓励居民住宅的开发建设,降低开发成本和住宅价格,在住宅建设、投资方向、调节税和土地增值税上已经给予了优惠,且在住宅开发、建设上给予了优惠的贷款条件。由于房价上涨,许多城市居民根本无力购买商品住房,一些地方政府允许居民在城市规划区内自建住房。居民自建住宅,可以大大降低住宅消费成本,减轻购买住房的资金压力,分担了政府的负担,在促进住宅发展和扩大住宅有效供给方面发挥了不容忽视的作用,并且对抑制目前过高的房价起到积极的作用。允许城市居民自建住房也是解决长期以来困扰我国城市居民住房问题的新途径,为城镇居民住宅条件的改善创造了条件。

(三) 坚持综合开发、配套建设

1. 坚持综合开发、配套建设的必要性

我国在很长一段时间内,由于投资来源分散,城市建设采取的是分散建设、"见缝插针"的小生产方式,造成城市规划难以实施,城市布局混乱,城市建设缺乏整体效益。这种状况难以保证住宅建设与基础设施、公共设施的配套建设和同步建设,给人民群众的生活带来诸多不便,也给后续投资开发造成很大阻碍。房地产开发无论用于生产、生活还是用于经营,都需要一定的配套设施和基础设施,只有这样才能充分发挥该房地产的使用价值,提高利用效率,满足实际需要。《城市房地产开发经营管理条例》第3条规定,"房地产开发经营应当全面规划、合理布局、综合开发、配套建设。"房地产开发应坚持这一原则,否则不仅不能充分实现土地和房屋的最大化价值,更会造成人力、物力、财力的巨大浪费。

2. 坚持综合开发、配套建设促进城市发展

改变过去那种落后的、低效率的房地产开发模式,以"综合开发、配套建设"为指针,探索房地产开发的新模式,提高房地产利用效率,促进城市建设朝着健康的方向发展:①尽量避免零星分散地进行建设,选择适当的地段,集中成片地进行开发。避免零星征收土地,避免没有配套设施的住宅、办公、商业用房的建设,防止过多的零星插建,妨碍城市的发展,影响城市的生产、生活,恶化城市的交通、环境等。②严格按照规划和合理的开发程序,先地下、后地上进行建设,保证基础设施先行和环境建设(绿化、学校等)同步实施。③对集中成片地进行建设的新区开发和旧区改建,由取得综合开发资格的房地产开发公司统一组织。从勘测、规划、设计、征地、拆迁、道路、供水、供气、供热、供电、通信、排水、土地平整等工程建设到开发区

房地产法诸问题与新展望

域内住宅、公用设施、生活服务设施、厂房等建设及出售,都由综合开发公司统一组织进行。④开发区域的规模、多少、标准应当适应城市经济技术水平和城市经济发展的能力,从实际出发、量力而行。

(四)经济效益、社会效益、环境效益相统一

1. 房地产开发与经济效益、社会效益、环境效益的关系

经济效益是房地产开发企业从事房地产开发的根本驱动力,是房地产开发企业赖以生存和发展的必要条件,商人的天性中具有追逐经济利益的内容,没有经济效益,房地产开发将会对开发商失去吸引力,进而会影响整个房地产开发市场的发展,最终将影响到人民的"安居"。社会效益是房地产开发对社会产生的效果和利益,也是房地产开发真正价值的体现。房地产开发只有取得良好的社会效益,才能为社会所接受,才能有助于经济效益的更好实现。

包括自然环境效益和社会环境效益在内的环境效益则是房地产开发改善城市形象的重要途径。❶城市的房地产开发,与生态环境的保护和改善应当相互统一,然而城市土地的利用,往往由于高层建筑林立、绿地面积减少、占用公园、填占水面、人口剧增,以及市政设施不配套等多种原因,加剧了城市生态环境的恶化。这种状况如不加以改变,必然会影响到城市的整体面貌及房地产业的可持续发展。因此,凡是与城市生态环境有关的因素,诸如建筑物的高度、密度、绿地定额、"三废"的排放处理、水质标准、噪声限制、现有绿地面积的保护等,必须立法予以规制。在房地产开发领域中也要践行"科学的发展观",坚持"绿色开发",注重生态环境的建设和保护。

2. 房地产开发应坚持经济效益、社会效益和环境效益相统一

房地产开发是城市建设的重要方式和过程,经济效益、社会效益和环境效益相统一是城市建设的重要目标,唯此才能兼顾局部利益与整体利益、当前利益和长远利益,房地产开发只有坚持这一原则,才能获得顺利持久的发展。坚持经济效益、社会效益和环境效益三者统筹兼顾,互相促进、和谐发展,就要引导房地产投资者树立全局观念、长远观念,服从全社会的整体利益,严格执行城市规划和综合开发配套建设的方针,自觉遵守城市规划的各项法规、技术规范。规范房地产投资者的

---

❶ 程信和,刘国臻.房地产法学[M].北京:北京大学出版社,2001:99.

行为,克服单纯追求经济效益的倾向。当房地产开发的经济效益、社会效益和环境效益相冲突的情况下,首先维护社会和环境效益,不能一味迁就投资者的经济效益。同时,对房地产开发投资者合理的经济效益也应当予以保护,不能滥用行政权利侵害其经济利益。

房地产开发应特别注重可持续发展这一理念,可持续发展不仅包括经济的可持续发展还包括环境、资源、社会的可持续发展。由于长期以来房地产开发一直处于粗放、低端状态,许多开发项目缺乏合理的规划,乱占、闲置土地严重,城市化进程加快的同时带来了城市资源环境的严重破坏,给城市未来的发展带来了巨大隐患。因此,房地产开发要求政府和房地产开发商对开发项目进行周密合理的规划和设计,既要使城市化建设和进程保持适当的速度和较好的质量,又不能以牺牲后代子孙的未来利益为代价,要实现房地产开发的可持续性,促进经济、土地资源、环境的可持续发展。

六、城市住房商品化与社会保障相结合原则

(一) 城市住房商品化

1. 完善住房租金制度

目前我国住房商品化程度过高,住房自有率世界第一,据建设部公布的数据显示,城市居民住房自有率接近82%。在国外,城市居民拥有所有权房比率最高的是美国,为68%,英国为56%,欧洲其他国家为30%~50%。❶住房商品化程度高,并不意味着住房水平高。按照世界银行的标准,发达国家的房价收入比一般为1.8~5.5倍,发展中国家合理的房价收入比应为3~6倍,而我国目前的房价收入比为8倍左右,相当于普通人10~15年的收入。

实行住房商品化,并不意味着住房自有化。居者有其屋,也可以是"享有",并非必须是"所有",解决房屋居住问题不能仅局限于购房一条路。目前,充分发挥房屋租赁市场的功能,为那些无力购置商品房者提供租赁房屋居住的机会,不啻为一剂良药。为此,必须改革公房租赁制度并加强对私房租赁市场的管理。

现行的公房租金不仅低于以租赁价值为基础的商品租金,而且低于成本租金,

---

❶ 王吓忠,吴智龙. 中国传统观念与住宅消费[J]. 中共福建省委党校学报,2007(3):51.

实际上是"福利租金",这种低房租制严重违背了价值规律,体现不出租金以租赁价值为基础的属性。目前应以实现市场化运作、解决住房供需矛盾为原则,合理确定公房租金,实现租金以租赁价值为基础,使之成为商品租金,这是推进住房制度改革实现住房商品化的一项重要内容。在提高公房租金使租金形成真正的商品租金后,应合理地确定房屋的租赁价格与购买价格之间的比例,使之成为调节住房消费的经济杠杆。利用对房屋租买比价的调整,使住房改革目标得以实现。

此外,进一步加强城市私房租赁市场的管理:①成立专门的房屋租赁服务中心,集中办理房屋租赁合同登记备案及税收代征工作,提供房屋租赁服务;②实行房屋租赁市场指导租金制度,制定公布不同地段、不同结构、不同用途出租房屋的基准租金,使私房租赁的租金有所依据,符合市场规律;③建立房地产中介机构在规定时间内将房屋租赁具体情况向房屋租赁服务中心备案制度;④完善有关房屋租赁的规章制度,使房屋租赁市场更加规范化。

2. 健全住房金融制度

个人住房贷款是把职工对住房的潜在需要转变为现实的需要,有利于促进住房销售,加快住房建设和住房制度改革,改善居民的住房条件。1996年由中国人民银行修订颁布的《个人住房贷款管理办法》,对借款人的条件、贷款程序、贷款中的担保与保险,贷款的期限和利率,借款合同的变更和终止作了比较详尽的规定。但《个人住房贷款管理办法》并非法律法规,并且其中的内容尚有不足之处,需要将其中的内容上升到立法层次,并加以完善,以更好地发挥住房信贷制度的功能。

同时,应尽快建立住房反向抵押制度。住房反向抵押贷款是一种新型的金融形式,是住房商品化发展到一定程度的必然结果。从我国实际情况看,城市居民住房自有率有了很大提高,金融机构运作资金来源比较充足,而且金融机构有比较大的积极性开发这种新产品,加之房地产二级市场比较活跃,能够使得金融机构收回的住房及时得到变现,因而建立住房反向抵押制度的条件已基本成熟。住房反向抵押制度的建立,不仅能够进一步健全住房金融制度,还能够盘活住房二级市场,增加房地产市场二手房的供给量,在一定程度上有助于缓解住房紧张的局面,平抑目前居高不下的房价,最终促使住房商品化向着健康的方向发展。

3. 统一房地产权属登记制度

房地产权属的登记具有确认房地产权利归属的功能,明确房地产权利的归属是实现住房商品化的前提,也是房地产交易的基础,关系到房地产交易的安全,房地产的交易以交易主体一方拥有房地产权利为前提,而判断交易主体是否拥有房地产权利,以房地产权利的登记、发证为唯一的辨识标准。交易的安全和秩序的井然是市场经济中商品交易顺利进行的重要保障。为确保房地产交易安全,避免房地产交易中真实的权利人与名义上的权利人相分离现象的产生,必须完善房地产权属登记制度。

不动产的权属登记制度包括初始登记、预告登记、异议登记等,《物权法》明确要求建立不动产统一登记制度,以解决长期以来存在重复登记、机构重叠的问题。《不动产登记暂行条例》以《物权法》为依据,充分吸收和借鉴现行各类登记办法的有关内容,对不动产统一登记的范围、机构、簿册、程序、信息平台管理、信息查询共享及法律责任等方面的重要制度予以明确规定,实现了不动产登记法律依据的统一,使得不动产交易的安全性得到提升,避免由于信息的缺失、权属不明确、查询困难等原因而产生的交易风险,对于房地产市场的健康发展意义非凡。

4. 规范房地产交易制度

住房商品化的程度可以衡量一个社会的市场化水平,中国的住房向商品化迈开步伐,就必须把住房的生产、流通、分配当作商品来对待。其中住房流通的效率、秩序、安全等在很大程度上又关系到商品化进程的快慢。因此,应对房地产交易,亦即商品房现售、预售、房地产抵押、房屋租赁等制度予以进一步的规范与完善。

商品房的预售制度在房地产市场发展初期对推动和深化住房商品化起着不可忽视的作用,据统计,在房地产开发资金中,预售款已占房地产全部建设资金的50%。然而,随着房地产市场进一步发展和完善,商品房预售制度显露出种种弊端,现阶段的商品房预售制度带来非理性炒作引起商品房价格上涨、泡沫经济严重,并导致房地产市场中各种失信、违约、侵权行为乃至欺诈行为的产生,极大地损害了广大消费者的利益,影响了社会正常经济秩序。同时,国家公权力干预房地产市场出现了失灵与失信的现象,房地产价格居高不下,这在很大程度上是由于商品房预售制度的存在,商品房预售制度给大量投机者创造了炒卖和哄抬房价的机会,致使房地产业的发展走上歧路。

鉴于商品房预售制度的种种负面影响,应严格规制商品房预售的条件:①商品房预售实行首付定金制,根据工程进度付款。②实行商品房预售实名制度和商品房预售合同网上及时备案制度。③对预售商品房实行预告登记制度。通过这些配套制度的补充实现多管齐下的监控,保障购房人的合法权益,抑制房地产开发商的非理性炒作行为,减少并遏制商品房预售制度的负面影响,从而实现商品房预售制度的良性发展。

5. 推行物业服务制度

随着住房商品化程度进一步地提高,必须"改变计划经济体制下住房管理体制,建立适应商品经济发展和经营住房管理体制,新型不动产管理模式取代传统行政性房屋管理模式。"❶推行市场化、专业化运作的现代物业服务制度。

应规范物业服务合同,物业服务合同是业主委员会与物业服务企业双方意思表示一致的协议,是市场经济中物业服务开展的协议基础,也是现代物业服务开展的前提。为尽量减少和避免不必要的纠纷,应规范物业合同的内容,确立双方当事人之间的权利义务,明确责任的归属。

同时,解决物业服务的经费问题:①明确由所有权人及使用人来分摊维护费用。因为住宅小区的公共设施是由所有权人投资建设的,为所有权人共有,开发商无义务承担维护费用,住房条件改善后,居民在住房方面适当多支付些费用是理所应当的,住房方面的支出在消费总支出中所占比例应越来越大。②物业费的收费标准应当遵循合理、公开,以及费用与服务水平相适应的原则来加以制定,以纠正目前存在的收费标准、期限、方式不规范的现象。此外,提高物业服务的社会化程度,通过推行市场化的物业服务制度,不断提高物业服务的市场化程度。建立物业服务项目的招投标制度,把公开、公平的竞争机制引入物业服务行业,规范物业服务市场。

(二)城市住房社会保障

1. 实行公共租赁住房制度

2010年,国务院和住房和城乡建设部等七部门联合发布《关于加快发展公共租赁住房的指导意见》,出台公共租赁住房制度。公共租赁房制度是建立在福利国家与行政给付理念基础之上,关注社会中间阶层居住权的社会管理创新实践,其重要作用在于引导房地产市场的理性规范发展,进而稳定住房消费市场,同时也是克

---

❶ 符启林. 房地产法学[M]. 北京:法律出版社,2004:302.

服住房市场失灵的有效手段,对于促进城市经济发展、维护社会和谐稳定具有至关重要的意义。公共租赁住房与其他以销售为主的保障性住房最大的区别在于所有权归属不同。其所有权归政府或相关机构、企业所有,其目的在于用低于市场价或者承租者承受起的价格,向低收入家庭出租住房,以改善这部分群体的住房困难。当低收入家庭收入发展变化时,又有严格的退出机制。

全国各地相继开展了公共租赁住房制度的实践,但是由于公租房制度在我国刚刚起步,相关法律规范不健全,上位法缺失、行政规章不合理、管理主体不明确以及监督机制不健全等诸多实际问题逐渐凸显出来。故此,需不断完善公共租赁住房制度以期更加适应各地情况:①加强国家层面上的立法。制定《住房保障法》与《公共租赁住房管理条例》,使公共租赁住房建设逐渐走上法制化、规范化的道路。②完善相关行政规章的规定。对公共租赁住房的权属作出规定,对承租人的违约行为,以及其他违法行为做出明确规定,保障公共租赁住房制度的实施。③明确相关主体的法律地位。对管理主体和监管主体做出具体明确的界定,并准确定位政府角色,发挥政府作用。④建立多元化的配套机制并完善专项资金运行体系,保障公共租赁住房的建设和制度的顺利实施。

2. 健全廉租住房制度

2003年11月建设部发布了《城镇最低收入家庭廉租住房管理办法》,提出由政府实施社会保障职能,向具有城镇常住居民户口的最低收入家庭提供租金相对低廉的普通住房,以保障公民基本居住权利。此后,廉租住房制度在多个城市开展试点工作,制定适合各地情况的管理办法。由于廉租住房制度刚刚起步,相应的配套法律法规亦不健全,在实际操作中困难重重,没有发挥出其应有的作用。因此,有必要进一步健全与完善廉租住房制度,发挥廉租住房社会保障功能。

廉租住房资金来源的不确定问题是阻碍其发展的最大障碍,必须通过立法建立稳定规范的保障资金来源,以保证其支出的需要。廉租住房保障资金应来源于以下五种:①财政拨款,这是廉租住房建设资金的主要来源,应将廉租住房建设资金纳入财政预算。②住房公积金增值收益,根据《住房公积金管理条例》第30条的规定,住房公积金也是廉租住房建设资金的来源之一。③出售公房的收入,从出售公房收入中提取一定数量的资金作为廉租住房建设资金。④发行债券,在资金紧张情况下可启动此项方式。⑤接受社会捐赠,尤其是为低收入老年人、孤儿、残疾人等弱势群体提供廉租住房时,可采用此种方式筹集资金。

此外,健全与完善相关制度:一是廉租住房的申请和审批制度。包括入住廉租住房的申请条件,申请和审批程序,受理和审批机构;二是廉租住房的分配方法。在确定分配时应以廉租住房的社会保障性为原则,严格控制面积与装修标准,一户只能租住一处廉租住房;三是廉租住房的监控制度。包括廉租住房建设管理体系的内部监控制度和租金标准、物业服务各项制度、违约责任等。

3. 规范住房公积金制度

我国的住房公积金制度是在借鉴新加坡公积金制度的基础上而制定,旨在通过专款专用来开辟住房建设和消费稳定资金来源的一种政策性强制性住房储蓄,属于住房补贴的一种形式。公积金制度的建立转变了由国家或集体一手包揽住房的建设的局面,对支持住房消费发挥了积极的作用,它是一种住房社会保障措施,具有社会性、互助性、保障性和政策性等特征。2015年6月,住房和城乡建设部、财政部、中国人民银行共同披露《全国住房公积金2014年年度报告》。报告显示,目前全国公积金实缴职工1.188亿人。截至2014年年底,全国住房公积金缴存总额74852.68亿元,扣除提取后的缴存余额37046.83亿元。累计发放个人住房贷款2185.85万笔、42245.3亿元,个人住房贷款率68.89%,比2013年末增加0.33个百分点,但公积金利用效率仍然很低。

因此,要继续推行和完善住房公积金制度,使住房公积金制度更加规范化:①提高住房公积金的覆盖率。目前还有部分企业没有建立起公积金制度,住房公积金的覆盖率仅为正式职工,应大力提倡并鼓励各单位建立公积金制度,国家可以给单位予以适当补贴。②适当提高公积金的缴存数额,合理地确定单位和职工的缴存比例,发挥其提高住房消费的作用。③拓宽个人住房公积金利用方式。将住房公积金用于公共租赁住房租金等多种方式,解决众多普通城镇职工无力购买住房的问题,最大化地发挥住房公积金的价值。

第二章　预售商品房的权利冲突与顺位确定

商品房预售又称期房买卖,是房地产开发商将正在建设之中的尚未完全竣工的房屋预售给买受人,由买受人交付定金或购房款,并于将来确定的日期将房屋交付给买受人,转移房屋所有权的行为。[1] 商品房预售制度已经成为房地产开发商融资的一项重要手段,在良性运转的情况下对于推动房地产市场、金融市场发展方面无疑起着至关重要的积极作用。但由于商品房预售法律关系复杂,在其运作过程中因现有制度的不完善及监管不力或部分开发商诚信缺失等原因,导致相关利益主体之间权利冲突的产生。

一、预售商品房各权利主体享有的权利类型

(一)预售商品房所负载的各项权利之主体

商品房预售是一种法律关系复杂的交易行为,在交易过程中形成了多个合同关系,主要涉及四方权利主体:房地产开发商、买受人、建设工程承包人及抵押权人。

房地产开发商是房地产开发项目中在其依法取得国有土地使用权的土地之上进行基础建设和房屋建设行为的主体,其通过房地产开发过程而获得利润;买受人是与开发商签订商品房买卖(预售)合同并支付定金或房屋价款,享有在合同约定日期请求预售人交付约定商品房的权利人;建设工程承包人也称承包单位、施工企业、施工人,是被发包人接受的具有工程施工承包主体资格的当事人以及取得该当事人资格的合法继承人;抵押权人是对债务人享有债权在债务人不履行债务时得就抵押物优先受偿的权利人,即在商品房预售中享有土地使用权抵押权、在建工程抵押权或预售商品房按揭权的主体。

---

[1] 雷兰.商品房预售法律问题研究[M].北京:知识产权出版社,2007:1.

建设工程承包人、买受人、金融机构均是以房地产开发商为核心而形成各种相互交织的关系,在商品房预售的各个环节开发商都处于核心和主动的地位。基于开发商所处的主动地位,加之其掌握着资金及商品房出售的主动权,与其他各主体利益相比,开发商的利益不易受到重大损害,即使某个环节的其他主体不履行义务或不完全履行义务,开发商也享有充分的救济途径,故仅就建设工程承包人、买受人、金融机构三个主要主体享有的权利及利益冲突问题予以探讨。

(二)预售商品房各主体享有的权利

1. 买受人享有的权利

(1)订立合同过程中对预售人和预售商品房真实情况的知情权。合同法规定了先合同义务,指当事人为缔约而接触时基于诚实信用原则而发生的各种说明、告知、注意及保护等义务,违反它即构成缔约过失责任。在预售合同中,预售人的这种先合同义务成就买受人的知情权,并且因预售合同的特殊法律属性,这种知情权对于买受人而言至关重要。买受人有权了解所购商品房的真实情况,例如建筑材料的等级、设备与配套设施标准等一些不能通过目测所能了解的情况以及有无权利瑕疵,如在建的商品房有无设定抵押等,预售人应当在预售前告知买受人。

(2)在约定的时间受领开发商交付的商品房并取得房屋权属登记的权利。这是买受人最基本的权利,这一权利与开发商交付房屋的基本义务相对应。预售人必须按照预售合同的约定,将已建成并经验收合格的房屋按时交付给买受人。根据法律规定,未经验收合格的房屋,不得交付使用。由于不动产只有履行了不动产登记手续后所有权方得移转,故预售房屋竣工验收并交付给买受人后,买受人有权要求预售人协助其办理房屋所有权登记。

(3)交付的商品房质量符合约定且无权利瑕疵的权利。买受人的该项权利对应预售人的瑕疵担保义务,包括质量和权利的瑕疵担保义务两项内容。商品房的建筑质量必须符合有关的国家标准、行业标准,否则不但违法亦违反瑕疵担保义务,预售人应当承担违约责任。除建筑质量外,买受人有权要求商品房面积、公用面积分摊等事项符合合同约定。权利瑕疵担保义务是出卖人负有保证其所移转给买受人的标的物权利完全,不被第三人追及的义务。预售人应当保证预售的商品房是合法的商品房,已经取得国家法律法规规定的有关许可,否则预售人对买受人承担违约责任;保证第三人对预售商品房不能主张任何权利,第三人的权利包括所有权和其他权利,如抵押权、留置权等。

(4)对预售商品房享有的权利。预购的商品房是买受人权利的重要客体,买受人对预购商品房享有的权利同样以商品房预售合同为基础。权利内容主要是法律不禁止的情况下,有权以所预购的商品房进行抵押、设定抵押权和依法再转让预购的商品房。此外,在预售商品房竣工、付清房款并办理不动产登记后,买受人对商品房享有所有权。

2.建设工程承包人享有的权利

建设工程承包人享有的权利包括其依据建程工程承包合同法律关系之内容确定的基本权利外,《合同法》还特别规定建设工程承包人就建筑工程价款享有优先受偿权。建筑工程优先受偿权是在建筑工程竣工验收后,发包方未按约定支付价款,承包人对建筑工程享有优先权,享有对建筑工程折价或者拍卖的价款予以优先受偿的权利。《合同法》在第286条中确认了建筑工程承包人对所建工程价款享有优先受偿权,随后最高人民法院《关于建设工程价款优先受偿权问题的批复》(以下简称《批复》)进一步明确并丰富了该项权利的内涵。

在房地产工程建设中,一般由建设单位依据承包合同将建设项目发包给建设工程承包人,建设工程承包人承包项目后,由其全面负责项目的施工。实践中,通常由建设工程承包人先行垫资建设工程的一部分后,发包单位方开始给付部分工程进度款。因而,建设工程承包人承包建设工程项目后,通常要先行垫付人工、材料、设备等费用。如果建设单位未按照合同结清工程款,将给建设工程承包人带来很大的风险,并由此导致建设工程承包人拖欠施工工人(包括农民工)工资。《合同法》286条正是针对前述问题而规定,赋予建设工程承包人就建筑工程价款享有优先受偿权。

3.抵押权人享有的权利

(1)土地使用权抵押权。在预售商品房所在建筑工程施工之前,房地产开发商为了筹集建设资金,会选择将其取得的用于房地产项目开发的土地使用权提供给金融机构作为抵押担保,设定土地使用权抵押权。如开发商在还款期限届满而无力偿付本息时,金融机构作为抵押权人享有从开发商提供的作为履约担保的土地使用权中优先受偿的权利。

(2)在建工程抵押权。在建工程抵押是指房地产开发商为了筹措在建工程继续建造的资金,将其合法取得的土地使用权连同在建工程,以不转移占有的方式抵押给金融机构,作为偿还贷款履行担保的行为。实践中,在建工程抵押存在以在建工程中的建筑物抵押的情形,即开发商仅仅将在建工程已经完工部分的建筑物作为抵押担保,如就已完工的楼房中的一层或数层设立抵押。需要注意的是,无论是以整个在建工程设定抵押还是以在建工程中的建筑物抵押,"地随房走"这一原则始终不变。

(3)预售商品房按揭权。在预售商品房按揭抵押中,买受人若不能按时履行还款义务,金融机构有权处分作为履约担保的预售商品房。金融机构作为预售商品房的抵押权人,在商品房未交付买受人之前享有的是对买受人所有权之期待权的优先受偿权;当预售商品房竣工验收并办理不动产权属登记所有权转移至买受人之后,金融机构享有的则是不动产抵押权。

二、预售商品房各主体享有的权利性质

(一)买受人权利的性质

1. 买受人享有的权利为期待权

买受人依据预售合同取得的权利为要求商品房预售人按期交付符合约定条件的商品房并办理房屋权属证书等权利,买受人对预售商品房所享有的权利属于何种性质,存在不同理解。买受人与开发商之间的商品房预售合同是买受人取得预购商品房所有权的基础,商品房预售合同从性质上仍然是买卖合同,只是在签订时标的物尚未"成熟"而已。一般房屋买卖合同在签订之后,买方支付价款,卖方交付房屋,并且办理权属变更登记,登记之后买受人取得房屋所有权。

《物权法》第9条规定:"不动产物权的设立、变更、转让和消灭,经依法登记,发生效力;未经登记,不发生效力,但法律另有规定的除外。"第10条第2款规定:"国家对不动产实行统一登记制度。统一登记的范围、登记机构和登记办法,由法律行政法规规定。"《不动产登记暂行条例》对不动产权利进行了进一步的解释,在第5条规定:"房屋等建筑物、构筑物所有权等不动产权利,依照本条例的规定办理登记。"故此,预购商品房所有权的实现并非是在预售合同登记后,而是在不动产物权登记之后。

我国对商品房预售合同实行预售登记制度,就商品房预售合同登记而言,买受

人对预售商品房的权利实质上是对未来取得房屋所有权的期待权,仍然是一种债权。"预售商品房买受人之期待权自其发生而言,因买卖契约而成立,并与买卖契约同具法律上之命运;自其目的或功能而言,旨在取得标的物之所有权,未取得所有权之前阶段,因条件成就变为所有权,故在体系上,横跨债权与物权二个领域,兼具债权与物权二种因素之特殊权利,系一种'物权',但其具有债权上之附从性,系一种债权,但具有物权之若干特征。"❶

2. 期待权的性质

这种期待权有其特殊性,表现为以下四点:①期待权与完整权利相对,是一项不完整权利,期待权是完整权利取得的先期阶段,与完整权利应具有同一性质;②期待权与既得权相对,是一项仍处于发展中的权利;③期待权是一项动态性与静态性相结合的权利,自法律规定的部分条件具备时产生,至其实现时而消灭,维护着从期待到权利取得的整个过程,其使命在于通过消灭自己而实现其价值,故期待权与债权具有相似性;④期待权又具有保持着期待人对标的物的现实占有状态,抵御他人的侵夺、防止其法律地位受到破坏的功能,故期待权与物权之支配性、排他性相似,具有准物权的性质。❷

买受人与预售人签订预售合同并依约交纳一定的金额后,由于合同的标的尚未现实存在,买受人暂时无法取得标的物所有权,只能对该所有权有所"期待",而这种"期待"已经被赋予一定的法律地位,具有一种类似于"所有权"的法律地位。随着标的物的落成,买受人的期待权逐渐向所有权转变。基此,这种期待权具有"物权性",因而享有期待权的买受人,其法律地位亦应类似于所有权人。

《物权法》第20条规定:"当事人签订买卖房屋或者其他不动产物权的协议,为保障将来实现物权,按照约定可以向登记机构申请预告登记。预告登记后,未经预告登记的权利人同意,处分该不动产的,不发生物权效力。"预告登记赋予被登记的债权请求权具有物权的排他效力,使得未经登记权利人同意的处分行为归于无效,确保将来本登记的顺利实现。

---

❶ 王泽鉴.民法学说与判例研究(第一册)[M].北京:中国政法大学出版社,1998:166.
❷ 申卫星.期待权基本理论研究[M].北京:中国政法大学出版社,2006:106.

(二)建设工程承包人优先受偿权的性质

1. 留置权说

该学说认为《合同法》第286条是关于承包人行使不动产留置权的规定,房地产开发商未按照约定的期限支付工程价款的,承包人对已完成的建设工程享有留置权。❶ 此种观点有如下理由:建设工程实为承揽合同的一种,承揽人依法享有留置权,而发包人与承揽人享有的留置权行使的条件相似。该观点结合国外法律关于留置权的使用对象的规定,认为虽然我国民法理论将留置权只适用于动产,但并不排除在特殊情况下将留置权的扩大范围扩展至不动产。如此,可以更大限度地保护债权人的利益,保护建筑工程承包人。

上述分析虽有一定合理性,但尚不能认定建设工程优先受偿权为留置权。留置权以债权人占有标的为要件,一旦丧失占有,留置权随之消灭❷。而建设工程优先受偿权的行使,通常发生在工程竣工验收交付后,况且我国法律没有直接规定不动产可以成为留置权的标的,将留置权的适用范围扩大至不动产领域,与传统的留置权理论大相径庭。

2. 不动产优先权说

该学说认为"承包人优先受偿权的基础是以建设工程的存在为前提的"❸,而其他债权人的债权请求权仍然要以承包人建设的工程的存在为基础,因此赋予承包人就工程价款的优先权是符合公平原则的。从法律效力上来看,《合同法》第286条所规定的建设工程优先受偿权具有优先于已设定抵押担保的债权及一般债权的效力,因而第286条是在综合考虑的基础上,依据承包人享有的工程债权性质,直接赋予承包人以优先权。

主张定性为优先权的理由不乏真知灼见,但是仍有诸多地方值得商榷:以建设工程价款中包含了劳务报酬为由主张建设工程价款优先,似乎有偷梁换柱之嫌。工程款的确包含了劳务报酬,但建设工程承包人的工程款与施工人员的工资债权分属于两个权利主体,法律赋予工程价款优先受偿权不等于赋予施工人员工资优先受偿权。此外,虽然我国存在个别优先权的规定,但《破产法》中规定的仅仅是

---

❶ 申卫星.期待权基本理论研究[M].北京:中国政法大学出版社,2006:111.
❷ [日]进江幸治.担保物权法[M].祝娅,王卫军,房兆融译.北京:法律出版社,2000:20.
❸ 王红亮.承揽合同·建设工程合同[M].北京:中国法制出版社,2000:187.

优先清偿的顺序规定,不能称其为独立的优先权制度,且该优先权并不优先于一般担保物权。日本民法典通过优先权制度保护建设工程承包人债权仅仅是国外立法的模式之一,在德国、瑞士及我国台湾地区则采用的是法定抵押权立法模式,故不能以国外的某一立法模式去认定我国关于保护承包人债权的权利性质。

3. 法定抵押权说

该学说认为《合同法》第286条规定的是法定抵押权,属于法定担保物权,其设定是基于法律的直接规定,而不允许当事人任意创设[1]。将建设工程承包人的优先受偿权定性为法定抵押权,符合法条的设计、起草、讨论、修改和审议等立法客观过程。况且,建设工程承包人的优先权具有从属性、不可分性、物上代位性和优先受偿性,不以转移标的物的占有为要件,符合抵押权的一般特征。在我国尚未建立优先权体系的现状下,将此权利定性为法定抵押权,不会破坏我国现行的担保物权体系。

从《合同法》第286条的立法背景来看,该法条的设计只是抵押权体系中的一个特殊规定而已,即具有法定性,以此作为对建设工程承包人的特殊保护,由法律直接规定对某些债权进行特殊保护正是法定抵押权的特征。此外,鉴于我国相关优先权立法均定位于生存利益、公共利益,以及国家利益等社会和个人最基本需要的法律救济,而建设工程价款优先受偿权是对特殊行业的个别债权的非系统性的救济,是在抵押权基础之上稍做变化的产物。因此,在没有确立独立的优先权制度的情形下,界定为法定的特殊抵押权更符合我国的立法现状,也更具有可操作性。

(三) 金融机构抵押权与按揭权的性质

1. 土地使用权抵押权性质

土地使用权抵押权兼具担保物权和土地他项权利双重属性。对土地使用权抵押的性质的理解,尚需注意如下四点:

(1) 土地使用权抵押的标的为土地使用权。土地使用权与抵押权虽是两种不同的权利,但土地抵押权必须是基于土地使用权方能成立,并以土地使用权作为实现抵押权的标的。

---

[1] 梁慧星.中华人民共和国合同法第二百八十六条的权利性质及其适用[J].山西大学学报(哲学社会学版),2001(3):6-7.

(2)土地抵押权附属于土地使用权,但两者又有着密切的联系,土地抵押权的效力对土地使用权有着重大影响。土地抵押权的发生要以土地使用权的存在和行使为条件,且土地抵押权实现必然导致土地使用权归属的变动。

(3)土地抵押权的设定属于要式行为。依据《物权法》的规定,设立土地抵押权必须订立书面的抵押合同并进行土地抵押权抵押登记,抵押合同自登记之日起生效。

(4)土地抵押权具有担保物权的功用和效力,其目的在于通过土地权益归属的变更来实现债权的保障,而不是直接满足对土地的利用需求。因此,不具有对土地占有使用的权益。

2. 在建工程抵押权性质

关于在建工程的物权属性,我国台湾学者王泽鉴认为凡房屋屋顶尚未完全完工,但其已足挡风避雨,可达到经济上使用目的,即属于土地之上的定着物,买受人购买此种房屋的,自办理转移登记时起,取得房屋所有权。反之,未完成的房屋达不到以上标准的,应属于动产,归属于建筑人,买受此种房屋仅需交付,即可取得所有权。[1]

在建工程抵押与一般抵押相比具有以下特征:①标的物具有不特定性。在建工程抵押的标的物为尚未动工或正在建设之中的建设工程,处于不断的变化之中。②担保的债权具有特定性和专用性。在建工程抵押所担保主债权为在建工程继续建造所需要的资金,具有特定性、专用性。③抵押期间的阶段性。在建工程抵押,登记机关应当在抵押合同上进行记载,待抵押工程竣工后,当事人领取房地产权属证书的,重新办理房地产抵押登记。④抵押合同具有特殊性。以在建工程抵押的,抵押合同的内容除具备一般抵押合同条款外,还应载明《国有土地使用权证》《建设用地使用权证》等证件编号,已缴纳的土地出让金金额等内容。

故此,在建工程抵押是一种特殊的不动产抵押,其抵押标的为在建工程连同土地,具有不可移动的特性,本质上应属于不动产抵押。且由于设立抵押之时抵押物标的不确定性以及所担保的主债权的特殊性,使得其与一般不动产抵押相比具有特殊性。

---

[1] 王泽鉴.民法物权(第一册)[M].中国台湾:三民书局,1992:25.

3.按揭权的性质

关于金融机构在预售商品房按揭法律关系中享有的按揭权,学术界亦有不同观点。如"抵押说""质押说""让与担保说""独立按揭权说"等,综合不同观点,现行按揭制度具有以下特性:①担保标的物为未来财产权益,买受人在预售商品房买卖合同中所享有的权益不同于权利对象特定的普通债权,而是经预售登记产生物权对抗效力的期待权;②买受人将该特定的未来财产权益转移给金融机构作为金融机构借款的担保,待借款期限届满买受人无力清偿时,金融机构不仅可以要求开发商承担保证责任,而且可以主张预售商品房权利变动;③开发商作为保证人介入贷款担保关系中,承担连带保证责任。

上述三个方面并非简单的法律关系的叠加,而是相互制约、互相依存的一个整体,无法为传统典型担保制度所替代,亦不能被让与担保等非典型担保所涵盖。❶ 因而,我国商品房预售按揭有自己独特的利益衡平模式,按揭抵押权应为独立的担保物权类型。

三、预售商品房各主体间的权利冲突

(一)金融机构与建设工程承包人之权利冲突

1.建设工程价款优先受偿权与金融机构权利的冲突

法定抵押权与约定抵押权的冲突主要表现为优先效力的冲突。如下述案例:甲房地产开发公司与乙建筑工程承包公司签订了建筑工程承包合同,合同约定工程款分批按照工程进度拨付给乙公司。承包合同的期限为两年,合同依法签订后双方均依约履行,后双方就工程款进行了结算,甲公司尚欠乙公司工程款1000万元,甲公司向乙公司承诺在约定日期之前还清。在此期间,甲公司将在建的办公楼抵押给了丙银行并办理了抵押登记,贷款1500万元,贷款期限为6个月。贷款到期后,甲公司无力还贷。乙公司在甲公司支付工程款无望的情况下,申请法院对其承建的办公楼进行拍卖,并对拍卖的价款优先受偿。丙银行得知消息后即向法院提出异议,称其对该办公楼享有抵押权,并已办理了抵押登记。此时,丙银行与乙公司就拍卖价款的先后受偿顺序发生争议。

---

❶ 王利明:《物权法立法的若干问题探讨》,首届两岸民商法研讨会发言稿。

房地产法诸问题与新展望

上述案例中,建设工程承包人的优先受偿权与金融机构抵押权的权利对象均指向该工程,当该工程拍卖价款不足以清偿二者的债权时,承包人优先受偿权即与金融机构抵押权发生冲突,二者之间该如何确立受偿顺序?此外,当银行作为按揭权人介入商品房预售环节时,银行的按揭权与建设工程价款优先受偿权的权利对象均指向预售房屋或其所在工程,当发生开发商拖欠工程款或买受人未能偿还金融机构按揭贷款时,承包人优先受偿权就会与金融机构按揭权发生冲突。

2.建设工程优先受偿权与金融机构抵押权冲突的成因

导致建设工程价款优先受偿权与金融机构抵押权产生冲突系源于相关法律规定之间的冲突,依据《合同法》286条及最高人民法院《批复》规定,建设工程价款优先受偿权优先于一般抵押权及普通债权,因而在上述案例中,乙公司的优先受偿权应当优先于丙银行的抵押权而受偿。

然而《物权法》第170条的规定:"担保物权人在债务人不履行到期债务或者发生当事人约定的实现担保物权的情形,依法享有就担保财产优先受偿的权利",即赋予了担保物权人优先受偿的权利。《合同法》及最高人民法院《批复》与《物权法》规定了不同的优先受偿顺序,究竟哪种权利应该优先受偿?从法理上考察,建设工程优先受偿权仅仅依据其法定性不经过登记即可对抗已经办理物权登记的抵押权,这显然与物权公示原则相违背。建设工程优先权基于其自身的特点缺乏公示性,必然会引起一系列的权利冲突,亦会导致法律体系内部的冲突。

(二)金融机构与买受人之权利冲突

1.买受人权利与金融机构抵押权的冲突

买受人权利与金融机构抵押权的冲突源于开发商在商品房预售过程中,存在将已设定抵押的商品房进行预售或将已预售的商品房再设立抵押的行为。依据买受人是否办理了预告登记,买受人与金融机构的权利冲突分别表现为债权请求权与担保物权的冲突或期待权与担保物权的冲突。假设开发商甲与买受人丁签订了预售合同,但房屋权属并未发生转移,A在自有的物上设定抵押并办理了抵押物登记,根据《物权法》第180条第5项之规定,该抵押行为合法有效,丙银行依法享有抵押权。

如果买受人丁与开发商甲仅仅签订了书面的商品房预售合同而未办理预告登记,此时买受人丁享有的是依据合同要求开发商按照合同约定如期交付房屋的请求权,是一种普通的债权。而已经办理抵押登记的金融机构享有的是担保物权,此时二者间权利冲突及表现为债权与物权的冲突;如果买受人在与开发商签订商品房买卖合同后,并按照我国《物权法》第20条之规定办理了预告登记,则买受人享有的不仅仅是交付房屋的请求权,而是一种具有准物权效力的期待权,权利冲突表现为准物权与担保物权的冲突。

2. 买受人权利与金融机构按揭权的冲突

预购商品房按揭贷款合同是买受人在支付前期规定的房价款后,由贷款金融机构代其支付其余的购房款,将所购商品房担保给贷款金融机构作为偿还贷款履行担保的合同。[1]在这一担保关系中,作为买受人设定按揭的担保物在物理形态上处于不完整状态;在权属状况上,该担保物的所有权并未归属买受人所有,因此,该担保实质是以买受人预期在未来所取得的房屋所有权而设立。但这一权利的实现不仅取决于商品房预售合同的效力问题,还取决于有效预售合同的履行与否。买卖合同与按揭贷款合同是紧密联系的,但绝非主合同与从合同的关系。

开发商的先行违约行为是导致买受人权利与金融机构按揭权冲突的原因行为,如开发商未将房屋如期交付给买受人,使得买受人拒绝偿还金融机构的按揭贷款,从而引发买受人权利与金融机构按揭权的冲突。

(三) 买受人与建设工程承包人之权利冲突

1. 买受人已经办理预告登记或过户登记后产生的冲突

商品房买受人若已经办理了预告登记或过户登记手续,买受人已经取得了商品房的准物权或物权,那么建筑工程优先受偿权能否对抗买受人的这种权利?

从法理上看,建设工程优先受偿权虽然是一种法定的抵押权,其本质上仍然是承包人对开发商享有的一种特殊的债权保护,在买受人已经办理了预告登记或过户登记准物权或物权归属为买受人的情形下,承包人的特殊债权不能对抗买受人的准物权与物权。如果允许建设工程优先受偿权具有追及力,无疑是用买受人的合法财产替开发商偿还债务,不仅有违债权的相对性,且因建设工程优先受偿权是法定权利,不以登记为对抗要件,买受人对于开发商能否如期支付承包人工程款无从知晓,如果允许优先受偿权追及到买受人的准物权与物权,无疑是对买受人权利

---

[1] 刘武元. 房地产交易法律问题研究[M]. 北京:法律出版社,2008:147.

的侵害。❶

2. 买受人已支付全部或大部分购房款后产生的冲突

买受人已经支付房款,但当发生权利冲突时其权利仍然有可能得不到有效保障。如下述案例:房地产开发商甲将其投资开发的房地产项目交由建筑公司乙来承建,在开发商投入一定资金并取得预售资格后开始对外预售房屋,包括买受人丙在内数十位买受人与开发商签订了商品房预售合同并交付了部分房款。工程竣工验收后,因甲开发商无力支付工程款,建设工程承包人乙向法院申请拍卖建设工程以优先受偿建设工程款,导致包括丙在内数十位买受人无法得到房屋。

上述案例反映出最高人民法院的《批复》虽然规定了买受人在支付全部或者大部分房款的情况下,其权利可以对抗建设工程优先受偿权,但是现实中购房者的利益没有能够得到切实的保障。在商品房预售过程中,买受人与开发商之间通过签订商品房预售合同形成房屋买卖合同关系,彼此之间是基于合同关系而形成的债权债务关系。但是由于商品房预售的特性使然,在合同成立生效之际,房屋尚在建设过程之中,具有无法交付的可能性,这与交付购房款的比例多少并无关系。

目前法律尚无明确规定购房者在交付了大部分购房款之下其对房屋的期待性权利升格为物权或准物权,除非办理了预告登记,否则买受人享有的仍然为普通债权。《批复》中规定让普通的债权去对抗享有法定优先权的建筑工程承包人权利,显然有违法理。法律在保护弱者一方的权利时不能违背一般法理,牺牲法律权利体系的统一性。

(四)预售商品房之其他权利冲突

1. 多个抵押权人之间的权利冲突

在房地产项目开发过程中,房地产开发商可能将已经合法取得的土地使用权进行抵押,随着房地产项目的开发进程,通常也会将在建工程进行抵押或在建工程之上的建筑物进行抵押,甚至可能存在同一土地使用权、在建工程或建筑物的价值范围内多次设定抵押。当开发商出现资金断链,如因商品房未能如期售罄而不能及时偿还金融机构借款,就会发生多个抵押权之间冲突之情形。

抵押权实现的冲突主要表现为建筑工程之上同时负载多个抵押权的情形,在

---

❶ 孙鹏.担保物权法原理[M].北京:人民出版社,2009:182.

房地产项目开发过程中,为了融资需要而在建设工程之上设定多个抵押权的现象较为普遍,这不仅表明了数项抵押物并存于一物之上的客观现象,也隐含着数项抵押权之间的效力冲突。当出现纠纷后,如果拍卖时所得价款不足以清偿全部建设工程款及建设用地使用权抵押款时,需要确定多个抵押权之间的清偿顺序并妥善处理由此引发的多个抵押权人之间的冲突。

2. 多个建设工程承包人之间的权利冲突

我国现行法律中尚无对多个建设工程承包人权利出现冲突时如何确定其受偿顺序的规定,当两个以上的承包人对同一建筑工程主张建设工程价款受偿时发生的权利冲突,法律没有提供明确的解决途径。由于房地产工程项目的建设是一个非常复杂的过程,其建设周期较长,涉及的主体也会很多,因而同时存在多个承包人的现象非常普遍,各个承包人之间出现权利冲突的现象也必然会发生。

对于受偿的顺位问题存在不同观点:①成立时间的先后顺序来确定受偿的顺序,即成立时间在先的,其受偿顺序优先;②按照工程进展的流程来确定受偿的顺序;③按照债权比例受偿,即此时的承包人享有的权利平等,故应处于同一顺位,按照债权比例来受偿。

四、预售商品房各主体间的权利顺位确定

(一)金融机构与建设工程承包人之间的权利顺位

1. 建设工程价款优先受偿权优先于金融机构抵押权

面对建设工程价款优先受偿权与金融机构抵押权权利二者间的冲突时,从权利位阶及利益平衡去考虑,建设工程承包人权利应当具有优先效力。从权利性质上去考虑,承包人的建设工程优先受偿权为法定抵押权,法定抵押权应当优先意定担保物权。从制度功能上考虑,建设工程价款优先受偿权制度是法律为保护特殊权利之利益需要而规定的担保物权制度,其权利源于法律的直接规定,是为保护特殊债权人之利益需要而设定,当法律规定的条件成就时,权利即产生。[1]

此外,建设工程承包人权利优先还基于以下原因:①基于保护弱势一方需要。在房地产开发项目中,开发商始终处于主导和优势地位,承包人相对于开发商而

---

[1] 徐洁.抵押权论[M].北京:法律出版社,2003:253.

言,处于劣势地位。②基于保护劳动者生存利益需要。在发包人拖欠承包人的工程款中,有相当一部分为建筑工人(包括农民工)工资和劳务费,依据《民事诉讼法》的规定,在执行债务人财产时,工人的劳动工资应当优先得以清偿,同时也符合《劳动法》保护劳动者利益的宗旨。③基于维护市场稳定的需要。通常建筑工程承包人没有雄厚的资金优势,在垫付工程款后已将所有的资本投入到建筑工程之上,一旦工程款不能得到支付,不仅会使其血本无归,同时也面临着无法从事其他承包经营活动,甚至被迫面临破产,这对房地产市场的稳定发展极为不利。

2. 明确建设工程承包人优先受偿权的适用条件

对于建设工程优先受偿权的适用条件,最高人民法院《批复》中作了较为详细规定。建设工程承包人行使优先权的期限为六个月,自建设工程竣工之日或者建设工程合同约定的竣工之日起计算,该期限应为除斥期间,不适用期间中止、中断及延长的规定。

建设工程优先权的适用范围为建设工程价款,包括建设工程承包人应当支付的工作人员报酬、材料款等实际支出的费用,而非合同中约定的整个工程价款,亦不含承包人因发包人违约所造成的损失。此外,承包人先行垫资的款项能否纳入优先受偿的范围之内,依据最高人民法院《关于审理建设工程施工合同纠纷案件适用法律问题的解释》第6条第2款规定:"当事人对垫资没有约定的,按照工程欠款处理",很显然最高人民法院已以司法解释的形式肯定了承包人的垫资属于建设工程款,应当享有建设工程款优先受偿权。至于建设工程价款优先受偿权的标的物范围,应为承包人施工完成的建筑物。对于建设工程所在的土地使用权,应当属于发包人享有,与承包人的施工建设行为无关,不应一并成为优先权的标的物。

3. 建立建设工程价款优先受偿权备案登记制度

建设工程承包人的优先受偿权由于依赖于法律的直接规定而产生,缺乏公示程序,第三人无从得知该权利的存在,这使得其他债权人及抵押权人的利益都处于一种不确定的状态,甚至面临受到损害的危险。因而,为了保护交易的安全,以及其他权利人的利益,使建设工程优先受偿权能够真正地得以实施,切实保护好承包人的利益,有必要修正法律规定的不足之处,建立建设工程价款优先受偿权登记备案制度。

建设工程价款优先受偿权备案登记制度,对于平衡一般债权人的利益可以起到保护作用。不仅有利于一般债权人在设定抵押权时能够注重抵押物价值的风险,而且使得一般债权人能够预见来自法定抵押权的风险,对于法定抵押权所担保的债权能够提前知悉。因而,法定抵押权所担保的债权范围应当以登记为前提,未经登记不具有对抗第三人的效力。

(二) 金融机构与买受人之间的权利顺位

1. 买受人权利优先于抵押权

在权衡金融机构与买受人之间权利冲突时,价值判断的基础为二者权利所体现的利益性质。最高人民法院《批复》中确定了买受人在支付全部或者大部分房款的情形之下,其权利可以对抗建设工程承包人的优先受偿权。相对于金融机构而言,买受人处于弱势一方,多数情形下买受人用于购买房屋的款项通常为其多年积蓄所得,购买房屋的行为是为满足居住需要,买受人的购房利益属于生存利益。相形之下,金融机构抵押权所体现的利益则为经营性利益。故当买受人权利与金融机构抵押权相冲突时,依据权利优先的原则生存性利益高于经营性利益,故而应当优先保护买受人权利。

2. 买受人权利优先于抵押权的条件

买受人权利优先于抵押权应满足如下三项条件:①买受人购满房屋是为生活需要,是满足其自住需求而非为商业性购房或投资性购房等目的。这是最高人民法院《批复》适用的前提,也应该是买受人权利得以优先的主体要求。②买受人应当办理了商品房预告登记。买受人依据商品房买卖合同所享有的债权请求权之所以能转化成具有准物权性质的期待权,源于进行了物权属性的登记。若未经预告登记,其权利性质仍为普通债权。③买受人支付了全部或者大部分房款。这是买受人权利优先的基础,若买受人尚未支付购房款,则不存在优先受偿的请求基础。

故当买受人权利与金融机构抵押权发生冲突时,可以依据买受人是否办理预告登记进行分类。买受人未进行预告登记的,其享有的权利为债权请求权,依据物权优先原则,金融机构的担保物权优先于买受人债权;当买受人办理了预告登记,其对商品房享有的债权即具有准物权性质,买受人权利应当优先于金融机构抵押权。

3.规制商品房预售过程中开发商设立抵押行为

造成买受人与金融机构之间权利冲突的原因不在于买受人、金融机构或其他债权人,而在于开发商。因而解决这种权利冲突的重点不在于冲突发生后依法确立哪种权利顺位的优先,而在于如何从根本上避免这种冲突的发生。因此,应当严格规定房地产开发商已经设立在建工程抵押的商品房项目禁止预售,相关部门不予颁发预售许可证;反之,已经开始预售的房地产项目,不得设立在建工程抵押或以在建工程之上的建筑物进行抵押;与此同时,严格执行商品房预售备案登记制度以及预告登记制度,办理金融机构按揭贷款的条件限定为必须经过预告登记的买受人。

(三)买受人与建设工程承包人之间的权利顺位

1.买受人权利优先于建设工程价款优先受偿权

对于买受人与建设工程承包人之间的权利冲突,最高人民法院《批复》给出了直接而明确的答案,即买受人在交付购买商品房的全部或者大部分款项后,承包人就该商品房享有的工程价款优先受偿权不得对抗买受人。《批复》确定二者权利的效力顺位时,以买受人权利优先于承包人权利有着深刻的法理基础和现实基础。

从效力顺位的法理基础上看,买受人往往倾其所有购买的房屋为满足其居有定所的生活需要,这种利益属于生存利益,生存利益相较于其他利益而言,应当处于第一位。因而,买受人的生存权应当优先。承包人的利益中虽然也包含生存利益及施工人员的劳动报酬,但总体而言,承包人利益代表的更多是经营性利益。从效力顺位的现实基础上分析,买受人的经济力量处于劣势地位。现实生活中,承包人通常以经营组织为其存在形式,而买受人与其相比显然处于弱势地位,承包人比买受人更有能力保护自己的权益,故买受人的权利具有优先于承包人建设工程价款优先受偿权的效力。

2.买受人权利优先于建设工程承包人权利的条件

当然,买受人权利优先于建设工程承包人的工程价款优先受偿权受到一定条件的限制。买受人必须为自然人而非法人或者其他组织,且已经交付全部或者大部分购房款,同时,商品房预售合同已办理预告登记。《物权法》第2条也规定了预告登记制度,即当事人签订买卖房屋或者其他不动产物权的协议,为保障将来实现物权,按照约定可以向登记机关申请预告登记。经预告登记后,未经预告登记的权利人同意,处分该不动产的,不发生物权效力。

预告登记的作用在于:①为保障权利人将来实现物权,因为在签订合同时,商品房尚处于在建之中,没有现实存在。登记的效力是为保证将来商品房建成之后买受人能够实现对该房屋的所有权。②能够产生对抗第三人的效力,预告登记后,未经登记的权利人同意,他人处分该不动产的,不发生物权效力。故当房屋买受人权利与建设工程承包人权利相冲突时,应当确立如下权利顺位:经登记的买受人权利优先于建设工程承包人优先受偿权;未经登记,买受人权利为普通债权,建设工程承包人优先受偿权应当优先于买受人权利。

(四)预售商品房之上其他权利冲突的顺位确定

1. 同一土地使用权上多个抵押权之间冲突的权利顺位

开发商合法取得国有土地使用权后可以将其设定抵押,当其在土地使用的价值范围内多次设定抵押时,抵押权人之间极可能发生冲突,此时抵押权人的权利如何得以实现成为当事人争议的焦点。对此,《担保法》第54条,以及最高人民法院《关于适用〈中华人民共和国担保法〉若干问题的解释》(以下简称《担保法解释》)第78条做出了规定。土地使用权抵押合同以登记作为生效条件,故而已经登记的抵押权优先于未登记的;数个抵押权都进行登记的,顺序在先的抵押权优先于顺序在后的抵押权。

2. 建设工程之上多项抵押权冲突的权利顺位

当同一个建设工程之上存在多项抵押权时,抵押权人之间也必然会发生冲突。对此,仍然可以依照《担保法》第54条及《担保法解释》第78条的规定进行处理,即不动产抵押应以登记作为抵押合同生效的条件。当建设工程之上的数个抵押权均已登记的情形下,先登记的抵押权优先于后登记的抵押权;登记时间相同的,按照债权比例受偿。如果建设工程之上并存着未经登记的抵押权的,则已经登记抵押权优先于未登记的;未经登记的数个抵押权之间则按照抵押合同成立的时间先后顺序受偿。

3. 土地使用权抵押权、在建工程抵押权,以及建筑物抵押权冲突的权利顺位

当预售商品房所在的建设工程之上同时存在着土地使用权抵押、在建工程抵押或建筑物抵押时,数项抵押权实现的顺序应为:土地使用权抵押权>在建工程抵押权>建筑物抵押权。事实上,这种顺序的排列也是按照开发商设立抵押权的时间

先后顺序确定的。当开发商不能如期偿还金融机构欠款,抵押权人申请以所建工程进行拍卖、折价清偿时,很难区分哪部分为土地使用权所得,哪部分是建筑工程所得。因此,实践中在难以区分的情形下,应当严格遵守按照登记时间的先后来确定抵押权的受偿顺序。

4. 多个建设工程承包人之间权利冲突的权利顺位

对于建设工程之上多个承包人的优先受偿权发生冲突时的处理,因建筑工程承包人的工程价款优先受偿权属于法定抵押权,确定多个权利人之间的受偿顺序,应按照我国《物权法》《担保法》,以及《担保法解释》关于抵押权实现的顺序的规定进行处理。但由于现行法律没有要求承包人应当对其优先权进行登记,故而应按照承包合同成立的先后来确定优先受偿的顺序。解决此类冲突的最佳办法,乃是通过建筑工程价款优先受偿权登记备案制度,当权利冲突发生之时按照登记的时间先后来确立受偿顺序。

第三章 限价商品房制度的法律规制

限价商品房又称为"两限"商品房,是在限制套型比例、限定销售价格的基础上,以竞地价、竞房价的方式,招标确定住宅项目开发建设单位,按照约定价位面向符合条件的中等收入群体销售的中低价位、中小套型的普通商品住房。限价商品房作为政府宏观调控手段之一,系在普通商品住房供给不足、房价居高不下的市场背景下而产生的一种衔接现有住房体系模式的住房分类,其初衷在于解决既无资格购买经济适用房又无能力购买商品房的城市中等收入群体的住房问题,通过限价商品房政策以实现抑制房价飞涨、解决住房刚需的基本目标。

一、限价商品房制度的基本理论

(一)限价商品房的界定

限价商品房在我国住房体系中是一个新兴的概念。自2006年5月建设部、发改委等9部委在联合出台的《关于调整住房供应结构稳定住房价格的意见》中首度提出限价商品房政策以来,至今对其概念的界定尚未统一。各地在已出台的相关管理办法中,围绕"限套型、限房价、竞地价、竞房价"的核心,对限价商品房有不同的定义,且兼具各地方特色。如《北京市限价商品住房管理办法》第2条将限价商品住房定义为"普通商品住房";而《成都市限价商品住房销售规则》第1条则将其定义为"具有保障性质的政策性住房"。

限价商品房的房屋类型限于中低价位、中小套型的普通商品房,可根据具体楼层、朝向在一定范围内调整销售价格,但平均销售价格不能超过房屋销售限价。在一般情形下,政府并没有明确规定限价商品房的开发利润,只是规定最高限价和最低限价,由开发商企业以竞标的方式优胜劣汰后,据此特许胜出的开发商企获取房屋建设资格。

限价商品房采取"两限两竞"政策,是一种将住宅最高限价与土地最低限价综合而形成的特许权开发投标的房地产资源分配方式。"限"与"竞"是限价商品房政策的关键问题,"限"主要是对地价与售价的限制,体现了政府的保障和导向职能。除了价格的调控,限价商品房对销售对象、建设标准、建设工期等内容也有限制性要求。"竞"是在地价或售价一定的前提下,压缩房地产商的利润,尽可能实现土地价值,实现房地产的良性发展,体现市场经济的功能。

限价商品房制度的施行是为了遏制因垄断住宅供给而导致房价虚高现象,防止投机泡沫,减少市场经济主体的超额利润和社会福利的损失,以解决中等收入阶层的购房需求。故限价商品房是经城市人民政府批准,在限制套型比例、限定销售价格的基础上,以竞地价、竞房价的方式,招标确定住宅项目开发建设单位,由中标单位按照约定标准建设,按照约定价位面向符合条件的居民销售的中低价位、中小套型的普通住房。

(二)限价商品房制度的特点

1. 政策主导性

限价商品房是我国住房保障体系的重要环节,其政策初衷是为解决中等收入及中等偏低收入家庭住房问题。故自限价商品房政策实行伊始,便在土地出让、建设标准、房屋价格、销售对象和上市交易等方面受到较多的限制。限价商品房更多地被视为调控房地产市场的一种手段,隐含了价格补贴,即政府指导价格通常比周边普通商品住房价格低15%~20%(各地规定不一),体现了较强的政策主导性。此外,限价商品房的建设用地通过出让方式有偿取得,地方政府能据此获得土地出让金,相对于公共租赁住房等其他保障性住房建设用地的无偿划拨,地方政府在主观上亦更具积极性。

2. 流通受限性

限价商品房与普通商品房最大的不同并不在于价格形成的差异,而是因其房屋所有权的不完整性,直接体现于限价商品房流通的受限性。由于限价商品房的房屋所有权人对限价商品房享有完全的所有权,但鉴于其拥有价格优势,倘若不加限制的任其进入市场流通,既会扰乱房地产市场,亦可成为谋取暴利的投机工具。故对限价商品房的上市流转需加以一定约束,因此各地均规定购房人取得限价商品房房屋权属证书后5年内不得转让所购住房;如确需转让的,应向户口所在区县住房保障管理部门申请回购,回购价格按购买价格并考虑房屋折旧和物价水平等因素进行确定。

3. 社会保障性

限价商品房的社会保障性也称为社会性属性,其所体现的是住房社会保障功能。住房作为人类生存和生活的基础,是不可代替的必需生活资料,且住宅权是公民最基本的人权,应予以保障,不能因购买能力有限而导致权利的丧失。在土地资源限制下有限竞争的房地产市场中,仅依靠购买能力而分配房地产资源不具有合理性。限价商品房的产生主要是基于解决无购房能力的城市中等收入群体住房问题,体现政府对特殊群体的住房保障功能,以维护公民的基本住宅权,实现全社会"居住有其屋"的目标。

4. 不稳定性

由于国家层面至今尚未出台相关法律制度对限价商品房予以规范,仅在政策层面进行约束和实践性探索,故在限价商品房政策践行的过程中,不仅关于限价商品房的性质界定驳杂不一,而且在限价商品房的建设标准、选址、供应分配等方面均引发各界的激烈争议。限价商品房的不稳定性主要体现在缺乏统一的规范,在制度实施过程中既无系统明确的法律规范作为依据,又无翔实具体的操作标准,基于各个城市发展水平的不同,限价商品房制度更易受地方特色影响,出现不稳定的发展态势。

(三) 限价商品房制度的功能

1. 兼具商品性与保障性的双重属性

限价商品房的商品性主要体现在:①限价商品房由房地产开发商生产和经营,并在市场上进行销售;②限价商品房的价格中包含开发成本、税金和利润,房地产开发商不但可以收回投资,还能够通过销售限价商品房获取一定的利润;❶③目前在实施限价商品房政策的地区制定的限价商品房销售管理办法中,均规定限价商品房满5年后允许上市销售,从而赋予了限价商品房在市场上流通的功能。

同时,限价商品房具有社会保障性,虽然对限价商品房是否为保障性住房的界定尚未明确,但是其设立初衷即为解决中等收入家庭的住房问题,是政府调控房地产市场、抑制房价飞涨的一项重要举措,其"限套型、限房价"的特性具备鲜明的政府干预性。❷ 表现为:一方面,政府从限价商品房的前期立项规划、中期开发建设、

---

❶ 王洪卫. 房地产经济学[M]. 上海:上海财经大学出版社,1997:130-132.
❷ 孙光德,董克用. 社会保障概论[M]. 北京:中国人民大学出版社,2000:360-362.

以及后期销售和退出予以严格规范;另一方面,政府从房屋价格、建设标准,以及销售对象做出一定的限制。

2. 体现保障制度的层次性与完整性

在限价商品房推出之前,保障性住房仅为经济适用房和廉租住房。这两种住房是典型的保障性住房,体现的是政府为城市低收入人群提供的住房保障功能。而限价商品房制度针对的则是既不符合上述两种住房条件、又无力在市场上购买普通商品住房的城镇中等收入住房困难人群,即所谓的中等收入"夹心层"群体。根据垂直的住房保障公平理论[1],针对不同收入水平和住房条件需求的家庭需提供不同方式的住房保障。因此,我国的住房保障制度必须体现层次性,在经济适用房已逐步退出的情形下,为住房困难的中等收入人群提供限价商品房,为中低收入及低收入困难群体提供公共租赁住房与廉租住房。

限价商品房制度通过限制土地价格、限制住宅销售价格的方式,以住房保障制度体系中的中等收入"夹心层"群体解决住房问题。限价商品房制度的推出弥补了我国住房保障体系的缺陷和不足,扩大了我国社会住房保障的保障对象,实现了社会各层次收入人群住房的无缝衔接,是我国住房保障体系的重要一环,从而实现了住房社会保障的完整性。

二、限价商品房制度的现状

(一)各地限价商品房政策及比较

限价商品房政策实践始于2006年5月国务院办公厅转发建设部等9部委《关于调整住房供应结构稳定住房价格意见的通知》,2007年国务院出台的《关于解决城市低收入家庭住房困难的若干建议》再次重申该项政策,限价商品房政策的基本方略大致形成,由此引发了全国各大中城市限价商品房实践的高潮,北京、天津、广州、宁波、青岛、南京、西安等诸多城市均制定了限价商品房管理办法,使限价商品房的建设和分配有了明确的规范依据。此处选取北京、天津、广州三地限价商品房政策的主要内容进行简要比较(见表3-1)。

---

[1] Headey B. Housing Policy in the Developed Economy. Croom Helm. 1988,5(1):2533.

表 3-1　北京、天津、广州主要限价商品房政策对比

城市	准入对象	套型限定	销售价格	申购程序	配售程序	产权流转
北京❶	本市中等收入住房困难的城镇居民家庭、征地拆迁过程中涉及的农民家庭，以及市政府规定的其他家庭	90平方米以下为主，一居室控制在60平方米以下；二居室控制在75平方米以下	一般低于周边商品房价格10%~30%	向户口所在地的街道办事处或乡镇人民政府提出申请—初审公示—区县住房保障管理部门复审公示—市住房保障管理部门备案	进入轮候家庭通过摇号等方式配售。多次摇号均未能摇中，轮候3年以上的，可为其直接配售	取得房屋权属证书后五年内不得转让，确需转让的，可申请回购。5年后转让的，应按照届时同地段普通商品住房和限价商品住房差价的一定比例交纳土地收益等价款，交纳比例为35%
天津❷	本市市内六区、环城四区及滨海新区范围内非农业户籍；家庭上年人均收入低于3万元；家庭住房建筑面积不超过60平方米；家庭人口原则上2人以上，但男超过25岁、女超过23岁的未婚人员及离异、丧偶人员可作为单人户申请	控制在90平方米以下，一居室50平方米左右，两居室70平方米左右。一居室、两居室住房套数占住房总套数的比例不低于70%	原则上比测定销售价格前3个月内周边或同地区普通商品住房价格低20%左右	向户籍所在区房管局申请—初审—户籍所在区民政局收入核查—区房管局公示—开具天津市限价商品住房购买资格证明，有效期为1年	市国土房管局可采取摇号或轮候方式确定申请人购房次序	限价商品住房购买人在交纳契税满5年后方可上市转让（继承除外）

---

❶ 《北京市限价商品住房管理办法》《北京市限价商品住房购买资格申请审核及配售管理办法》《北京市限价商品住房申购家庭收入、住房和资产准入标准及已购限价商品住房上市交易补交比例的通知》《北京市住房和城乡建设委员会关于加强廉租房、经济适用住房和限价商品住房审核配租配售管理等问题的通知》。

❷ 《关于印发天津市限价商品住房管理暂行办法的通知》《关于落实〈天津市限价商品住房管理暂行办法〉有关问题的通知》《关于住房保障政策中相关认定问题的通知》《关于放宽限价商品住房购买条件的通知》《天津市限价商品住房违规申购处理程序》。

房地产法诸问题与新展望

续表

城市	准入对象	套型限定	销售价格	申购程序	配售程序	产权流转
广州❶	本市户籍人口;本人(已婚的,含配偶和子女)在广州市没有自有产权住房;男性年满25周岁,女性年满23周岁	限价商品房套型建筑面积不得超过90平方米	原则上按地块出让时同一区域、同一地段的同类型商品住宅市场价格70%的标准制定	开发建设单位进行购买预登记	开发建设单位按优先购房者、其他购房者两类,公开摇号确定购买资格,由市国土房管局审核确认购房者名单	自办理房地产权属登记之日起5年内不得出租和转让。5年后出租和转让的,应补交土地出让金(按照公开出让时成交楼面地价或者基准地价的30%补交)

第一,就限价商品房的销售对象而言,北京、天津、广州三地的具体规定有所不同。北京直接规定以中等收入为标准,天津依据家庭人均收入,以及家庭财产总产值,而广州则以是否已拥有自有所有权住房为依据。虽然具体规定存在一定差异,但其准入群体的界定均是针对本城市的中等收入家庭。

第二,就套型限定而言,三地均将套型严格控制在90平方米以下,不同之处在于北京、天津两地对套型进行分类要求,更加具体明确。北京市求限价商品房的一居室控制在60平方米以下,二居室控制在75平方米以下;而天津则要求一居室50平方米左右,二居室70平方米左右。

第三,就销售价格而言,天津、广州两地对限价商品房的价格制定标准进行明确规范,规定价格大致保持在同地域、同类型的商品住宅市场价格的70%~80%;北京的限价商品房销售价格只是制定了一个大致的衡量标准,仍缺乏具体规制。

第四,就申请配售程序而言,北京、天津均遵从传统的保障房管理制度,将限价商品房的申请配售管理工作交由政府主导并具体实施,而广州则另辟蹊径,以开发建设单位作为限价商品房的销售主体,在限价商品房的预售登记时由政府对销售

---

❶ 《广州市限价商品住宅销售管理办法》《关于2009年广州市限价商品住宅销售对象有关问题的公告》。

对象等进行特殊审核。

第五,就所有权流转而言,各地规定大致相同,即5年内禁止转让,5年后转让须补交部分土地出让金。但对于补缴的比例、程序等不尽相同,仅天津对此规定的仍较为原则,有待于进一步细化。

(二) 对现行限价商品房制度的肯定与质疑

限价商品房自产生之日,即争议颇大。限价商品房是在市场机制不能有效解决各个收入群体住房问题的前提下,政府为了保障中等收入居民的住房权利而实施的一种宏观调控手段。其供应对象并不是针对所有居民,而是限于收入水平高于经济适用房的准入条件,但实际住房消费能力又不足以购买普通商品房的中等收入阶层,其定位介于经济适用房和普通商品房之间。

在限价商品房制度运作过程中,因其本身制度上的缺陷导致存在质疑:①容易导致市场上的房价失真,无法真实反映市场供求;②可能造成公共资源的多重耗费,政府在制定限价商品房政策的过程中,需与开发商、购房者等主体进行利益博弈,可能耗费更多的公共资源和经济成本;③限价商品房作为一种实物配售制度,在具体实践中可能出现资源配置效率难以提高、权力寻租活动泛滥以及逆向补贴等现象,不利于实现该制度所体现的社会效果。

我国目前正处于保障性住房建设快速发展的关键时期,限价商品房制度虽存在某些弊端,但其作为住房保障体系的重要组成部分,为维护房地产市场的稳定奠定了重要基础。限价商品房制度担负着独特的使命和责任,可以在一定范围内降低房地产的平均价格,有利于遏制房价上涨过快,成为缓解房价上涨的"稳定器"。

限价商品房作为政府对特殊主体提供的公共服务,不同于可以在市场自由交易的普通商品住房。在性质方面,与其他社会保障性住房相似,体现了政府的社会保障责任,解决了特定收入人群的住房问题,积极发挥着住房保障体系的作用。在国家干预程度方面,限价商品房在本质上是由市场主体所提供的,只是相比一般商品住房,政府的干预力度更大、干预形式更多、干预程度更深。从廉租住房、公共租赁住房、经济适用住房、到限价商品房、再到普通商品住房,政府的干预程度在逐渐减弱,市场化程度在不断提升。

三、限价商品房制度实施中存在的问题

（一）相关法律制度不完备

1. 缺失高位阶与高效力的法律法规

就国家层面而言，尚缺乏一部明确而系统的法律规范，部门规章与地方政府规章较之法律与行政法规，属于较低层次的规范性法律文件，法律效力较低，而限价商品房制度作为我国住房保障制度中的重要环节，事关万千居民的"安居乐业"，事关社会的稳定和发展，仅靠一部《关于调整住房供应结构稳定住房价格的意见》中原则性的寥寥数语，法律性质、发展方向、操作办法、监督管理等均无从谈起，更难以奢求其有效落实。故需要高位阶、高效力的法律法规以统筹全局。

2. 缺乏系统性与衔接性的配套规范

目前我国对限价商品房的规制主要局限于各地方政府出台的本地区管理办法，由于我国地方经济发展水平差异较大，导致地方性规范数量众多、内容缺乏系统性，许多规范内容之间存在相互冲突的现象，缺乏系统性与衔接性的相关配套规范。甚至一些地方政府为谋求地方利益故意设置可操作空间，导致在实施过程中难以明确执行，操作起来存在诸多漏洞。有些地方政府在限价商品房的分配过程中仅仅针对部分特定人群销售，如公务员、事业单位、国企等，使限价商品房变为"特权房""内部房"，致使公共福利变相私有化，不但与限价商品房政策的预期目的差异甚大，反而有渐行渐远之趋势。

（二）准入及退出机制不健全

1. 准入条件有待统一

目前各地对限价商品房政策的理解不一，对准入条件的设置亦不相同，过于严格或过于宽松的资格设置无法实现保障中等收入家庭住房需求的初衷，反而耗费政府大量的运行成本，甚至造成房地产市场的混乱。以各地实际情况来看，户口及收入水平成为限价商品房准入条件的主要因素。如广州将限价商品房用于优先解决本市的无房家庭；北京将限价商品房的供应对象确定为本市中等收入且住房困难的城镇居民家庭、被征地的农民家庭及市政府规定的其他家庭，并对家庭收入、居住水平等因素做了明确的规定。由于对收入水平的确定缺乏科学量化的标准，极大地影响了限价商品房的操作性和保障性。因此，有必要由国家层面对限价商

品房的准入条件予以整体性、指导性的规定。

2. 退出机制有待完善

住房保障作为一个动态的过程,应随着家庭经济条件的变化而制定灵活的退出机制,以充分实现限价商品房的循环利用和社会保障功能。目前各地在制定限价商品房管理办法时均对其退出问题作了明确的限制。如广州市规定:①限价商品房5年内退出的,房屋性质仍属于限价商品房,实行"内循环"退出方式。可先由政府回购,政府不回购的,再安排符合限价商品住宅购买条件者购买。退出的房屋价格按照房屋销售价格的年限折旧率结合成新标准。②限价商品房5年后,如所有权人转让限价商品房应补缴土地收益价款,或者由所有权人自行缴纳土地收益价款后取得完全所有权。土地收益价款的补缴标准,按照交易时点或申请补缴时点契税课税价格与原购买价格之间差价的70%计缴。补交土地收益价款后,房屋性质登记为商品住宅。较之准入条件,各地关于退出机制的规定相对匮乏亟待完善。

(三)定价机制不合理

1. 忽略市场波动性

目前各地限价商品房的定价机制大多为在土地挂牌出让时就已限定价格,忽略了市场价格的波动性,其确定的最高限价往往高于住房销售期的市场价格。如广州市推出的首批限价商品房,却受到当地新楼盘以低于限价商品房的价格优势冲击。限价商品房的定价问题是政策实施过程中的核心问题之一,限价商品房作为介于市场行为和行政手段间的特殊商品,其价格形成应考虑一定的市场影响因素,又要符合满足中等收入家庭住房需求的社会保障职能定位,在政府的土地收益、开发商的商业利润、居民的住房保障之间寻求一个合理的平衡点。

2. 忽视制度保障性

限价商品房亦存在以市场价为基础的定价机制,即在限价商品房预售阶段进行定价,原则上参照上年度同区域同类住房的房价,且低于售房前全国房价的平均涨幅,这种以市场价为基础的定价方式亦难被认为合理。一是受周围商品房价格影响较大,定价原则实际上是承认了虚高房价的合理性,由此而定出的房价难说合理;二是限价商品房本身是为解决中等收入家庭住房困难的,然而在定价时却忽略了中等收入家庭的可支付能力,部分价格仍然超出中等收入人群的接受范围;三是供地时政府限定销售价格,但限价商品房从开发到竣工基本需要 2 年左右的周期,具有一定的滞后性,未考虑市场的预期。

(四)监督机制不完善

1. 缺乏明确的法律责任

限价商品房作为一种福利性公共资源,主要通过政策的倾斜,保障中等收入群体的住房需求,但是其又具有一定的商品性,具备巨大的盈利空间,如监督管理机制不健全,很容易沦为开发商和政府部门寻租套利的工具。❶ 具体而言,我国目前尚未建立完善的个人收入系统或个人诚信系统。对收入标准的审查很难做到客观准确,导致伪造收入证明等资料骗取申请限价商品房资格的行为时常发生。北京、广州、天津等地出台的限价商品房管理办法中虽然规定了骗购限价商品房的法律责任,但由于缺乏明确具体的责任承担方式尚难以执行,此外,目前住房和城乡建设部的住房保障司承担全国保障性住房的管理工作,但其主要职责仅限于拟订相关政策、组织编制规划并监督实施,没有独立的执行力。

2. 缺乏专门的管理机构

目前地方实践中大多未成立专门的限价商品房管理机构,其弊端非常明显,一方面会因对政府部门监管的缺失而形成各种权力寻租腐败现象;另一方面会造成限价商品房建设的效率低下。限价商品房从项目立项、建设、销售和售后的监管需要大量的专业化的人员来处理相关的工作,现有政府职能部门并不具备这样的人员条件。同时限价商品房的建设还需要同土地、财政、税务、金融、环保等多个部门进行协作,需进行大量的组织、沟通和协调工作;目前的保障性建设的规模和数量相对于需求来说还远远不够,实现保障性住房规模化的建设目标,必须设立一个高效、专业、规范化的管理机构。

(五)融资渠道较为单一

1. 民间资本参与力度不足

限价商品房的建设具有庞大的资金需求,而限价商品房投资既没有可观的利润,也因其性质决定资金具有不确定性特征,造成民间资本望而却步。虽中央各部委多次提出积极鼓励民间资本参与保障房建设,但由于现实障碍,相关政策一直难

---

❶ 褚超孚.城镇住房保障模式研究[M].北京:经济科学出版社,2005:140 - 145.

以落实和推行。但单纯依靠政府财政资金和社会住房保障基金建设,庞大的资金缺口又无法进行大规模的限价商品房建设。如何吸引民间资本参加保障房建设,确保保障房建设获取低成本、稳定的资金来源对限价商品房制度意义重大,成为困扰限价商品房建设的现实问题。

2. 金融机构参与程度较小

金融机构是限价商品房开发与经营的重要参与者,充当融资的重要角色。对于项目投资大、资金回收期长的限价商品房项目而言,没有金融机构的参与寸步难行。在现有的融资模式中,主要以财政投入和信贷供给为融资手段,难以满足限价商品房建设的巨额需求。尽管目前保险资金、银团信贷、社保基金、公积金等各类资金正以不同的方式流向保障房建设领域,❶但这些创新融资方式尚处于摸索阶段,加之监管滞后、缺乏制度保障等困难,很难填补资金缺口。唯有积极发挥金融机构的融资作用,加强金融机构参与程度,使融资方式不断规范化,才能满足限价商品房建设需求。

四、破解限价商品房问题的思路

(一)健全限价商品房法律规范

1. 出台《住房保障法》

现代社会住房保障制度是以健全、完备的法律体系为支点,但是我国住房保障制度仍缺乏立法保障,保障房建设方式、保障标准、保障方式、退出机制等规定均缺乏系统性和统一性,导致地方政府在保障房建设方面应承担的责任缺失。面对如此大的系统工程,国家层面应尽快出台《住房保障法》作为调整保障性住房法律关系的纲领性法律规范。❷推进住房保障安居工程顺利进行,既要明确各级政府在推进住房保障工程中的责任,亦要规范保障房投资、建设、分配、管理运营、保障对象退出、流转等各个环节;既要以法律的形式明确国家、企业、个人等各保障主体之间的权利义务,也要以法律的形式确定住房保障的给付标准,调整依据等,使住房保障逐步实现制度化、规范化、法制化。

---

❶ 周珂. 住宅立法研究[M]. 北京:法律出版社,2008:298-300.
❷ 徐成文,朱德开. 经济法视野下的住房保障制度建设[J]. 特区经济,2013(11):15.

2. 制定《限价商品房管理办法》

国家层面亟须制定《限价商品房管理办法》,明确限价商品房的社会保障职能定位,使得各地区的限价商品房政策和实践有法可依,《限价商品房管理办法》为限价商品房制度得以在全国范围内科学、有序、公平运行奠定基础。首先从宏观层面确定限价商品房制度的基本思路和发展方向,在此前提下再逐步出台相关实施细则和指导意见。同时,允许地方政府在合理权限内,结合本地经济发展和安居工程等的实际需求,制定限价商品房政策的具体实施细则,使限价商品房制度因地制宜、切实可行地实现良性发展。

(二)完善限价商品房准入机制

1. 推行"轮候"制度

所谓"轮候"制度,即首先对限价商品房申请人进行资格审核和准入,依据该审核结果对符合限价商品房住房资格要求的人员建立信息数据库,再适时根据限价商品房建设的实施进展对申请人按照先后次序进行限价商品房购买资质的分配管理制度。推行限价商品房"轮候"制度,其原因在于能够较为准确地预测出居民对限价商品房在将来某段时期内的需求总量。北京市于2007年出台了《北京市经济适用住房管理办法(试行)》与《北京市城市廉租住房管理办法》,成为保障性住房最早实施轮候管理制度的城市之一。此后,其他城市在保障型住房的分配上也多采用轮候制度,但是对于限价商品房而言,"轮候"制度尚未统一,如天津等地采取"轮候或摇号"的方式❶。虽然轮候的方式不一,但推行限价商品房的"轮候"制度已势在必行。

2. 实行动态管理

在限价商品房准入制度中,涉及收入、住房、户口、资产等要素的审核,特别是收入和资产的审核尤为重要且复杂,应当建立起一套统一的查询平台,这需要各相关管理部门贯彻落实住建部《关于做好2012年城镇保障性安居工程工作的通知》中"完善申请、审批、公示、轮候、复核制度,建立健全信息共享、部门联动的审查机制"的要求,资源共享、分工协作,严格把好准入关。此外,建立和完善个人信用制

---

❶ 《关于印发天津市限价商品住房管理暂行办法的通知》第12条规定:"申请人持天津市限价商品住房购买资格证明、本人身份证及复印件到限价商品住房销售单位购买限价商品住房。当房源暂时不能满足需求时,市国土房管局可采取摇号或轮候方式确定申请人购房次序。"

度,以及收入申报制度,其重点在于建立权威和准确的个人收入统计系统,通过开展城镇居民收入和住房情况普查,建立个人收入和住房档案,对个人及其家庭经济信用评估。

（三）规范限价商品房定价体系

1.建立科学合理的定价机制

通过建立一套科学合理的定价机制,制定科学合理的限价商品房价格是限价商品房制度的关键。根据简单有效的原则重新考虑限价商品房的定价方式,保证限价商品房政策的有效落实,防止政策推行的随意性和价格的不确定性,制定有章可循的价格形成机制。

目前,大部分城市的限价商品房都是在土地挂牌初上市时就已经限定限价商品房的销售价格,其价格范围的上限比周围同等水平的普通商品房低,从而使限价商品房的价格有一定的浮动区间,在出售时再根据当地的房地产市场平均价格水平进行确定。限价商品房的定价机制不能只是简单地参照商品房市场价格,应结合本地经济发展的水平、开发商的利润、限价商品房销售对象的购买力等诸多因素,切实体现限价商品房的社会保障功能。

2.采取灵活有效的配套措施

在不断完善规范限价商品房定价体系的过程中,应建立相关配套措施予以配合施行:如公开限价商品房的基础价格、土地底价、竞价细节等各方面的具体实施细则。在确定限价商品房的最高限价后,应赋予开发商一定的自主性与灵活性,允许开发商根据房屋的楼层、套型、布局、朝向等具体因素制定不同的价位,不断完善限价商品房定价体系,保证限价商品房价格形成机制的科学合理性。

（四）建立限价商品房退出激励机制

1.明确退出条件

一般情况下,限价商品房享有者会因三种情况而不符合继续占有的条件:①其家庭收入向上浮动,不再符合受助标准;②住房受助者仍符合标准,但其家庭收入降低致使其在无力承担限价商品房日常开支的情况下退出使用;③因工作调动、家庭迁徙或学习或者其他原因而自愿退出。以上三种情况,在实践中应采取不同的应对机制。对于仍符合限价商品房的享有标准,但其家庭收入降低而致使其无力承担限价商品房日常开支的,经过个人申请,相关部门予以核实,如符合其他保障型住房条件的,改为申请廉租住房或者公共租赁住房;若其家庭收入向上浮动,不再符合受助标准,可以采用"推定标准"进行认定,即凡是将其享有的限价商品房转租、转借、擅自改变居住用途、无正当理由连续6个月以上未在限价商品房内居住的,均推定为该家庭收入上浮,一律收回其所享有的限价商品房。

2. 实行奖励机制

良好的退出机制与严格的准入机制均是确保有限的社会福利资源公平公正分配的重要条件,保障性住房要做到应退则退,使这一福利资源能够有效循环利用,避免社会福利的固化。对于申请时符合条件但事后由于经济状况好转不再符合条件的,在提供一段时间的宽限期后及时回收限价商品房。

目前我国在限价商品房退出机制上主要采取的是惩罚手段,这种手段对于限价商品房的退出收效甚微。限价商品房享有者在利益的权衡下,往往选择延时退出,从而导致限价商品房的"内循环"机制通道堵塞。对此,应建立限价商品房退出的激励机制,包括为购买普通商品房提供无息贷款或者减息贷款等金融优惠政策,赋予限价商品房退出者优先购买商品房的权利等,通过激励机制引导其自愿腾退限价商品房。

(五) 强化限价商品房监管机制

1. 设立住房保障的专门机构

限价商品房建设需要有法定专门机构来组织运作,[1]限价商品房的决策机制是其至关重要的环节。在目前大力发展保障性住房的重要时期,国家应将住房保障司作为全国保障性住房的决策机构,该住房保障司可下设分管廉租住房、公共租赁住房、限价商品房的专门机构,负责制定全国住房保障政策、规划保障住房发展、制定保障住房计划。各省级政府应设立地方性的住房保障厅(局),可下设分管廉租住房、公共租赁住房、限价商品房管理机构,根据各地实际情况制定住房保障政策、规划,地方住房保障厅(局)的工作由国家住房保障司进行指导监督。

2. 加强住房保障的监督管理

限价商品房管理机构对限价商品房进行监督管理,相关工作职责主要为制定

---

[1] 陈劲松. 公共住房浪潮——国际模式与中国安居工程的对比研究[M]. 北京:机械工业出版社,2006:98-100.

限价商品房的价格、限价商品房的分配、限价商品房建设的招投标、限价商品房物业管理等具体事项。如新加坡的建屋发展局不仅负责政府组屋的建设、销售、出租,还成立了市镇理事会,专门负责社区房屋的物业管理、维修住房等。限价商品房管理机构负责监督限价商品房各个环节的有效运行,如在限价商品房分配环节确保分配公平,对限价商品房进行售后监管,针对限价商品房销售后出租或改变用途等现象,通过行政处罚、违约赔偿等手段进行管制,及时发现和查处限价商品房住房建设、分配、管理中出现的问题。

(六)创新限价商品房金融制度

1. 拓宽融资资金供给渠道

由于债券融资具有利率低、周期长及时间快的特点,可以作为保障房融资的有效方式。限价商品房建设作为一种政策行为,信誉度受到市场的肯定,故可以通过发行地方政府债券获取保障房建设所需资金。目前各地政府正在努力推动社保基金、保险资金、公积金、土地出让收益等资金投向限价商品房建设,利用政府投融资平台打开债券融资之门,着力化解限价商品房融资难的问题,综合运用财政、金融等手段,积极创新融资模式,大量吸引社会投资,形成企业、金融机构和社会多方参与、合力推进的投融资格局。

2. 实施住房金融扶持政策

通过财政补贴方式提高住房保障水平,政府的财政补贴可以分为政府财政拨款和投资性贷款两种,前者用于低收入家庭的租房、购房补贴和资助限价商品房的建设,属于政府财政补贴的一般形式;后者一般是指用于限价商品房建设的投资贷款,以及向建设限价商品房和中等收入者发放的住房贷款,属于投资性质的财政资金注入。

同时,运用税收、利率等政策进行间接调节。对购买一套以上或超过一定面积标准的住房,从贷款额度、期限和利率等方面进行调控,实行差别化利率管制,对一套以上的住房超过面积标准部分征收物业税或调节税。如,对于购买限价商品房面积在70平方米以下的群体要比购买70平方米以上的群体实行的贷款额度大、利率低、贷款期限长。

3. 创新金融信贷融资模式

我国目前尚无支持住房困难家庭住房金融发展的专门金融机构,主要通过传

房地产法诸问题与新展望

统的金融机构主体即商业银行获取住房资金支持,但因贷款期限短、还款压力大、存款比例过高等特点,变相限制了住房困难家庭的贷款能力。成熟的住房金融市场,必然是一个多元化的市场,借鉴日本的住房金融公库在住房保障方面的经验,应尽快成立为住房困难家庭专门提供住房抵押贷款、保险的政策银行,建立金融担保、财政补贴和市场调节之间的有效运行机制。[1]

例如,天津市针对保障性住房资金筹集难问题,发行了国内首只保障性住房投资基金,通过分期发行、滚动募集的方式,全部用于支持限价商品房建设,改变了长期依赖银行贷款的单一融资模式,为各类社会资本参与保障性住房建设搭建了平台。

---

[1] 住房和城乡建设部. 国外住房金融研究汇编[M]. 北京:中国城市出版社,2009:250-255.

第四章 公共租赁住房制度的法制化

公共租赁住房是指投资者(政府或者企业等)持有房源并将这些房屋以低于市场价格的方式出租给特定人群,其租金水平高于廉租住房低于商品房,主要供应对象为城市中等偏下收入的住房困难家庭,是解决现行住房保障制度运行过程中出现的问题而建立的新型住房保障制度。公共租赁住房制度与廉租住房制度将成为我国保障性住房的主体,共同解决中低收入者和低收入者的住房困难,在住房保障层次上形成良好的衔接,形成可持续性的住房保障供应链。公共租赁住房制度扩大了住房保障的覆盖面,填补了我国现有住房保障制度的空白,是实现居住权以及健全我国住房保障体系不可或缺的一部分。

一、四直辖市公共租赁住房制度评述

(一)公共租赁住房的管理机构及运营主体

就管理机构而言,四直辖市差别不大,横向上均由市级某一职能部门主管,其他职能部门配合;纵向上则由各区、街道分片负责本地域的相关工作,运营主体则为相关机构。唯有重庆市设立专门机构即公共租赁住房管理局来负责公共租赁住房建设和运营管理(见表4-1)。

表4-1 公共租赁住房的管理机构及运营主体

城市	管理机构	运营主体
北京[1]	市住房和城乡建设、发展改革、国土资源、规划、财政、税务、国资、金融、住房公积金等有关部门按照各自职责分工,做好公共租赁住房相关管理工作。各区县人民政府负责做好本区县范围内公共租赁住房的建设和管理工作	政府所属机构或政府批准的机构

---

[1] 《北京市公共租赁住房管理办法(试行)》。

续表

城市	管理机构	运营主体
天津[1]	市国土房管局主管,其他职能部门分工配合。区房管局、区民政局、街道办事处负责本区	企业(招拍挂方式确定的企业建设的公共租赁住房);政府非营利性专门机构(政府投资及利用住房公积金建设的公共租赁住房)
上海[2]	市区联手,以区(县)为主	由市、区(县)政府组织和扶持的从事公共租赁住房投资经营管理的专业机构
重庆[3]	市国土资源和房屋管理部门牵头,市住房保障机构主管,市级各职能部门配合管理监督,各区县人民政府具体实施	政府指定的机构

(二)公共租赁住房的房源筹集及资金渠道

就房源供应方式来看,四直辖市皆通过新建、收购、改建等方式多渠道筹集房源;就资金渠道而言,四直辖市公共租赁房资金渠道呈现以政府支持为主,鼓励金融机构参与的多渠道汇集的态势。其中公共租赁房融资仍然主要依靠各级政府财政、土地出让金净收益和住房公积金增值收益三大融资方式;从套型上看,四直辖市差别不大,大致相同,都是以一居室和两居室的小户型为主,套型面积大部分为30~60平方米。其中重庆规定较为细致,实行配租面积与申请人家庭人数相对应的方式来分配公共租赁房,既合理照顾申请家庭成员实际情况又体现公共租赁住房公平保障的特点(见表4-2)。

---

[1] 《天津市公共租赁住房管理办法(试行)》。
[2] 《上海市发展公共租赁房的实施意见(征求意见稿)》。
[3] 《重庆市公共租赁住房管理暂行办法》。

表4-2 公共租赁住房的房源筹集及资金渠道

城市	房源筹集	资金渠道	房屋套型面积
北京	由市、区县政府所属机构或政府批准的机构通过新建、收购等方式多渠道筹集	金融机构多渠道支持,还可通过投融资方式改革筹集社会资金、出租公共租赁住房及配套设施回收资金、社会捐助及经市政府批准的其他资金等方式多渠道筹措资金	新建公共租赁住房采取集中建设或配建相结合的方式,户型以一二居室小户型为主
天津	多渠道供应,产权单位和购房人缴纳共用部位、共用设施设备维修资金后可出售	金融机构通过多种方式支持公共租赁住房筹集、运营工作。公共租赁住房投资者可通过银行贷款、住房公积金贷款、中长期债券、保险资金、信托资金、房地产投资信托基金、中央预算内投资和国家财政专项补助,以及符合投融资规定的其他方式,多渠道筹集资金	30~45平方米为主,最高不超过60平方米
上海	多渠道供应,只租不售	市和区(县)政府可以采取投资入股运营机构,通过合理让渡或不参与分配租赁收益等方式,支持和保证运营机构持续发展公共租赁住房	小于50平方米,一室或两室
重庆	通过新建、收购、改建等多种渠道筹集。新建公共租赁住房可以是成套住房,也可以是集体宿舍。可以出售	1.中央安排的专项资金;2.财政年度预算安排资金;3.土地出让收益的5%;4.银行、非银行金融机构和公积金贷款;5.发行债券	配租面积与申请人的家庭人数相对应,2人以下(含2人)选择建筑面积40平方米以下住房,3人以下(含3人)选择建筑面积60平方米以下住房,4人以上(含4人)可选择建筑面积80平方米以内的住房

(三) 公共租赁住房的监督管理

四直辖市公共租赁住房制度在供应对象、租金确定、租赁期限方面存在较大差异(见表4-3)。

(1)供应对象的差异。以户籍上比较,北京、上海以具有本市户口的家庭为主要供应对象,重庆市则无户籍限制,只要符合政府规定的收入和人均住房面积等限制条件皆可申请公共租赁住房。天津市亦无户籍限制,然而在实际操作中,有的公共租赁住房项目采取的是优先本市户口家庭的方式。以水平上比较,上海市无收入水平的限制;重庆市则要求单身人士月收入不高于2000元,家庭月收入不高于3000元;北京市公共租赁住房供应对象为北京市中低收入住房困难家庭。天津则要求家庭上年人均年收入3万元(含)以下。

(2)确定租金方式的差异。北京市遵循保本微利的基本原则,同时结合同类地段的相似房屋的市场租金,以及承租人、承租家庭的租金承担能力,按照一定的下浮比例来确定本市的公共租赁住房租金;天津市具体项目的租金标准结合同等地级、同类房屋租赁市场价格,参照项目所在区域的房屋租赁市场指导租金确定和调整,分别由市国土房管局、发展改革委提出与核定;上海市按略低于市场租金水平,确定公共租赁住房的租赁价格;重庆市按照贷款利息、维护费,并根据不同地段、不同房屋类别等因素,由市物价部门会同市财政、市住房保障机构等相关部门研究确定。

(3)租赁期限的差异。北京市规定租赁期限不得超过5年,承租家庭可以续租;天津市承租人初次承租期不超过3年,经审核符合届时公共租赁住房承租条件的原承租人可以续租,每次续租期限不超过1年;上海市租赁合同期限一般不低于2年,符合条件的可续签,租赁总年限一般不超过5年;重庆市每次合同期限最长为5年,承租家庭可以续租。

表4-3 公共租赁住房的监督管理

城市	保障对象	申请机制	租金标准	租赁期限及退出	惩罚机制
北京	本市中低收入住房困难家庭	实行公开配租制度,由产权单位编制配租方案报住房保障管理部门核准后组织配租。符合配租条件的家庭只能承租一套公共租赁住房	按照保本微利的原则并结合承租家庭负担能力和同类地段类似房屋市场租金一定比例下浮确定公共租赁住房租金	每次最长不超过5年,可续租	包括针对承租人骗租行为和对公共租赁住房管理人员的惩罚两方面
天津	包括三类人群:具有本市市内六区、环城四区非农业户籍的分别符合一定条件的人群,以及经市人民政府确定的其他类型中等偏下收入住房困难家庭(包括外地来津工作的无房人员)	实行准入制度。市国土房管局根据公共租赁住房房源供应情况,指导区房管局调控受理申请家庭范围和数量	承租人需按不同标准缴纳租金保证金。租赁期内,根据届时市发展改革委核定的租金标准调整租金	首次承租期限不超过3年,可续租,每次续租不超过1年	包括针对承租人骗租行为和对公共租赁住房管理人员不法行为的惩罚两方面
上海	需同时具备未享受市内其他住房保障政策、上海城镇常住户口、无住房或面积低于规定标准,以及与上海就业单位的工作或劳动合同的条件	申请对象向工作单位所在地或本市户籍所在地的运营机构提出申请。经确认再交运营机构审核。对审核通过的申请对象,运营机构出具登记证明,报区(县)住房保障机构备案	略低于市场水平	一般不低于2年,可续租,租赁总年限一般不超过5年	对承租人的违约行为按照合同处理,并可采取在适当范围公告通报、纳入本市个人信用联合征信系统,5年内不得享受本市住房保障政策等措施,必要时可通过司法途径解决

续表

城市	保障对象	申请机制	租金标准	租赁期限及退出	惩罚机制
重庆	工作及收入来源稳定、没有住房或住房面积低于规定标准的各类年满18周岁的人员	以家庭为申请单位,对符合条件的申请人,按申请的时间段、选择的公共租赁住房地点和相对应的户型面积摇号配租	按照贷款利息、维护费并根据不同地段、不同房屋类别等因素,由市物价部门会同市财政、市住房保障机构等相关部门研究确定。实行动态调整,每2年向社会公布一次	每次合同期限最长为5年,可续租	包括针对承租人骗租行为、对公共租赁住房管理人员及房产中介机构不法行为的惩罚

二、公共租赁住房制度存在的法律问题

(一)相关法律规范缺位

1. 缺乏国家层面的上位法

截至目前,我国还未就公共租赁住房制度出台统一的法律和法规。国家最高一级的立法还留滞在国务院各部委发布的部门规章,即2012年颁布的《公共租赁住房管理办法》,该办法分总则、申请与审核、轮候与配租、使用与退出、法律责任、附则第6章第39条,自2012年7月15日起施行。为了规范公共租赁市场的秩序,政府出台了一系列的政策性文件,在不同程度上促进了公共租赁住房法律制度的发展。此中尤以三部规范性文件为代表:2010年住房城乡建设部等七部门联合制定的《关于加快发展公共租赁住房的指导意见》确定公共租赁住房建设的三个基本原则;2012年财政部与国家税务总局两部门发布《关于支持公共租赁住房建设和运营有关税收优惠政策的通知》在税收方面给予支持;2013年住建部、财政部、国家发展改革委联合印发的《关于公共租赁住房和廉租住房并轨运行的通知》提出,从2014年起,各地公共租赁住房和廉租住房将并轨运行。

公共租赁住房制度是我国住房保障制度的重要内容,住房是人类生存和发展

的一项必要物质条件,居住权是一项基本人权,然而我国目前尚未从法律层面对该项权利进行肯定,缺乏一部《住房保障法》,缺失了实现住房保障的法律基础。[1] 同时,《公共租赁住房管理条例》的缺位也使得各地相关制度缺乏稳定规范的上位法的指引,在公共租赁住房的保障对象、监督管理机制等方面标准不一。《公共租赁住房管理办法》的法律位阶决定了其在公共租赁住房制度实施过程中的法律地位,实现土地政策、金融制度、财政政策等与公共租赁住房制度的全面管理和协调发展,亟待系统完整的上位法规范。

2. 各地方立法层级过低

从京津沪渝四直辖市针对公共租赁住房的规范性文件来看,分别制定了《北京市公共租赁住房管理办法(试行)》《天津市公共租赁住房管理办法》《上海市发展公共租赁房的实施意见(征求意见稿)》《重庆市公共租赁住房管理暂行办法》。上述规范性文件均为地方政府规章,立法位阶较低,缺乏权威性,且以地方政府规章的方式对公共租赁住房制度做出规定,难以有效地发挥其保障功能。在制度运行过程中容易出现政策落实不到位的现象,如部分地方政府受到"土地财政"和资金筹集困难等因素的制约,只注重眼前利益,在土地划拨、税费减免和资金投入上态度较为消极,使公共租赁住房在制度落实上缺乏法律保障。为保证公共租赁住房制度的顺利运行,应尽快提高规范该制度的立法层级,以满足公共租赁住房制度的长远发展需要。[2]

(二)公共租赁住房行政规章不合理

1. 对公共租赁住房所有权归属的界定不清晰

从京津沪渝四直辖市的相关规定来看,只有重庆市明确规定公共租赁住房的房屋所有权归政府指定的机构拥有,其他规范性文件对于所有权人的规定并不明确,若公共租赁住房由政府筹资并建设,则房屋所有权应归政府所有;若由企业建设,则房屋所有权应当如何归属?若对此不予以明确界定,在建设管理过程中难免会发生争议。对所有权人界定的不明确也导致公共租赁住房租赁主体的模糊。北京、重庆两地规定由产权单位与承租人签订租赁合同,天津市与上海市规定由出租

---

[1] 李培. 房屋租赁替代效应与福利评价[J]. 南方经济,2013(2):3.
[2] 苟旭东. 公租房的政府职能分析[J]. 上海房地,2011(3):25-26.

人与承租人签订租赁合同,出租人是公共租赁住房的所有权人还是实际经营单位?然而不论是产权单位还是其委托的经营单位,若其性质为政府或者政府指定的机构,则出租人与承租人双方签订的合同性质如何?四直辖市的规范中均规定了在承租人不符合一定条件的情形下出租人有权解除租赁合同,该行为属于政府的行政手段还是承担民事责任的一种表现?这些都属尚待解决的问题。

2. 公共租赁住房租售并举与国务院部门规章相冲突

天津市及重庆市均规定公共租赁住房出租一定年限后,经市公共租赁住房工作主管部门批准可以出售,该规定并不妥当。2010年住建部《关于加快发展公共租赁住房的指导意见》第5条第1项明确规定"所建住房只能租赁,不得出售",显见地方政府规章规定的可以出售的条款与国务院部门规章的规定相冲突,故其效力有待商榷。公共租赁住房的性质为保障性住房,其目的在于通过租赁式保障弥补产权式保障的弊端,真正实现对住房困难群体的居住权保障。持续循环的分配利用机制是公共租赁住房得以实现社会保障使命的必要方式,若规定公共租赁住房可以出售,将陷入无休止的重复建设这一恶性循环。

3. 承租人承担的违约及违法责任较轻

针对承租人较为严重的骗租行为,四直辖市均规定:解除租赁合同,5年内不得申请公共租赁住房。显然,对于骗租行为的惩罚力度太小,容易滋生骗租者的侥幸心理,有违公共租赁住房制度的初衷。同时,京津沪渝四直辖市分别规定了在一定情形下产权单位可与出租人解除租赁合同收回房屋,如"连续6个月以上未在承租住房内居住的""转租、出借的",然而在公共租赁住房运行监管体系不完善的情况下,该行为很难被发觉,容易造成公共租赁住房资源的浪费。

(三)管理主体法律定位不明确

1. 政府在公共租赁住房保障中的职责不明确

各地的公共租赁住房主管部门几乎包揽了所有的公共租赁住房事务,包括宏观规划、建设选址、工程质量、配租管理等,这种模式之下的管理导致政府的行政事务过多,很多具体的管理很难到位。❶究其原因在于对政府在公共租赁住房制度中的定位不清晰,权力过大,缺乏对政府责任的明确规定。承担公共租赁住房保障

---

❶ 陈杰. 发展公共租赁住房的难点和对策[J]. 中国市场,2013(20):53-55.

责任的主体应该是政府,故应当对政府责任做出明确规定,政府在公共租赁住房建设中应当主要承担服务支持的职能,具体到日常管理应当由专门化、独立性的机构负责,双方各司其职,形成系统化的管理。

2. 缺乏专门的公共租赁住房管理机构

各地普遍缺乏公共租赁住房常设性决策协调机构,决策层和执行层混在一起,同时承担决策协调和管理执行的重任,住房保障职能划分不清,既不利于公共租赁住房的宏观规划和具体管理,也不利于控制公共租赁住房管理单位的人员编制。同时,公共租赁住房建设和管理存在脱节,建设组织管理权实际上分散在建设主管部门,前期建设组织及过程管理,如前期房屋户型设计、选址、建设进度、工程质量等环节均会影响后期管理,故需要将前后期管理权集中。

(四) 公共租赁住房监督机制不健全

1. 监管体系不健全

政府在公共租赁住房的建设中扮演着最重要的角色,贯穿了从政策法规制定、房源筹集、资金支持到租赁管理、承租人退出管理的整个过程,然而在整个过程当中对政府及其相关部门的监管明显不足。没有明确的监管和权力制衡部门,也没有充足的法律保障,给腐败和寻租留下空间。京津沪渝四直辖市的相关规定中,仅有寥寥几条对管理人员的不法行为做出了处罚的规定,且十分模糊,监管主体不明确,惩罚力度不足。如《重庆市公共租赁住房管理暂行办法》第52条的规定,有关行政管理部门的工作人员在公共租赁住房规划、计划、建设、分配、使用和管理过程中玩忽职守、滥用职权、索贿受贿、徇私舞弊的,依法依纪追究责任。"有关行政管理部门"本来就是很模糊的界定,仅仅规定"依法依纪追究责任"也难令让人信服。此外,在对承租人的监管,以及对建设单位的监管亦存在缺失。

2. 承租人准入退出机制不完善

资质审核及配租程序不合理,公共租赁住房提供的是过渡性的保障,在入住一段时间满足一定条件后则需要退出公共租赁住房。在这一过程中,仅靠房管部门很难完全了解申请家庭的财产状况,此外,由于各地规定的租赁周期普遍较短,在续租时又需要重新审核,将造成资源的浪费及程序的烦琐。同时,退出方式亦不合理。

公共租赁住房的退出方式主要包括三种:一是合同到期承租人主动退出;二是

合同期内违规出租、闲置、改变用途或逾期不缴纳租金等,被管理机关勒令退出;三是承租人收入、住房条件和其他要素发生显著改变,从而不具备继续租住公共租赁住房的资格。但是,从廉租房运行的现实情况看,合同到期主动退出的甚少,在合同期内收入或住房等准入条件发生显著变化后主动报告的就更少。故须建立一种可行的退出机制,确保上述三种退出方式健康运行。

(五) 公共租赁住房配套制度不完善

1. 房源保障制度单一

京津沪渝四直辖市均规定通过单独建设,在普通商品住房和经济适用住房等项目中配建、收购等方式多渠道筹集公共租赁住房。在现实操作中,能够有效利用的房源筹集方式却有限,房屋供给相对不足。此外,各地大部分推行的都是实物配租的制度,货币补贴尚未有效施行。公共租赁住房是我国今后住房保障建设的重点,且建设周期往往需要几年的时间,保障对象等待解决住房困难的轮候期比较长,对于投资者以及运营商来说,无疑加大了投资及营运的风险。相对于货币补贴完善的退出机制而言,单一形式的实物补贴的退出机制的可操作性较差。

2. 融资机制落后

融资模式是影响公共租赁住房可持续发展的关键因素,公共租赁住房的资金渠道主要有财政出资、银行贷款、社会出资,以及其他渠道四个方面。然而实际操作中,仍然是以地方财政投入为主,这种资金来源方式资金规模不够、持续性不足,亟待建立起规范化、制度化的长期融资渠道。[1]

目前的公共租赁住房管理体系中,决策、发展规划和保障对象管理由政府住房保障主管部门负责,工程建设由主管部门委托国有建设单位或专业运营机构承担,部分地方通过政府投融资平台筹集公共租赁住房建设资金。但无论是政府住房保障管理部门还是地方政府投融资平台都缺乏专业的融资水平,尤其是地方政府住房保障管理部门,既是土地的权属主体,又是筹集公共租赁住房建设资金的主体,集多种角色于一身,加大了公共租赁住房的融资难度。

3. 配套服务管理体制及管理标准缺失

从四直辖市的实际情况来看,对公共租赁住房的配套服务缺乏相应的管理体

---

[1] 李晶.保障性住房建设:现状、影响及融资模式[J].国际融资,2010(11):26-28.

制与管理标准,各地公共租赁住房配套的物业服务质量较低,配套设施不全。究其原因,各地政府往往选择将公共租赁住房建在偏远的、交通不便的地区。区位规划的不合理不仅会导致住户从公共租赁住房小区到工作地点和主要商业区的时间与经济成本大大增加,而且导致公共租赁住房周边的市政、商业、医疗、教育等各方面的配套设施不完善。长此以往,会导致公共租赁住房承租者退租或者申请者寥寥无几,不但达不到公共租赁住房的建设宗旨,也浪费了公共资源。

三、域外公共租赁住房制度的经验及启示

(一)香港及周边国家的公共租赁住房制度

1. 香港公屋制度

香港的公共租住房屋制度,简称公屋制度,是世界范围内政府为低收入人群提供住房保障工作的成功典范。香港特别行政区共有18个行政区域,大约706万人口,公共租住房屋约有68万套,主要分布在新界、离岛、市区,以及扩展市区四大部分。香港政府于1954年开始实施公共房屋计划,并根据1973年4月1日颁布并实施的《香港房屋条例》(第283章)成立了专门的法定机构——香港房屋委员会(以下简称"房委会")。

香港历经几十年的社会、政治、经济的巨大变迁,在解决各类问题的过程中逐渐形成一套完善的公屋制度。据房委会预计,2014—2015年度公屋兴建量为1.2万单位,2013—2014年度到2017—2018年度的5年内,公屋总兴建量为8.2万单位。为配合香港特区政府的目标,房委会由2017—2018年度起,每年平均公屋兴建量将增至2万套,往后五年内公屋兴建量为10万套。香港自实行公共租赁住房制度以来,在提高全港人民生活水平、促进经济繁荣、维持社会稳定等方面做出了积极的贡献❶。

2. 新加坡租赁组屋制度

新加坡组屋是由政府建屋局统一规划并建造且带有津贴性质的廉价住屋,业主一般只拥有房屋的使用权。新加坡"居者有其屋"计划的目的是使绝大多数的家庭可以购买合适自己家庭的组屋,但对于小部分收入很低无法支付组屋购房费

---

❶ 陈林,董登新.香港公共租赁住房模式[J].政府理财,2011(3):21.

房地产法诸问题与新展望

用的家庭与特殊群体如灾民、外籍劳工,政府提供可供租赁的低价租屋。

目前,主要有以下三种租赁组屋计划:①公民计划。对于月总收入低于1500元,且不拥有私人产业或者建屋局组屋的低收入家庭,政府提供1房式或2房式的低廉租金组屋供其租赁使用❶。②宿舍组屋计划。对于外籍劳工,在经建筑业发展局或者经济发展局的推荐之后,可以公司的名义向建屋发展局申请租赁组屋作为集体宿舍。该种租赁合同每两年签订一次,按照市场水平收取租金,每套组屋应当居住 8 ~ 12 名劳工,既提高了组屋的利用率,亦确保劳工的最低居住水平。③其他组屋计划。针对收入较低家庭制订了"先租后买计划",租金总额的30% 可抵冲房款,房源主要是建屋局在公开市场上收购的旧房。

3. 韩国公共租赁住房制度

韩国的租赁住宅通过两种方式供给:①建设租赁住房。即新建住房用做租赁住房。根据政府支援与否划分为公共和民间建设租赁住房,公共建设租赁住房为依托政府财政、国民住宅基金、在公共事业所开发等三种类型地上建设和租赁的住房。民间建设住房为在公共事业开发的宅地外的宅地上依靠自己资金建设的住房。②买入租赁住房。即通过购买等方式取得所有权实施租赁的住房❷。

政府支援的一般原则为相对困难者能够享受高强度的政府支援,其所享受的住房面积要小。政府支援的强度体现在优惠价格和可租用时间上,其中,价格优惠程度和租用时间取决于公共部门的参与程度,尤其是建设资金的支援程度。为了体现这种机制,韩国政府把公共建设租赁住房分为永久租赁住房、50 年租赁住房、30 年租赁住房(国民租赁住宅)、5 年或 10 年租赁住房、5 年职工租赁住房等。

(二)香港及周边国家的成功经验及启示

1. 完备的立法提供有力的法律保障

香港、新加坡、韩国三地的公共租赁住房制度历经长久的发展,已经较为完备成熟,其运作过程中有着较为完善的法律支撑和保障。以韩国为例,韩国拥有较为全面和完善的住房法律和法规。韩国的住房法律体系以《宪法》要求"保障国民应有的生活权利"为基本依据,《住宅法》则为基本法规,包括《有关国土计划及利用

---

❶ 蔡利标. 新加坡公共组屋制度探析[J]. 海外聚焦,2009(9):3.
❷ 金钟范. 韩国社会保障制度[M]. 上海:上海人民出版社,2011:91 – 97.

之法律》等广义上的相关法规,特别法律即狭义上的相关法规,以及《所得税法》等有关税制、金融、执行机构等的支援性法律。

其中,《住宅法》是韩国住房政策方面的核心法规,涉及住房计划、住房建设、住房供给、住房管理、住房资金、住房交易等与住房相关的所有环节。《住宅法》之下的主要法律法规包括:《租赁住宅法》,规定租赁住宅的建设供给及管理和租赁住房事业所必要的事项;《有关国民租赁住宅建设等之特别措施法》,规定国民租赁住宅园区的建设等促进国民租赁住宅建设所必要的事项。

2. 政府职责明确

新加坡等地公共租赁住房制度的成功与政府定位清晰、职责明确有着莫大的关系。新加坡政府在组屋的建设中起到主导功能,在土地、资金、税收等方面对组屋建设负责,包括:①政府对居民购买组屋实行免税优惠措施。如购买三房以下组屋,出售价格常低于半价;对购买四房组屋的价格约降15%;对购买五房的,则稍有优惠。如果购买二手组屋,政府将视买房家庭的收入状况,提供1万~7万新元不等的津贴,存入买房者的公积金户头。为了强化东方家庭的价值观,如果购房者选择在靠近父母居住的地点购买二手组屋,还能额外获得1万新元的津贴。②严格控制土地供应。建屋发展局可无偿得到政府划拨的土地,而私人房地产开发商则必须通过土地批租,有偿获得土地使用权,政府通过这种方式在一定程度上照顾了中、低收入者的利益。

3. 科学合理的准入及退出机制

合理的准入退出机制在很大程度体现公共租赁住房制度的主旨精神即公平性,是该制度顺利运行的关键。香港政府在公屋的申请、审核上有着严格的规定:公共住房申请人须年满18周岁;申请人及家庭成员如属已婚者,须与配偶一同申请;申请人及家庭成员不得拥有任何在香港的住宅楼宇,不得超过房委会规定的最高入息及总资产净值限额,配屋时至少一半的家庭成员须在香港住满7年并仍在香港居住。之后房委会每年将对申请人的家庭收入和资产进行全面的审查。同时港府还制定了完善的惩处和退出条例,明确列举滥用公屋情形,对于滥用公屋者,除需要接受法律惩处外,还必须即时退出公屋。

此外,申请人在公屋居住期满十年后,必须每两年申报家庭收入及资产,不申报家庭收入和资产或者资产净值超过规定的公屋住户限额的租户须缴纳双倍租金且于一年内迁出。

4. 区位规划及综合配套规范制度完善

合理的区位规划与完善的综合配套制度,在提高申请者生活质量等方面起着决定作用。新加坡的组屋实行统一规划、统一设计,离市中心较远,组屋相对集中的地区,一般被称为新镇,新镇与外界的交通一般都非常便利,几乎主要的居住区都有轨道交通相连接,加上四通八达的巴士服务,为新镇居民提供了极大的出行便利。在配套设施与物业服务方面,为了取得较高的经济效益,组屋底层均不作住宅使用,而是空出来用做居民的活动场所,以及用做服务设施。

韩国为保障国民住宅区环境质量,以及节省相关费用,其区位在城市化地区以外者要求选择临近市区或交通联系便利而易于接近城市中心,在城市发展上属于开发轴或临近开发轴的城市化预期地区。远离城市化地区的,尽可能选择可实施大规模国民租赁住宅园区的区段,以便配套小学等公共设施。

四、公共租赁住房制度的法律完善

(一)加强公共租赁住房立法

1. 制定《公共租赁住房管理条例》

在国家层面尚未出台《住房保障法》的情况下,应出台专门的行政法规《公共租赁住房管理条例》,以保障居住权,使宪法和法律的原则和精神具体化[1]。

《公共租赁住房管理条例》的框架主要包括:第一章,总则。规定立法目的、适用范围、公共租赁住房定义、属性(明确规定只租不售)、所有权归属(归政府所有)、保障对象的大致范围等。第二章,政府责任。明确规定政府在房源筹集、财政支持、税收及土地优惠等方面对公共租赁住房的保障职责。第三章,管理主体。规定全国统一的管理机构及管理职责范围,各地在此基础上根据本地实际设立专门管理机构并配备专业人员及设备。第四章,承租人的准入及退出。规定承租人对公共租赁住房的申请、管理部门的审核及轮候、配租程序,以及承租人的退出条件。第五章,监督管理。明确界定公共租赁住房运行过程中的管理主体及管理方式,包括对政府及相关部门的监管及对承租人的监管。第六章,公共租赁住房合同。规

---

[1] 张文显.法理学(第二版)[M].北京:高等教育出版社、北京大学出版社,2006:78.

定由承租人与政府签订,并对租金的收取标准、租赁期限、租赁合同的解除做出规定。第七章,法律责任。明确规定对政府及相关行政部门渎职等违法行为的惩罚,以及承租人违约及违规应承担的法律责任。

2. 提高公共租赁住房地方立法的层次

在上位法的指引下,各地方根据各自实际制定符合本地实际的公共租赁住房管理规定,以地方性法规的形式出台。地方立法的功能在于提供建立公共租赁住房保障体系的依据,明确保障体系的基本目标,规定保障的实现方式,确定保障的发展规划,使公共租赁住房保障制度化、体系化,各项工作有法可依,增强公共租赁住房保障政策的可预测性及刚性执行力。

我国《立法法》第四条规定:"立法应当依照法定的权限和程序,从国家整体利益出发,维护社会主义法制的统一和尊严。"就公共租赁住房立法而言,只有坚持这一原则,政府关于公共租赁住房的方针政策,方能通过统一的法律制度渠道得以实现,从根本上确保中低收入者的利益。故在公共租赁住房立法工作中应坚持法制统一原则,各地方立法机关依照法定的权限和程序进行立法,此外,公共租赁住房法律体系内部应统一,下位法不得同上位法相抵触,同一位阶的法律规范,要避免矛盾,保持和谐一致。

(二)完善相关行政规章

1. 明确界定公共租赁住房所有权归属

明确规定公共租赁住房所有权归属于政府,细化政府应当承担的财政、土地支持责任。故租赁合同应由各地政府作为出租人与承租人签订,但由于公共租赁住房的保障性住房的性质,政府与承租人之间签订的租赁合同具有一定的特殊性,不能完全归属于民事领域。在双方发生纠纷时,要区分纠纷的类型进行区别对待。申请人在申请公共租赁住房,以及实际配租过程中与管理机构产生纠纷,应当属于行政诉讼的范畴。申请人在准入及退出过程中对于公共租赁住房管理机构的审核、配租结果或者对其强制退出的认定有异议的,有权向上级机关提出行政复议。而因租赁合同具体内容产生纠纷,则双方属于平等的民事主体,适用民事诉讼的有关规定。

2. 明确规定公共租赁住房只租不售

公共租赁住房的发展刚刚起步,各地公共租赁住房建设面临着房源不足的困境,目前尚不具备租售并举的条件。和其他保障性住房品种相比,租赁性住房的投资较大,资金回收期长,租金收取方面存在很大的不确定性,融资难度较大,而出售产权有利于更快地回收资金,这是地方政府试行公共租赁住房产权出售的最主要原因。但鉴于公共租赁住房制度的初衷,应当明确规定公共租赁住房只能租赁,不得出售。如上海市即规定:"公共租赁住房着重解决规定对象的阶段性居住困难,满足基本居住需求,应规范供应程序和租赁管理,定向出租,只租不售"。

3. 加大承租人承担违约责任的力度

对不同的违规行为,应当采取不同程度的惩罚:①对于提供虚假材料骗取公共租赁住房资格或转租的,不仅需要收回公共租赁住房,而且永远禁止其申请公共租赁住房,同时罚款金额应高于骗租收益;②对于改变公共租赁住房用途并进行经营活动的,一经发现,罚款应包括租期内市场租金与公共租赁住房租金的总差额另加额外罚金1万元以上;③对于逾期不缴纳租金的,本身不存在欺骗行为及从中牟利,惩罚应从轻,在信用体系中载入其不良记录即可;④对于到期拒不退出公共租赁住房的,在过渡期内(6个月)按市场租金计算,6个月以后按市场租金的2倍计算,迫使其退出。

(三)明确公共租赁住房主体法律定位

1. 明确规定政府在公共租赁住房保障中的职责

"政府的目的在于为人民谋福利",❶应明确政府及相关部门保障困难群体居住权的职责,规定公共租赁住房建设在用地、规划建设、资金投入等方面的政府责任。目前公共租赁住房建设在用地、资金乃至建设的诸多环节除了个别地方规定外,均无统一规定,导致公共租赁住房建设方面缺乏法律的强制性约束。故对政府的各项责任予以明确规定,政府应当利用土地出让金的减免、税收优惠、投资补助(补贴)和贷款贴息等,引导、鼓励和支持个人、机构投资者(含公积金的闲置资金)、房地产开发企业、生产经营企业和行业协会等参与公共租赁住房建设投资。

2. 建立并完善专门的公共租赁住房管理机构

设立专门的公共租赁住房管理机构,自主经营、自负盈亏,负责公共租赁住房

---

❶ [英]洛克.政府论(下)[M].叶启芳,瞿菊农,译.北京:商务印书馆,1964:198.

的运营监管:①完善公共租赁住房管理机构的职能。将公共租赁住房建设和管理统一管理,由一个部门主管,防止脱节,造成机构和人员的浪费,同时又能便于管理。②充实公共租赁住房管理机构。做到分工明确,协调配合。针对公共租赁住房管理部门人员数量与管理工作不成正比的问题,科学分配人员数量,对于专业性较强的岗位,配备专门专业人员及相关设备,充实机构力量。管理机构应当分为决策协调机构和实施管理机构两部分,在各地的公共租赁住房管理办法中明确界定机构各部门的职能,避免因职能交叉而出现相互扯皮。

(四)强化公共租赁住房法律监管

1. 明确监管主体

设立专门的机构监督住房保障工作,组成人员来自纪检监察、土地、规划、建设、管理、审计等多领域,主要任务是参与公共租赁住房工作的预算,检查、评估公共租赁住房工作的透明度及整体效益等对整个运作过程予以有效监督。实行信息披露制度,定期向社会公布相关情况,以接受公众监督。

公共租赁住房管理机构应该实行动态管理,建立承租人个人收入申报制度与个人信用制度。从立法上确认该制度并规定统一的实施标准,建立共享完善的个人信息档案管理系统,落实承租人财产状况审查机制。此外,还要对公共租赁住房建设单位的资质、施工、竣工等环节进行严格监管。

2. 健全承租人准入及退出机制

建立合理的资质审核及配租程序。建立统一的查询平台,相关部门间相互配合,严格把好准入关,节省行政资源。将居民个人信息、租赁诚信档案与户籍信息相配套,形成全国联网的个人资产审核数据库,公共租赁住房管理部门通过网络信息共享平台,对公共租赁住房申请者的个人资产数据进行调查。通过对家庭的收入与消费信息之变化而掌握其家庭情况,标记出变化明显者,由公共租赁住房管理部门人员入户调查,结合实际情况提高或降低其租金,违规者则给予相应处罚。

建立合理的承租人退出机制。部门落实协查制度,各司其职,以准确确定承租人是否仍然符合承租条件、应当给予其哪个级别的租金补助。同时建立有效的迁出机制,在建立承租人个人财产申报制度的基础上,若承租人在规定年限内无正当理由而未进行财产申报,则应将其迁出。

（五）健全公共租赁住房配套制度

1. 建立多元化房源保障机制

为改变公共租赁住房房源紧缺的现状，需有效利用各种渠道以拓宽公共租赁住房房源。除了企业和政府单独建设外，应寻求其他更多的渠道，以筹集到更多的房源减少政府的财政负担。地方政府可以试点通过货币补贴的方式筹集公共租赁住房的房源，对住房租赁市场的住房存量和住房需求量进行调查，如住房存量较大，可以采用货币补贴的方式解决住房问题。对于审核通过但还在轮候期的公共租赁住房申请人，可给予房租补贴直到入住公共租赁住房。从长远发展来看，应鼓励市场主体提供公共租赁住房房源，防止单一渠道所带来的房源供应不稳定的情况，减少投资者和运营商的风险。

2. 完善专项资金运营体系

为有效解决公共租赁住房建设资金的瓶颈，在落实各级财政预算安排资金的同时，应积极创新公共租赁住房的融资机制，建立制度化的公共租赁住房长期融资渠道，可发展 REITs 制度与 BOT 融资模式。

所谓 REITs，即 Real Estate Investment Trusts，是房地产信托投资基金，通过采取公司或者信托基金的组织形式，以发行收益凭证的方式汇集特定多数投资者的资金，由专门投资机构进行房地产投资经营管理，并将投资综合收益按比例分配给投资者的基金，实质上是一种房地产证券化产品。

所谓 BOT，即 Build Operate Transfer，是政府将一个基础设施项目的投资、建设和运营等特许权，在一定时期（即特许期）内授予项目单位，特许期满后，项目单位将项目无条件移交给政府的融资模式。结合公共租赁住房的基本特性，以 BOT 模式进行运作的基本思路如下：私营部门经政府授权后成立专门的公共租赁住房项目公司，由其负责公共租赁住房的融资、建设以及运营，而利润则以向公共租赁住房承租者收取资金的形式取得。

3. 制定配套服务管理统一标准

在国家层面的上位法中应对公共租赁住房的规划选址，以及综合配套设置原则性的标准和导向，各地立法部门在此基础上根据本地实际进行指引和操作。在规划设计时要注重公共租赁住房周边配套设施的建设，减轻居住者的交通成本，公共租赁住房小区除了配套与基本居住有关的各种公用管线及设施，还应该配套幼儿园、学校、便利店、医院、邮局、饮食和购物商城等设施。

　　基于公共租赁住房的公共性特征，租赁房屋的受保护程度往往不及居民的自有房屋，因此更应当加强对公共租赁住房的物业管理，以加强对公共资源的保护。公共租赁住房管理部门可以考虑借鉴新加坡的相关物业管理经验，即形成统一的制度规范，制定最低标准线，并将其上升到法律高度，尤其要规定对损害房屋行为的惩罚，促进物业管理在法制轨道内进行。

第五章 廉租住房制度中的政府责任

廉租住房是指由政府履行住房社会保障职能,向具有城镇常住居民户口的最低收入家庭提供的租金补贴或者以低廉租金配租的具有社会保障性质的住房。廉租住房制度是解决城市低收入住房困难家庭即社会金字塔结构最底端居民住房困难问题的住房保障制度,是我国住房保障体系的重要组成部分,该制度所具有的社会保障性亦最为显著。廉租住房制度的有效实施需要中央政府与地方政府各自承担相应的政府责任,互相配合、通力合作。在廉租住房制度的运行过程中,离不开政府的干预和调控,政府在廉租住房的建设中处于主导地位,各级政府责任的落实直接影响着廉租住房政策目标能否顺利实现。

一、廉租住房制度中政府责任的类型

(一) 政府市场主体准入规制责任

市场主体规制责任指政府基于维护社会公共利益的需要而对市场主体(主要是企业)的组织和行为进行必要干预的责任。[1] 政府的市场主体规制责任表现在市场主体准入规制责任、市场主体运行规制责任、市场主体退出规制责任三个方面。

在我国廉租住房供给市场中,市场主体主要指政府和廉租住房建设企业,政府承担的市场主体准入规制责任主要体现在政府对廉租住房建设企业的准入规制,其具体表现为承建廉租住房项目的企业范围及其进入廉租住房供给市场所需具备的资质条件等。廉租住房供给市场中建设企业主体的资质和信用,直接关系到市场秩序的有序建立、房屋供给质量和效率,亦将直接影响到城市低收入住房困难家庭的生活。廉租住房供给关乎国计民生,政府应当对廉租住房建设企业进入廉租

---

[1] 李昌麒.经济法学[M].北京:法律出版社,2008:139.

住房供给市场的条件进行严格规制。

(二)政府市场秩序规制责任

市场秩序规制责任指政府为了培育和发展市场体系,维护公平、自由竞争,保护经营者、消费者和其他社会公众的合法权益,对市场主体的市场行为进行必要干预的责任。政府对市场秩序进行规制的目的在于维护市场机制的有效运作,降低交易成本,防止市场失灵,以维护公平、自由的竞争,规范市场秩序,保护消费者利益。具体到廉租住房制度中,则是政府对于廉租住房保障对象即城市低收入困难家庭居住权的维护。

政府对于廉租住房市场秩序的规制责任主要表现为政府在廉租住房房屋质量的监管上,廉租住房房屋质量安全关系着城市低收入住房困难家庭的生命和财产安全,政府必须高效能地履行好其干预经济的责任,义不容辞地承担起廉租住房房屋质量的监管责任。

(三)政府宏观调控责任

宏观调控责任是指政府从社会整体利益出发,为了实现宏观经济总量的平衡和经济结构的优化,引导国民经济持续、健康和快速发展,对国民经济总体所进行的调节和控制的责任。为了克服市场失灵和民法的局限性,有必要授予政府宏观调控责任,通过实施宏观调控政策,对社会的总需求和总供给进行调控。[1]

政府的宏观调控责任表现在计划调控责任、财政税收调控责任、产业结构调控责任和其他调控责任。廉租住房制度中政府承担的宏观调控责任主要表现在制定廉租住房行政法规、规章和政策以及有效执行廉租住房行政法规、规章和政策。行政法规、规章和政策是政府进行公共事务管理和经济宏观调控的最有效的手段,在廉租住房制度的调控中亦不例外。

(四)政府可持续发展保障责任

可持续发展保障责任是指政府平衡当代人和后代人之间的利益冲突,保障后代人利益的责任。[2] 可持续发展关注的重点是当代人与后代人利益的冲突问题,尤其是如何实现对后代人利益的保障。以保障当代人利益为主要目的的市场机制

---

[1] 李昌麒.经济法学[M].北京:法律出版社,2008:141.
[2] 李昌麒.经济法学[M].北京:法律出版社,2008:141.

不会自动保护后代人的利益,需要寻求市场机制以外的力量来协调代际发展的冲突。政府的可持续发展保障责任表现在环境保护责任、资源与能源的可持续利用保障责任两个方面。

廉租住房是建立在土地之上的保障性住房,由于土地资源所具有的有限性和不可再生性,必须对现有的土地资源进行合理利用,尊重后代人的利益并保证其不受损害。廉租住房制度中政府承担的可持续发展保障责任主要体现在政府对土地资源的保障责任上,政府在廉租住房制度的发展过程中既保障当代人合理利用土地的权利又不能损害后代人利用土地的权利,实现土地资源的可持续利用。

(五)政府社会分配调控责任

社会分配调控责任是指政府承担的调控国民经济收入、提供公共物品、缩小贫富差距、提供社会保障的责任。而廉租住房制度作为住房保障制度的一部分,隶属于社会保障范畴,故政府承担廉租住房保障责任是其承担社会分配调控责任的体现。廉租住房制度中政府承担的社会分配调控责任主要表现在给付责任、许可责任、监管责任三个方面。

给付责任要求政府提供充足的廉租住房保障"资金""房源"和"土地",保障有足够的廉租住房可供出租;许可责任要求政府在具备了比较充足的资金、房源、土地的条件后,通过"申请—审核—许可"的模式,给予廉租住房申请对象以廉租住房保障资格。由于许可责任主要体现在审核责任和实施许可责任两个方面,而政府承担的最主要的责任就是对廉租住房准入制度的规制,所以在廉租住房制度中政府许可责任的侧重点在于廉租住房制度的准入机制;监管责任要求政府加强落实廉租住房保障工作的监督管理,廉租住房具有较强的社会保障性,在该制度的运行过程中政府的监管必不可少。

二、廉租住房制度政府责任的落实——以四直辖市为仪表

(一)北京市廉租住房制度的责任落实

1.廉租住房保障管理机构层次分明

设立层次分明的廉租住房保障管理机构、形成一套完善的管理运行机制是政府承担宏观调控责任的必然选择,亦是将廉租住房制度落到实处的体现。北京市政府设立的廉租住房保障机构层次分明,管理有序,从而保证廉租住房制度的顺利

实施和高效运行。具体设置如下：

北京市建设委员会(市房改办)是北京市廉租住房保障工作的行政管理机关，负责拟定并实施本市廉租住房的管理办法和政策、制定城市近郊区廉租住房实施办法等工作；隶属于北京市建委(市房改办)的住宅发展与保障处，主要负责北京市限价房、经济适用房、廉租住房等政策性、保障性住房的开发管理工作；市建委、财政局等部门组成工作领导小组负责编制廉租住房资金需求计划，市财政局负责组织市区两级财政拨付专项资金，为廉租住房工作提供必要的资金支持；市民政局负责审核最低收入家庭的收入标准，确定合理的救助对象；市住房资金管理中心负责廉租住房政策的租金补贴发放工作。而北京市建委下属的北京市廉租住房管理中心则专门负责本市廉租住房政策的具体实施工作，其主要职能是负责廉租住房房源筹集、配租实施、档案管理及政策宣传咨询等工作。此外，北京各区县的廉租住房保障工作主要由区建委(区房改办)负责。在区建委下设立区房屋管理局，负责本区廉租住房行政管理和廉租住房制度改革工作。

2. 廉租住房建设运用模式高效创新

土地的可持续利用包含土地的集约利用、土地的生态环境保护、土地的利用结构调整等多方面内容，北京市运用 TOD(Transit Oriented Development)模式建设廉租住房项目以高效利用城市土地，确保土地集约利用效果的实现。TOD 模式强调以公共交通为核心带动土地综合利用，以城市多中心及高密度的土地利用模式为基础，围绕公共交通进行密集型的土地利用规划，高效利用城市土地，有效控制城市蔓延，实现城市交通发展与土地利用之间的和谐互动。❶

早在 2007 年 6 月，北京市政府即出台了《北京市"十一五"保障性住房及"两限"商品住房用地布局规划》，以《北京城市总体规划 2004—2020》为依据，对保障性住房选址规则的问题做出明确规定，这在全国各地方政府中属于首创。

北京的廉租住房项目建设选址初步呈现出了以公共交通为导向的端倪，运用 TOD 模式结合北京市多地铁的城市特色，注重将廉租住房项目集中在地铁沿线布局，通过集约使用土地，构建紧凑型的城市空间从而降低了基础设施建设的成本，提高了城市土地的利用效率，增加了土地增值效益，实现了土地利用与交通系统互

---

❶ 魏良臣，徐彬，高文瀚.北京市新城规划中 TOD 模式的运用研究[J].建筑设计管理，2012(5):48.

动的目的,最终为确保廉租住房保障领域土地的可持续利用奠定了坚实的基础。[1]

(二)天津市廉租住房制度的责任落实

1.制定完善的廉租住房法律规范

天津市政府于2008年4月颁布了《天津市廉租住房管理办法》,该办法共七章25条,内容相当完整且操作性很强,是目前廉租住房保障制度最明晰、操作性最强的一部,规制了天津市廉租住房制度的整个运行过程。

第一章为"总则",规定了不同层次的实施责任主体(市国土房管局对全市廉租住房保障工作进行指导和监督、市住房保障管理办公室指导和管理区县廉租住房实施工作、市社会保障住房管理服务中心负责组织廉租住房房源分配和租金收缴等工作)、廉租住房保障方式;第二章为"保障资金及房屋来源",规定了保障资金来源渠道、实物配租的廉租住房屋来源途径;第三章为"保障条件及标准",规定了租房补贴和实物配租的保障条件和相关标准,保障条件内容详细、保障标准层次明确,整体上具有很强的操作性;第四章为"申请与审核",规定了租房补贴和实物配租的申请与审核,尤其明确了如何进行登记备案和签约;第五章为"监督管理",提出建立家庭档案制度、统计报表制度,并且对廉租住房的物业管理方面进行了规定;第六章为"法律责任",分别规定了保障对象、用工单位和廉租住房管理机构的法律责任;第七章为"附则"。

2.拓宽单一的廉租住房融资渠道

廉租住房保障资金短缺、资金来源途径单一是制约廉租住房制度发展的首要因素,如何拓宽廉租住房保障资金的来源渠道,保证廉租住房保障资金的充足供给是地方政府承担社会分配调控责任的体现。

为了解决保障性住房的资金难题,天津市探索新举措、新方法,不断拓宽廉租住房保障资金的融资渠道。天津市成立了中国首支保障性住房投资基金,该基金以改善民生现状为投资诉求,各政府部门积极深度参与,具有较强的政策导向性。这种基金融资模式的投资人主要由银行推荐,资金来源采取社会募集的方式,包括银行理财产品即"银信政"产品资金。

"银信政"模式一般为银行(委托人)委托信托公司(受托人)设立对应的单一

---

[1] 禹静.廉租房项目选址问题研究——以北京为例[J].中国房地产金融,2010(11):24.

资金信托计划,募集资金用于某地建设项目,银行再将信托计划拆分卖给投资者。这种模式改变了以往保障性住房建设资金长期依赖间接融资即银行贷款的局面,开创了通过募集社会资金进行保障性住房建设的新模式。这一基金的推出丰富了天津市保障性住房投融资的现有模式,有效地解决了保障性住房建设资本缺口的难题,拓宽了天津市廉租住房项目建设所需要的资金来源。❶

3. 形成严格的廉租住房准入和退出机制

天津市严格执行街道及区县房管、民政、市住房保障管理部门的"三级审核、逐级公示"制度,对廉租住房申请家庭的住房、收入进行层层审核,并接受社会监督。在强化廉租住房实物配租政策执行和监管方面,以落实"三级审核、逐级公示"制度为基础,市、区住房保障管理部门会同民政、残联、街道办事处通过检索管理信息系统和专业数据库,定期对廉租住房保障对象进行审核认定,及时掌握保障家庭住房、收入变化动态。采取循环方式入户核查租房补贴受益户租房情况,对不符合标准的受保障家庭启动退出程序。

此外,天津市还建立了廉租住房家庭收入档案,对廉租住房受保障家庭实行动态监管,严把廉租住房"准入关"。天津市国土房管局与民政局联合制定了《天津市住房保障监督管理试行办法》,住房保障管理部门在"强化司法执行、严格退出程序、拓宽监督渠道"的政策指引下,通过司法执行途径完成了补贴追缴,运用专项退出程序,指导廉租住房清退实践,依据社会举报线索,对廉租住房退出环节的违规行为进行查处。

(三)上海市廉租住房制度的责任落实

1. 采用闲置公积金收储廉租住房实物房源

廉租住房实物房源供应不足是廉租住房的突出问题,为了缓解廉租住房实物房源紧张的现状、克服实物房源供应不丰的弊端,上海市政府在全国范围内率先采用闲置公积金收储廉租住房实物房源,保障了廉租住房实物房源的有效供应,保证了上海市廉租住房政策的顺利实施。

早在2007年,上海市政府为了增加全市廉租住房实物房源的储备量,将20亿

---

❶ 罗应光,向春玲,等.住有所居——中国保障性住房建设的理论与实践[M].北京:中共中央党校出版社,2011:278.

房地产法诸问题与新展望

元左右的住房公积金增值收益用作为廉租住房建设补充资金,收储了 8000 套总面积约 50 万平方米的重大工程配套商品房。上海住房公积金管理中心在上海市多个区域收储廉租住房实物房源,一定程度上解决了廉租住房房源不足的问题。上海市政府又于 2012 年出台《上海市廉租住房实物配租实施细则(试行)》,通过配建、改建、收购等方式多渠道筹措廉租住房实物房源。

2. 开通信息核对系统核实廉租住房准入信息

廉租住房准入机制中的一个难题是如何全方位了解受保障对象的信息,相关信息的准确程度直接关系到廉租住房制度中公平价值的实现。上海市在廉租住房信息搜集方面走在了全国的前列,上海市政府于 2009 年 6 月正式开通了"居民经济状况核对系统",该系统是我国首个为民生政策提供经济状况权威信息核对的政务平台。此系统开通后的第一项任务就是为上海廉租住房申请"把关",居民经济状况核对系统的开通不但降低了上海市廉租住房准入的审核成本、提高了信息的准确程度,而且实现了对保障对象的动态监管。故此,民政部曾发函要求全国 32 个试点单位借鉴上海经验,开展低收入家庭认定工作。

3. 出台"先租后售"政策创新廉租住房退出机制

上海市在全国率先创新廉租住房退出环节的制度,推出的廉租住房"先租后售"政策,既完善了上海市廉租住房制度的退出机制,又落实了政府的社会分配调控责任。

2012 年上海市政府出台的《上海市廉租住房实物配租申请条件和配租标准》中规定:"中心城区等特定区域内建设筹措的廉租住房源只能用于廉租家庭租赁使用;近郊大型居住社区中的廉租住房源,可以经市和区县政府批准后转化为共有产权保障房(即经济适用房),允许廉租家庭可以在租住满一定年限且符合共有产权保障房申请条件的情况下,按照共有产权保障房政策申请购买。"[1]该政策最大的突破之处就是使廉租住房和经济适用房制度得到了有机结合,同时也提供了更为弹性的廉租住房退出机制,使廉租住房与经济适用房可以快速、便捷地进行"无缝衔接"。

---

[1] 全春果,陆琪琪,郭陈.廉租房"先租后售"政策可行性的探讨[J].上海房产,2012(8):33.

（四）重庆市廉租住房制度的责任落实

1. 推出二房衔接政策实现保障性住房内部整合

重庆市适时发布与廉租住房制度有关的新政策，为重庆市廉租住房制度的发展指引了方向，也是政府落实廉租住房保障制度中政府宏观调控责任的具体体现。在重庆市，公共租赁住房与廉租住房的区分非常细致：廉租住房的申请对象限于本市城镇低收入住房困难家庭；公共租赁住房的申请对象为中低收入群体，不受区域和户籍限制。

重庆市制定出针对廉租住房制度的新政策，将不再单独集中新建廉租住房，而是以公共租赁住房涵盖过去的廉租住房。这些公共租赁住房的保障对象不仅包括过去廉租住房的受益对象，还延伸到既不能享受廉租住房保障又买不起商品房的"夹心层"。廉租住房居民与公共租赁住房居民住同一小区、同一品质的房屋，只是租金有所区别（根据中央和地方两级政府有关补贴政策，廉租住房租金只是公共租赁住房租金的10%左右）[1]，这样可以极大地利用现有的优势资源，将区位优势、公共交通、配套设施等资源的利用最大化。

2. 创设地票制度增加廉租住房土地供给来源

土地供给不足是阻碍廉租住房制度发展的一个瓶颈，如何增加土地供给来源是各地方政府在廉租住房制度中应当担负起的社会分配调控责任。2008年12月4日，重庆市政府成立了全国首个农村土地交易所，首次推出了地票制度，在不破坏国家基本农用耕地的基础上增加土地供给。所谓地票制度是指在自愿的前提下，将闲置、废弃的农村建设用地复垦为耕地并保障当地农村发展的基本空间后，通过重庆农村土地交易所的公开交易，形成用于重庆市地域范围内的建设用地指标制度。

地票制度的运作过程是将农村集体建设用地复垦为耕地后，增加等量城镇建设用地，用新增加的城镇建设用地来进行城镇各方面的工程建设。[2] 此制度可以增加廉租住房建设用地的土地供给来源，各地方政府通过购买农民手中的地票增加了城市廉租住房建设用地的来源且不会减少耕地的总量。

---

[1] 罗应光,向春玲,等.住有所居——中国保障性住房建设的理论与实践[M].北京:中共中央党校出版社,2011:316-317.

[2] 凌成树,朱玉.重庆市地票制度运行现状及问题研究[J].安徽农业科学,2012(5):3062.

三、廉租住房制度中政府责任仍存在缺失

(一)市场主体准入规制责任的缺失

从建设部等9部委联合发布的《廉租住房保障办法》,以及《北京市城市廉租住房管理办法》《天津市廉租住房管理办法》《上海市城镇廉租住房试行办法》《重庆市城镇廉租住房保障办法(试行)》的规定来看,没有涉及对廉租住房建设企业主体条件进行规制的内容,对于廉租住房建设企业进入廉租住房供给市场后的运作行为也没有具体明确的规定。

廉租住房建设企业承担着廉租住房房屋建设环节的重任,建设企业的资质以及承建能力直接影响到廉租住房房屋质量与安全。政府在行政规章中对廉租住房建设企业的主体范围、资质条件、资质等级管理、年度检查、设立标准、设立程序等内容进行规制是严把廉租住房房屋质量的第一关,是政府落实市场主体规制责任的体现。然而从现行规范性文件来看,却未将该项责任落实到位,某种程度上亦被认为是廉租住房建设项目频频出现质量问题的原因之一。

目前,四直辖市政府有关廉租住房建设企业准入的成文法律规范几乎处于空白,实践中对于廉租住房建设主体的准入规制的监管力度不大,不利于廉租住房制度的有序发展。

(二)市场秩序规制责任的缺失

1. 廉租住房房屋质量相关规定尚不健全

《廉租住房保障办法》第13条规定:"廉租住房建设应当坚持经济、适用原则,提高规划设计水平,满足基本使用功能,应当按照发展节能省地环保型住宅的要求,推广新材料、新技术、新工艺。廉租住房应当符合国家质量安全标准。"《廉租住房保障办法》作为廉租住房制度的部门规章对于应当符合的具体标准却没有规定,使得有关廉租住房质量方面的规定缺乏可操作性。

住房和城乡建设部下发的《关于加强廉租住房质量管理的通知》中对廉租住房的建设管理、质量责任落实、竣工验收、监督检查等方面进行了规定,但该规定仅是住房和城乡建设部发布的通知,规范效力层级较低,权威性不够。同时,四直辖市政府制定的廉租住房管理办法作为地方政府规章,对廉租住房制度的保障标准、保障方式、资金、房源、土地供给、准入、监管、法律责任承担等内容都进行了相关规

定,但却未对廉租住房房屋质量进行具体规制,不利于廉租住房房屋质量的保障。

2. 廉租住房房屋质量监管体系尚不完备

廉租住房房屋质量监管体系不完备主要表现在廉租住房建设管理、质量责任落实、工程竣工验收和监督检查四个方面。

在廉租住房建设管理方面,廉租住房建设企业的资质管理存在缺陷,仍无法避免廉租住房建设企业在资质证书失效后仍继续从事廉租住房建设活动以及超越资质等级从事建设活动的情况发生。政府对于廉租住房建设过程中违规操作者的处罚往往流于形式,处罚力度不够。在廉租住房质量责任落实方面,廉租住房工程建设过程中相关主体责任不清,在发生质量问题后往往不能及时找到相关责任承担主体,问题不能得到及时有效的解决。在廉租住房工程竣工验收方面,天津市政府采取了一些有效的验收措施,如"一户一验"制度,但该制度未在其他三大直辖市普遍实施。同时,在廉租住房监督检查方面,以被动性的检查方式为主,无法从根源上杜绝廉租住房房屋质量问题的发生。

(三)宏观调控责任的缺失

1. 廉租住房相关政策执行尚不到位

纵观当前四直辖市政府廉租住房制度的运行过程,不难发现有关廉租住房制度的相关政策的执行尚不到位。国家审计署发布的审计报告显示:包括四直辖市在内的国内 22 个城市,均未按规定将从土地出让金中提取的用于保障性住房建设的资金用于保障性住房建设,用于廉租住房建设的保障资金被挪用,并且向不符合条件的家庭发放了廉租住房住房补贴或廉租住房。

廉租住房政策执行不到位,其中最主要的原因在于地方政府执政理念存在偏差,片面追求经济效益而忽视保障性住房建设。据统计,廉租住房供给量每增加 5%,就会迫使房价下降 3% ~ 4%。房价下降,又会带来地价下降,从而直接影响地方土地出让金收入,而土地出让金收入是地方政府财政预算外收入的主要来源。为了追求 GDP 增长,地方政府往往不按照政策执行廉租住房相关规定。

2. 廉租住房管理机构设置尚不专业

目前四直辖市政府设置的廉租住房管理机构专业性、独立性不强,常出现各政府管理部门多头管理、责任不清的情形。如:上海市廉租住房管理机构庞杂、独立性不强,廉租住房的实物配租由上海房管局负责,房租补贴由上海市财政局从公共预算、住房公积金增值收益、土地出让收益、国有资本经营预算、地方政府债券中安排发放,购房补贴由上海市房地局、房改办执行,由于廉租住房管理机构设置存在缺陷,很难确保廉租住房制度实施的连贯性与统一性。北京市政府和重庆市政府虽然设置了层次分明的廉租住房管理机构,如北京市政府设置了"市、区县、街道(乡镇)三级管理"的廉租住房管理机构;重庆市政府形成了"市级负总责、区县(自治县)抓落实"的廉租住房管理机制,但仍普遍存在廉租住房管理机构专业性不强的缺陷,阻碍了廉租住房制度的高效运行。

3. 责任主体追究机制尚不健全

四直辖市有关政府在廉租住房制度中承担的法律责任的规定主要见于各自的地方政府规章中,虽然各地方政府规章对于政府需承担法律责任的内容都有所涉及,但规定的内容过于笼统化、原则化,并不利于实际执行。如《天津市廉租住房管理办法》第 22 条规定:"各相关部门工作人员应严格执行廉租住房保障程序,认真履行相关职责。市和区县住房保障管理部门、民政部门应公布举报电话,接受群众监督。对玩忽职守、滥用职权、弄虚作假、徇私舞弊人员,依法严肃处理。"其中,既没有规定具体承担法律责任的情形,也没有规定需要承担法律责任的具体形式,"依法严肃处理"的表述更显示出该地方政府规章关于政府承担法律责任的规定存在制定上的缺陷。

(四)可持续发展保障责任的缺失

1. 土地可持续利用存在法律空白

现行有关土地可持续利用的行政规章内容不全面,未涵盖土地可持续利用的各个方面。土地可持续利用包括土地集约利用、土地生态环境保护、土地利用结构调整等多方面。一个完整的土地利用行政法律体系必然包括以上内容,然而目前关于土地可持续利用的行政规章却仅仅局限于土地集约利用方面。

《闲置土地处置办法》对闲置土地的处置方案、收回的闲置土地的利用等内容进行了规定,但仅仅是局限于对闲置土地的规定,而没有涉及土地生态环境保护、土地利用结构调整等有关方面的内容。《国务院关于促进节约集约用地的通知》也仅仅是对促进土地节约集约利用的措施进行了规定,没有涉及土地可持续利用的其他方面,而且作为国务院发布的通知,效力层级低,对地方政府的约束力弱,四直辖市政府亦尚未制定土地可持续利用方面的地方政府规章。

2. 土地可持续利用面临执行障碍

具体表现为土地闲置现象的存在,土地闲置的后果严重,尤其在我国土地资源稀缺、供需矛盾突出的严峻形势下,更显突出。土地闲置不但加剧了土地市场的混乱无序和农用地非农化的趋势,造成了资源和资产的浪费,而且严重阻碍了社会经济的可持续发展,势必也会阻碍廉租住房制度的有序运行。由于土地闲置问题依然存在,有限的土地资源并没有达到集约节约利用的程度,致使土地可持续利用政策落实得不到位,严重影响到廉租住房制度的发展。地方政府土地政策执行不到位,闲置土地处理办法未能落实,使囤积土地的违法成本过低,给开发商造成侥幸心理,从而形成恶性循环。

(五)政府社会分配调控责任的缺失

1. 政府给付责任存在缺失

对廉租住房的保障资金投入不足,四直辖市廉租住房保障资金来源主要包括财政预算内资金、土地出让金净收益、住房公积金增值收益。一味追求 GDP 的增长使得政府对廉租住房的财政投入不足,导致财政预算内资金安排的匮乏,土地出让净收益用于廉租住房建设的比例较低。

同时,对廉租住房的实物房源供应不足,四直辖市廉租住房房屋来源主要包括政府新建的住房、腾退的公有住房。由于廉租住房建设存在周期长、耗资大的特点,在政府财政资源不足的情况下,建造的廉租住房数量非常有限;而公房大多通过房改出售给了个人,能够腾退作为廉租住房房源的数量甚少。同时,对廉租住房的建设用地供给亦不充分,在住房土地供给结构中,廉租住房的建设用地所占的比重甚小。

2. 政府许可责任存在缺失

主要表现在廉租住房准入环节存在缺陷,即政府难以准确认定受保障对象的收入状况、相关准入信息核实是否确切。廉租住房制度是为了解决城市低收入住房困难家庭居住问题所实施的住房保障制度,家庭收入的高低是衡量申请者是否享有廉租住房保障权利的基本依据。

目前对低收入住房困难家庭的认定标准主要是依据工资收入,居民的收入来源除了工资外还有临时性收入、投资收益、获得赠予等,❶收入状况难以认定的根本原因在于缺乏完善的个人信息收集制度。对于城市低收入住房困难家庭的确认方法仍然没有达到科学性认定的水平,导致实践中廉租住房准入环节出现大量问题,致使不符合廉租住房受保障条件的申请者享受了廉租住房保障待遇,而真正符合条件的低收入住房困难家庭却没有享受到廉租住房政策的福祉,造成廉租住房准入环节不公平的现象时有发生。

3. 政府监管责任存在缺失

主要表现在廉租住房退出环节存在缺陷,完善的社会行政法律体系和政策体系是形成退出机制的重要保证之一。目前四直辖市廉租住房退出机制缺乏相应的行政法律体系和政策体系的支持,当廉租住房家庭收入提高,不再符合受保障条件时,由于没有明确而具体的退出政策体系相对应,也没有具体的行政法律体系予以保障,对于部分拒不接受退出要求的受保障家庭无法强制其退出廉租住房,导致廉租住房制度退出环节的实际运行成效不理想。

退出机制所面临的另一难题就是政府廉租住房退出机制保障不完善,无法切实解决居民退出廉租住房后实际生活水平下降的问题。廉租住房保障对象的经济状况有所改善后需要退出廉租住房,但经济状况虽有所改善却并非大幅度提高,面对高房价依然无力承担的困难家庭,政府应当为其提供新的住房保障。

四、廉租住房制度政府责任承担机制的完善

(一) 建立市场主体准入规制责任承担机制

1. 出台廉租住房建设主体准入法律规范

中央政府应在廉租住房行政法规、部门规章中对廉租住房市场主体准入内容予以规定或者制定专门性部门规章,对廉租住房建设主体的准入予以规制。廉租住房建设主体的准入规制对于廉租住房制度的有效运作和功能的发挥起着保驾护航的作用。中央政府急需建立廉租住房市场主体准入规章制度,承担政府市场主体规制责任,各地方政府也需结合本地实际情况制定出符合当地实际情形的廉租住房建设主体准入规制地方性法规。

---

❶ 韩瑞峰.浅议我国廉租房准入与退出机制[J].经济广角,2012(12):89.

其内容可以参照经济适用房建设的条件予以规定,如《经济适用住房管理办法》第13条规定:"经济适用住房开发建设应当按照政府组织协调、企业市场运作的原则,实行项目法人招标,参与招标的房地产开发企业必须具有相应资质、资本金、良好的开发业绩和社会信誉。"以此确定新建廉租住房建设主体的资质、资本金、社会信誉等内容。

2. 加强廉租住房建设企业资质等级管理

廉租住房建设企业应当按照规定申请核定资质等级,未取得廉租住房建设资质等级证书的企业,不得许可其从事廉租住房建设开发项目。政府要对廉租住房建设企业的资质定期进行核定,对于不符合原定资质标准的廉租住房建设企业,由原资质审批部门予以降级或注销廉租住房建设企业资质等级证书。

完善廉租住房建设企业的资质年检制度,每年对廉租住房建设企业进行资质检查。廉租住房建设企业必须定期参加资质年检,如无正当理由不参加资质年检的,视为年检不合格,由原资质审批部门注销资质证书,对于不符合原定资质条件或者有不良建设行为的廉租住房建设企业,应做出予以降级或注销资质证书的处理。为了让社会公众、相关行政主管部门知悉廉租住房建设企业的资质动态,应定期向社会公布廉租住房建设企业的资质年检结果。

(二) 健全市场秩序规制责任承担机制

1. 制定廉租住房房屋质量行政法规规章

加快制定有关住房质量的行政法规,将包括廉租住房在内的有关保障性住房房屋质量的相关内容规定在行政法规中,以求在整体上提高保障性住房房屋质量法律规定的效力等级。主要规定廉租住房建设(包括规划设计、施工、监理、验收)、质量要求,以及质量责任承担、质量监督管理、质量问题的解决途径等内容,形成对廉租住房房屋质量问题的系统规范。

国务院及其相关部门以住房质量行政法规、廉租住房行政法规、廉租住房部门规章为基础,对工程建设、质量纠纷解决、质量问题责任承担等分别制定不同的实施细则。完善现有的《建筑工程质量管理条例》《建筑工程质量验收规范》和《工程建设监理规定》等,以此保障廉租住房质量的提高。各地方政府也应在廉租住房地方政府规章和实施细则中对廉租住房质量问题予以规定,以保障廉租住房房屋质量行政法律规范的贯彻执行。

2. 健全廉租住房房屋质量监督管理体系

成立专门的廉租住房质量监督管理部门,成立社会保障用房质量监督管理办公室,加强对廉租住房质量监督工作的指导和组织推动。加大对廉租住房建设企业资质监督检查的力度,对于无资质证书、超越资质等级、资质证书失效后而继续从事廉租住房建设活动的企业加大处罚力度,做出吊销资质、降低等级或者清除出市场的处理。

在廉租住房质量责任落实上,分清相关主体责任,在廉租住房房屋质量问题发生时能够及时找到责任承担主体,切实高效解决质量问题,减小损失的发生。在廉租住房工程竣工验收方面,全国范围内推行"一户一验"制度,保证每一户廉租住房房屋质量都符合规定标准。在廉租住房监督检查方面,组织建设、国土、房管、规划等部门定期对在建的廉租住房工程项目进行联合检查,加大处罚力度。对于已经交付使用的廉租住房工程项目,也要定期进行检查,并将检查结果向社会公布。❶

(三)完善宏观调控责任承担机制

1. 设置专门性的廉租住房管理机构

地方政府根据本地区的实际情况成立专门的廉租住房管理机构,从事廉租住房制度实施的具体工作,以克服目前大多数地方政府廉租住房建设和后期管理中由于部门林立、部门职能交叉而出现的政策执行效率不高的弊端。考虑到城市化进程的持久性和廉租住房制度实施的复杂性,可考虑将现有的国土、规划、建设、房产、财政、民政等部门的相关业务部门进行合并,依法成立一个专门的独立的廉租住房保障管理机构,确保廉租住房工作的顺利开展。

2. 编制系统性的廉租住房发展规划

廉租住房保障工作是一项长期艰巨的任务,必须系统编制廉租住房发展规划,这是政府承担宏观调控责任的体现。廉租住房发展规划中的约束性指标具有法律效力,政府需按指标内容完成相关任务,否则承担相应法律责任。目前中央政府对地方政府的考核指标主要是经济指标,这使得地方政府往往忽视廉租住房政策的执行。因此应当将廉租住房建设纳入到对地方政府政绩考核的指标之中,通过这种政绩考核指标的变化来提高地方政府对廉租住房建设的积极性,确保廉租住房

---

❶ 刘瑛,乔宁. 房地产开发[M]. 北京:北京大学出版社,2007:11-13.

相关政策的有效落实,促进地方政府宏观调控责任的实现。

3.追究政府责任主体的法律责任

廉租住房管理机构及其工作人员挪用保障资金主要承担刑事责任和行政责任两种法律责任,承担刑事责任是依照《刑法》第384条规定,以"挪用公款罪"论处或依照《刑法》第382条、第383条的规定以"贪污罪"论处。承担行政责任主要依照《公务员法》和《财政违法行为处罚处分条例》的规定进行处理。

针对违规发放廉租住房租赁补贴或违法分配廉租住房的情形,若管理人员主观上存在故意,即"明知不该作为而作为"或"明知该作为而不作为",应承担行政责任或刑事责任。承担刑事责任应依照《刑法》第397条的规定,以"滥用职权罪"或"玩忽职守罪"论处;对于索取或非法收受他人财物,情节严重者,依照《刑法》第385条、第386条、第387条的规定,以"受贿罪"或"单位受贿罪"论处。如果申请人有行贿行为,情节严重的依《刑法》第389条规定,以"行贿罪"论处。

(四)改进可持续发展保障责任承担机制

1.出台《土地可持续利用管理办法》

制定《土地可持续利用管理办法》,对土地可持续利用的含义、内容、目标、途径、责任承担主体等内容进行统一规定,并对土地集约利用、土地生态环境保护、土地利用结构调整等方面进行细致的规定。明确政府在廉租住房可持续发展方面承担的责任,完善廉租住房土地可持续利用行政法规。以《土地可持续利用管理办法》、廉租住房行政法规、部门规章为基础,对廉租住房土地集约利用、廉租住房土地生态环境保护、廉租住房土地利用结构调整等分别制定实施细则,明确各级政府的廉租住房可持续发展保障责任。同时,各地方政府尽快制定与土地可持续利用内容有关的地方性法规,以保障廉租住房土地可持续利用行政法律规范的贯彻执行。

2.落实土地可持续利用相关政策内容

建立廉租住房土地可持续利用目标责任制度,将各地廉租住房土地可持续利用情况加到对政府的政绩考核中,使政府在执政理念上重视廉租住房制度中土地可持续利用的重要性,促使政府采取积极措施保障廉租住房土地可持续利用政策目标的有效实现。制定科学合理的廉租住房土地利用规划,加强土地利用的宏观控制和管理,提高土地利用率,合理利用土地资源,促进国民经济协调发展,并为科学管理土地利用提供依据。协调政府各部门的职能,以有效执行廉租住房土地可持续利用政策。

廉租住房土地可持续利用是一项综合的系统工程,需要国土、建设、规划、房产、社会保障、财政等各政府职能部门的全力支持和配合,协调好各部门的职责并明确分工,避免职能交叉和行政不作为现象的发生。对于土地的集约利用、土地的生态环境保护、土地利用结构调整等方面采取专门的执行措施,以保证土地可持续利用政策的全面落实。

(五)优化社会分配调控责任承担机制

1.健全政府给付责任承担机制

切实提供廉租住房保障资金,积极落实以财政预算安排为主、多渠道筹措资金的规定,拓宽廉租住房保障资金的融资渠道。可以借鉴天津市的经验,设立保障性住房投资基金,充分发挥基金模式的作用以保证廉租住房保障资金的有效供给。鼓励开发商建设经营租赁房,由政府通过提供税收、土地出让、信贷利息等方面的优惠措施,鼓励开发商参与廉租住房的建设。强制开发商建设经营少量的廉租住房,在土地竞标时明确要求建造一定比例的廉租住房。增加廉租住房土地供应,根据廉租住房保障规划和年度计划,统筹制定廉租住房用地计划,优先安排廉租住房建设用地。增加廉租住房建设用地的供给渠道,如通过行政手段,将城市的闲置土地和企事业单位长期占而不用的场地依法收回,转化为廉租住房建设用地。此外,还可以借鉴重庆市政府的经验,贯彻执行地票制度,在确保耕地总量不变的前提下增加廉租住房土地供给来源。

2.强化政府监管责任承担机制

明确各级政府在廉租住房退出环节中所承担的责任,出台与退出机制相配套的实施细则,落实相关配套措施,建立自上而下多级的监督管理体系。及时调整廉租住房退出政策,通过利益驱动促使不符合条件的保障对象主动退出。对于在退出环节中出现的违法违规行为加大处罚力度。通过司法执行途径完成补贴追缴,充分发挥司法手段的警示、威慑作用,运用专项退出程序,指导廉租住房清退实践;依据社会举报线索,对退出环节中的违法违规行为进行查处。通过制定廉租住房后续保障工作的相关政策,确保廉租住房住户退出廉租住房后有房可住,对于这些低收入家庭,政府可通过提供低息购房贷款或者减免购房税等优惠政策,鼓励其自行购房,也可通过奖励租房补贴,鼓励其另行租房。

第六章 房屋分时利用法律问题刍议

房屋分时利用作为一种转移房地产所有权（或使用权）的新形式，是集房地产业、酒店服务业、旅游业等特点融合于一体的商业新兴制度。所谓房屋分时利用是将度假地的酒店（或者度假村）内的一间房屋或者一套公寓的所有权（或使用权）以时间为单位进行划分，分别出售给买受人，买受人每年在其所购买的固定时段内可以居住，其余时间可将该房屋委托给开发商或者相应的房产管理公司进行经营并获得相应的收益。[1] 此外，买受人还可以通过交换系统将其所享有的特定房屋的使用权与系统内其他异地买受人所享有的房屋使用权进行交换，以满足买受人在花费较少成本的前提下到各地进行旅游度假的需求。[2]

一、房屋分时利用的特征与类型

（一）房屋分时利用的法律特征

1. 房屋分时利用具有期权性

房屋分时利用在运行过程中与期货交易的形式十分类似，有别于即刻购买即刻消费的传统消费模式，在购买行为发生以后，买受人在其特定的时间段内享有相应的消费权利。因此，房屋分时利用具有期权性的特征，在买受人购买了特定房屋的所有权（或使用权）以后，即可以在其购买的固定时段内对于该房屋进行占有和使用。如买受人通过房屋分时利用交换系统购买了占有、使用某特定房屋7天的这种消费形式，则该买受人一年内在该房屋分时利用交换系统提供的任一房屋内均可以进行7天的占有使用该房屋的消费，这种运行模式保留和推迟了买受人实现权益的时间，因此房屋分时利用具有期权性。

---

[1] 陈耀东，王者洁，等. 房地产法[M]. 北京：清华大学出版社，2012：256-257.
[2] 张广瑞，魏小安，刘德谦. 2000—2002年中国旅游发展分析与预测（中国社会科学院旅游研究中心研究报告旅游绿皮书）[M]. 北京：社会科学文献出版社，2002：10.

2. 房屋分时利用具有分散性

大部分酒店或者度假区房屋的所有权由开发商所享有,所有权高度集中,而房屋分时利用交换系统中的房屋所有权(或使用权),则分散于该系统内部的若干个买受人所有,这些买受人只对该房屋的某一段时间享有所有权(或使用权),主要包括以下三种情形:①买受人通过买卖合同取得分时利用房屋的所有权(或使用权)后加入到分时交换系统中;②开发商将其所开发的分时利用房屋全部纳入到分时利用的交换系统中并通过该系统将房屋进行销售;③经营者购买度假地房屋后将其全部用于分时利用经营,按照时段划分后出售给买受人。

3. 房屋分时利用的权利实现具有滞后性

就一般性商品而言,某一件商品在完成货币交换之后即进入消费领域,买受人即完全享有对该商品的所有权。但是房屋分时利用运行过程中,买受人购买了特定房屋特定时间内的所有权(或使用权)后,却并不一定能够立即享有对该房屋的所有权或使用权,其对所有权(或使用权)的享有是在购买行为发生后的一段时间内方能实现。故此,造成了房屋分时利用权利实现的滞后性,导致购买和使用的分离时间较长。

(二)房屋分时利用的两种类型

1. 所有权型房屋分时利用

所有权型房屋分时利用是指买受人在与开发商签订房屋买卖合同以后,分时利用房屋的所有权由开发商转移到买受人手中,买受人享有其所购买的固定时间段内对于该特定房屋的所有权。在所有权型房屋分时利用中,若干个买受人共同购买某特定房屋,即享有了对该房屋的所有权,由此打破了房屋所有权被开发商所集中享有的传统形式,将该房屋所有权分散在各个买受人手中,即所有权被分割,买受人享有的也仅是部分所有权,这种所有权是按照一定的年限进行相应的时段划分的,每一位买受人只能在其购买的固定时段内对房屋进行占有和使用。

所有权型房屋分时利用中的所有权是一种时限(或期限)的所有权:①买受人在与开发商或者销售代理商签订买卖合同后即可获得在合同约定的时限内对特定的房屋予以排他使用的权利,包括转让、出租、抵押等;②作为所有权的客体具备独立的物和特定的物的特征,该不动产在不同的时间段内被不同的权利人所享有,且为具有住房功能的居住空间;③买受人通过购买固定时间段内该房屋的所有权,可以与交换系统内的其他房屋进行占有、使用权益的交换,也可以对该房屋出租和转让,符合所有权作为支配权的这一典型特征;④买受人购买的是固定时间段内对于特定房屋的所有权,其所享有的所有权是有限的,仅为固定时段内的所有权,存在时限限制,故被称为时限所有权(或期限所有权)。

因此,所有权型房屋分时利用的所有权是一种有别于传统理论的所有权,具体表现如下:

第一,所有权型房屋分时利用的买受人所享有的事实上的处分权受到相应的限制。在所有权型房屋分时利用中,买受人所享有的处分权仅包括法律上的处分,法律上的处分是指变更、消灭或者在所有物上的设定权利。[1] 买受人可以将其购买的分时利用房屋进行转让、继承或者赠与,也可以将其加入到交换系统中进行交换,但是不能改变该房屋的结构、破坏该房屋的原有形态、改变该房屋的初始用途等。可见,在所有权型房屋分时利用中,买受人在购买行为发生后即享有了该分时利用房屋的所有权,却不能对该房屋进行事实上的处分,这是有别于传统的所有权理论最明显的标志。

第二,所有权型房屋分时利用打破了传统所有权期限永久性的规定。传统所有权理论认为,所有权人对其购买的物享有的期限是永久性的,这种权利随着该物的消亡而结束。而在所有权型房屋分时利用中,买受人购买的是该分时利用房屋特定期限内的所有权,该权利随着这种特定期限的结束而结束,一旦时限到来,即丧失了对于该房屋的所有权,该房屋的所有权又转移到开发商手中。此种权利的产生和灭亡以合同约定的时限为基础,而不是以该物的存在为基础,这是所有权型房屋分时利用有别于传统所有权理论的另一个显著特征。

此外,如果买受人在购买了分时利用房屋以后,在合同约定的期限到来前去世,则该房屋可由其相应的继承人予以继承,但需注意的是,其继承人继承的仅仅是余下时间内对于该房屋的所有权,一旦合同约定的期限到来,则该继承人也丧失了对于该房屋的所有权。可见,所有权型房屋分时利用的所有权具有一定的时限性。

---

[1] 王利明.民法学[M].上海:复旦大学出版社,2004:288.

2.使用权型房屋分时利用

使用权型房屋分时利用也被称为租赁权型房屋分时利用,是指买受人通过与开发商签订合同后购买固定时段内对分时利用房屋的使用权。此类分时利用房屋所有权并未发生转移,买受人所购买的仅仅是在合同约定的时段内居住、使用该房屋的权利,这种使用权同样具有期限上的限制。

使用权型房屋分时利用与所有权型分时利用有着显著的差别,主要表现为:①所有权型房屋分时利用买受人享有对于特定房屋固定时限内的所有权,在该固定时限内买受人为所有权人;而使用权型房屋分时利用的买受人所享有的仅仅是固定时段内对于房屋的使用权,其所有权人仍为开发商。②在分时利用期满之后,所有权型房屋分时利用的买受人作为特定房屋的所有权人可以享受房屋余下利益的分配;而使用权型房屋分时利用的买受人作为承租人则不能参与此种利益分配。③所有权型房屋分时利用的房屋管理由买受人组成的群体进行;而使用权型房屋分时利用的房屋管理则由开发商负责。④所有权型房屋分时利用中买受人购买房屋的所有权后,即可取得相应的房屋权属证书;而使用权型房屋分时利用买受人则不能通过租赁合同取得房屋所有权证。

(三)房屋分时利用所涉及法律关系

1.开发商与买受人之买卖关系

开发商是房屋分时利用中一个十分重要的参与主体,即分时利用房屋的经营者,包括两类:一类是本身享有分时利用房屋的经营者;另一类则是将其酒店或者度假村的房屋加入到分时利用系统中的经营者。买受人则是购买分时利用房屋的群体,也可被称为购买者或投资者。开发商在与买受人直接签订买卖合同的情形下,二者之间所形成的是一种典型的买卖关系,开发商将分时利用房屋一定时间段内的所有权或使用权依合同规定出售给买受人,同时在买卖合同中对于双方的权利义务做出明确规定。在分时利用的房屋销售以前,其所有权由开发商所享有,当销售给买受人以后则买受人享有房屋的部分所有权或使用权,开发商和买受人所享有的均属于对该特定房屋有一定时限限制的建筑物区分所有权。

2.开发商和销售代理商之委托关系

销售代理商指的是经营销售分时利用房屋的专门性机构,由开发商进行委托,主要职责是对分时利用房屋进行广告宣传和销售,其性质为一种中介机构。销售代理商和开发商之间所形成的是一种委托代理的关系,分时利用房屋的开发商通过与销售代理商签订委托代理合同,将分时利用房屋委托给代理商进行销售,具体的销售方式和产品均由双方合同进行相应的约定。

3. 销售代理商和买受人之买卖关系

销售代理商与买受人之间所形成的也是一种买卖关系,销售代理商基于开发商的委托,向买受人进行分时利用房屋的销售。销售代理商按照开发商的授权进行分时利用房屋的销售,开发商则要按照其与销售代理商所签订的委托代理合同中的相关规定对买受人负责,对于销售代理商超出委托权限范围的行为,开发商不再负责,具体产生的问题责任应由销售代理商承担。

4. 开发商和交换公司之加盟关系

交换公司是指将符合条件的开发商的分时利用房屋纳入其库存中,并参与其他地区的分时利用房屋进行交换,为买受人提供交换服务的中介机构。开发商和交换公司之间所产生的是一种加盟关系,开发商和交换公司均可以进行自由选择,开发商可选择规模较大、运行模式较完善的交换公司进行加盟;交换公司也可选择手续完备、具备相应资质的开发商加入到其系统之中,从而与其他不同地区的分时利用房屋开发商进行交换。在这种加盟关系下,开发商需向交换公司交纳相关费用,交换公司通过收取费用进行相关的业务服务。

5. 买受人和开发商之租赁关系

使用权型房屋分时利用中买受人和开发商所签订的是房屋租赁合同,买受人所享有的是在租赁合同中所约定的固定时段内对于该特定房屋的使用权。在合同签订以后,买受人可以实现对于特定房屋的占有,此时买受人作为承租人,在其特定的承租时段内可以使用特定房屋以及相关配套设施,同时也可以继续委托相关机构将其所承租的房屋再进行转租,从而获得特定房屋转租后产生的收益。

二、我国房屋分时利用的现状及困境

(一)房屋分时利用现状

房屋分时利用自20世纪90年代进入我国,《中国公民自费出国旅游管理暂行

房地产法诸问题与新展望

办法》❶的出台为房屋分时利用进入我国奠定了基础,在该办法实施后部分国外经营房屋分时利用业务的公司在经济较发达的北京、上海、广州等地开始销售国外度假地的分时利用房屋。但由于受到相关政策和自身经营能力的制约,这些国外公司无法为国内买受人提供有效的国际交换服务。

2004年,国际上最大的分时利用交换公司 Resort Condominiums International(简称 RCI)❷开始进入我国,并获得外商独资企业的营业执照,在中国已吸纳会员达到上千人,北京、上海、海南等城市的多家酒店(或度假村)加入到其网络中。随后,另一大国际交换公司 Interval International(简称 II)❸进入到我国市场,上海的太阳岛国际俱乐部加入到其中,广东省也有两家度假村加入。此时房屋分时利用方式在我国得到快速的发展,一些旅游热点城市如海南、深圳、桂林等开始进行产权式酒店的销售模式探索。

进入到21世纪后,房屋分时利用进入本土化发展阶段,经营房屋分时利用业务的企业和开发商之间开始注重合作共赢,逐步形成规模化的连锁经营模式,使房屋分时利用业务能够在更大程度上保护买受人的合法权益。相关开发商还针对我国的现实情况,缩短购买的分时利用房屋期限,以及降低分时利用房屋的价格等来满足消费需求。

我国房屋分时利用在发展过程中呈现出如下三个特征:

(1)最早引入房屋分时利用并发展较为迅速的地区集中在旅游业较为发达的地区和经济发展程度较高的的城市,如海南、北京、上海、广州等地有着相对较为成熟的经济环境作为依托,且旅游资源丰厚成为吸引买受人购买分时利用房屋的重要因素。

(2)消费群体大多为城市高收入人群,这部分群体将购买分时利用房屋不单单视为消费行为,更多的是从投资的角度进行购买。而普通民众对于分时利用房屋的购买力并不强,分时利用房屋的受众范围并不很广泛,难以拥有大规模的消费

---

❶ 该办法于2002年被废止,现我国施行的是《中国公民出国旅游管理办法》。

❷ Resort Condominiums International 即美国国际分时利用交换公司,成立于1974年,成立地点为美国印第安纳州印第安纳波利市。RCI最早提出交换分时利用时段这一概念,提出用一处度假村的住宿单位与另一处度假村的住宿单位进行交换。

❸ Interval International 即国际时段度假公司,于1974年成立。RCI和II是目前国际分时利用业占据主导地位的两大分时利用交换公司。

群体。

（3）分时利用房屋的开发商在销售时并不仅仅针对分时利用房屋所在地的买受人，更多的是面向异地买受人进行销售，开发商大多会选择与异地的销售代理商进行合作，将其房屋委托给代理商进行销售。

目前我国国内经营房屋分时利用业务的开发商的经营模式大致可分为如下四类：

第一类是选择加入国际性交换系统的酒店（或度假村），这些酒店（或度假村）的开发商的经营模式与传统的国际分时利用经营模式一致，以 10～40 年的期限向买受人销售以周为单位划分的房屋所有权（或使用权）。

第二类是产权式酒店，这种模式以传统的分时利用为基础，在原有的基础上进行一些变化，即买受人购买分时利用房屋以后，在其所购买的固定时段内可以对房屋进行占有使用，其余时间可将该房屋委托给酒店（或度假村）进行统一的管理，酒店（或度假村）将其用于经营，买受人可享受营业所得的收益分配。这种经营模式相对而言便于对分时利用房屋的统一管理，且能给买受人带来较多的收益。

第三类是致力于本土化交换系统构建的企业，这部分开发商在立足于我国国情的前提下，自主构建分时利用交换系统。

第四类是开发商对房屋分时利用的开发、销售、交换、管理各个阶段都进行自主经营的模式，这种经营模式对于开发商的资质要求相对更为严格。

（二）房屋分时利用面临的困境

1. 相关法律法规缺位

我国目前针对房屋分时利用的立法尚属空白，房屋分时利用的发展得不到专门性的法律法规的引导。在房屋分时利用中进行开发、交易、交换、管理等环节，只能依据《中华人民共和国房地产管理法》《关于饭店服务质量方面的等级标准》《会员卡管理试行办法》等规范性文件。

房屋分时利用中的主体众多，其中开发商、买受人、销售代理商、交换公司是最为重要的主体。随着房屋分时利用的不断发展，更多新的参与主体也在不断出现，如房屋管理公司、信托公司、金融机构等。作为一项涉及多方主体利益的新兴制度，相关主体之间所涉及的权利义务关系及相关法律适用情况均较为复杂。

在实际交易过程中，买受人在和开发商签订买卖合同或租赁合同以后双方形成买卖关系或租赁关系,而目前能对买受人权益进行保护的法律仅有《中华人民共和国合同法》与《中华人民共和国消费者权益保护法》。此外,房屋分时利用涉及的行业范围也较多,包括房地产业、酒店业和旅游业等,其自身的特点十分独特,而目前的部门法中并没有一部专门性的法律法规,在实际运行过程中难以进行有效规制。

2. 交换系统不健全

目前,我国进行专门性的房屋分时利用的交换公司为数并不多,且规模较小。交换系统不健全主要表现在以下三个方面:

首先,交换系统自身存在缺陷。从国际交换系统来看,目前我国公民出境旅游需受到相关签证等规定的限制,大多采取跟随旅行社出行的方式,这在很大程度上制约了购买分时利用房屋的买受人进行国际交换;从国内交换系统来看,专门进行房屋分时利用交换业务的公司数量甚少,而且仅能提供国内的交换业务。

其次,交换系统缺乏完善统一的交换标准。房屋分时利用的交换过程中有通过专门性的交换公司进行交换,也有开发商之间自行交换,具体的交换标准不统一,也直接影响着分时利用的有效运行。

再次,交换能力不强。分时利用出现的初衷是为了解决房地产业闲置的空房问题,提升酒店业的入住率,而由于交换业务的发展相对落后,形成不了大规模的交换网络,买受人进行自由选择交换分时利用房屋的空间较小,且交换系统也没有大数据存储,仅仅能够提供小范围内的度假地分时利用房屋的资料信息,信息容量少,极大地制约了交换业务的发展。

3. 管理系统不完备

房屋分时利用涉及房地产业、酒店业和旅游业三个行业,各个行业部门的分工并不具体,进行专门性管理的部门亦不确定。目前,我国尚没有一个专门对房屋分时利用进行管理的部门。

从行业发展的角度说,房屋分时利用中包含了旅游度假的形式,旅游部门可对其进行相应的管理,但是在我国旅游部门相应的规章中对开展旅游业务的范围也有明确的限定,主要是进行与旅游相关的出行、住宿、观光等。而从事分时利用房屋销售业务的相关企业往往以仅提供预订房间的业务来规避旅游部门的管理,由此,买受人在权益受损时也无法向相关旅游管理部门进行投诉。此外,实际交易中由于分时利用转移了房屋的所有权(或使用权),因此可以由房地产管理部门进行管理,但在法律上却并没有相关明确的规定,法律上的空白也造成了管理部门的不确定,从而导致房屋分时利用管理系统的不完备。

4. 交易信息不对称

在房屋分时利用的交易过程中,交易双方处于信息不对称。在销售阶段,开发商和销售代理商为了能够顺利地和买受人签订合同,往往会隐瞒关于分时利用房屋的真实信息,对于涉及房屋开发、销售、交换、管理等方面的基本信息均不予以披露,由于这些信息买受人无从知晓,造成交易双方的交易地位不平等。

房屋分时利用作为一种新兴制度,买受人本身对其了解甚少,对于其负面影响及可能产生的相关问题更是不能及时获知。在合同签订前,开发商和销售代理商会极力宣传分时利用房屋的好处,隐瞒管理、居住和交换各个环节所要面临的风险,这些问题只有在签订合同交付房款以后才会真正获知,买受人可能会面临一系列的风险,如开发商不能按时提交符合合同约定的分时利用房屋、购买分时利用房屋后对房屋进行装修维护费用要由买受人承担等。

5. 交易成本比较高

当前我国分时利用房屋的买受人大多是社会高收入阶层群体,其购买力相对较强,而对于普通民众而言,分时利用房屋的价格相对较高,不能被大众所普遍接受,其购买力也相对较弱。目前一般民众的消费水平与发达国家相比尚有较大差距,房屋分时利用进入我国之后,其价格大多参照国外的标准,价格因素也成为制约房屋分时利用发展的一个问题。

同时,我国民众与国外大众消费心理也不一致,买受人在购买房屋或进行投资消费的前提是有相对较为充裕的金钱,而国外则是一种提前消费模式,房屋分时利用正是国外大众提前消费观念的典型体现。购买分时利用房屋须一次性交纳巨额资金,大大超出了普通民众的购买能力,且购买的年限又相对较长,故普通民众轻易不会购买。

三、域外房屋分时利用法制借鉴

(一)美国房屋分时利用法制环境

房屋分时利用最早在欧洲提出而后在美国得到发展,其中最重要的原因是美

房地产法诸问题与新展望

国成熟的法制环境为其发展提供了保障,美国联邦和各州都对分时利用有专门性的立法,此外还有一系列配套制度为其提供了充分的保障。其主要表现为以下四个方面:

第一,房屋分时利用在美国受到专门性的立法约束,市场准入门槛较高。早在1976年的美国佛罗里达州就出台了《1976年分时度假规章》,旨在规范开发商的经营行为,确定了开发商所需承担的义务,限定了其经营资质,要求其在进行交易前应向买受人提供准确全面真实的交易信息,同时还强制性要求开发商在进行交易前应向相关管理部门递交有关房屋分时利用的相关材料等。这些规定在很大程度上确保了交易的公平性和公开性,对经营房屋分时利用业务的开发商市场准入门槛要求相对较高,能够有效预防房屋分时利用市场上开发商鱼龙混杂现象的出现。

此后,该州又于1983年颁布了《1983年佛罗里达州分时度假计划法案》,❶对开发商的经营行为做出更加明确和详尽的限定,该法案中要求开发商进行分时利用房屋的销售时,需提前在本州内进行注册登记,否则不能进行销售和宣传。同时,开发商如果在其他州进行销售时也必须经过登记注册。

第二,美国首创信息披露制度并在法律上将信息披露制度确定为规范房屋分时利用的专门性制度。在该制度下,买受人可以从开发商和销售代理商处获得关于分时利用房屋和开发商经营资质的真实完整信息,所需披露的关键性信息主要包括:①分时利用房屋和有关的配套设施的基本情况;②分时利用房屋的产权形式;③采用何种方式出售或者出租分时利用房屋;④分时利用房屋的全面具体完整的财务信息。

通过将必要的分时利用房屋的信息予以披露,以保证买受人充分了解关于分时利用房屋的真实情况,确保其获得的交易信息的真实性和完整性,便于做出合理性选择。与此同时,还提出了冷静期制度,即在合同签订后的一段时期内,买受人若发现开发商所提供的房屋不合约定时可以将合同撤销而不承担责任。不同州之间对于冷静期的期限长短规定也并不完全一致,从7~15天不等,甚至还有的规定了长于15天的期限。

第三,经营房屋分时利用业务的开发商对于自身行为有着良好的约束,在很大

---

❶ 李洁.从国外分时度假发展经验看我国的分时度假产品市场[J].江苏商论,2010(11):99.

程度上促进了房屋分时利用市场的发展壮大。大部分美国的分时利用房屋的开发商在销售前会对相关工作人员进行集中培训,培训期间不少于3个月,有些甚至更长。培训始终坚持强化对于从业人员商业道德的要求,坚持以保护买受人利益为核心。同时,各个开发商之间也有自发形成组织以及较强的行业自律行为。

第四,房屋分时利用在美国的发展离不开行业协会的支持,该协会名为"美国度假村发展协会",[1]系从1969年成立的美国土地开发协会演变而来。该协会自房屋分时利用在美国出现之后,不断地代表该行业请求政府建立健全立法,制订相关的行业标准及道德规范,对专门人员进行相关业务培训,研究行业的发展及未来走向。该行业协会从成立至今一直发挥着举足轻重的作用,推动了房屋分时利用在美国的发展和完善。

(二)欧盟房屋分时利用法制环境

起源于欧洲的房屋分时利用在欧洲各国更是受到相当程度上的重视,为了解决交易中所出现的一些问题,欧盟在1994年出台了《关于在以购买不动产分时度假使用权为内容的合同中保护购买人的指令》,[2]对于保护买受人的权益,以及有效解决开发商不正当销售行为做出了十分详尽的规定,将房屋分时利用予以准确的界定,并规定了最基本的保护买受人权益的手段和方式,其主要表现在以下两个方面:

第一,赋予买受人在一定时间内享有两项特殊性权利,即撤回权和取消权。撤回权是指在一定的时间段内,买受人可以将该合同解除。该指令第5条明确规定买受人在合同签订后的10日之内享有撤回权,且该项权利的行使无须说明理由。合同签订后的10日即为冷静期[3],买受人所享有的撤回权需要在冷静期内行使,如果过了冷静期则丧失了该项权利,分时利用合同即可生效。取消权则是指对于双方当事人所签订的合同中开发商没有提供附件中规定的信息时,买受人可以在合同签订后的3个月之内取消该合同。倘若开发商在该期间内提供了相关的信息,买受人所享有的撤回权的期间从开发商提供该信息时算起。取消权的设立是为了

---

[1] 倪小丽,吕芳.从美国分时度假谈中国旅游房地产发展[J].科技风,2009(9):74.
[2] 瞿忠奎.所有权型分时度假模式对传统物权理论的发展[J].经济视角,2010(6):80.
[3] 姚道艳.刍议规制分时度假合同路径——以保护消费者的合法权益为视角中外分时度假研究进展[J].山东商业职业技术学院学报,2013(1):67.

惩罚开发商不按照合同约定进行经营的行为,在特定的时间内开发商如果没有提供法定信息则买受人即可行使取消权。与撤回权的行使不同之处在于,取消权行使时会产生一些费用,该笔费用由谁负担需在签订的合同中予以明确约定。

第二,明确规定开发商在交易过程中承担信息披露之义务。欧盟各成员国在各自的立法中均明确规定开发商要承担信息披露的义务,此义务为法定义务,所有经营者必须无条件遵守。所进行披露的关键性信息主要为:开发商的经营资质、买受人所享有的权利、开发商的义务、分时利用房屋的价格、是否存在转售现象、撤回权和取消权的行使方式等。同时,该指令中还规定房屋分时利用的合同形式应为书面,且合同内容需包括上述所应披露的全部信息内容。此外,在该指令中还规定所签订的房屋分时利用的合同所使用的语言文字应是买受人所在地的国家,所使用的通用性的语言文字。同时还应当提供相应的合同翻译文本,该翻译文本所使用的语言文字是分时利用房屋所在地的语言文字。

此外,对于不正当营销行为做出了明确的界定并予以相应规制。2005年欧盟《关于在内部市场销售商与买受人间不正当商业做法的指令》对于开发商的不正当的营销行为做出了界定,明确规定在交易实践中所发生的具有强迫性的交易行为和虚假性的宣传均属于不正当的营销行为,该指令的出台有效遏制了不正当营销行为的发生。

(三)墨西哥房屋分时利用法制环境

房屋分时利用的出现促进了墨西哥的经济增长,同时也带动了其房地产业、酒店业和旅游业的发展,增加了国内民众的就业机会,对其国内经济的发展产生了良好的影响。墨西哥主要通过以下三个方面对分时利用进行了规定:

第一,确定分时利用的专门性管理部门为经济部和旅游部。墨西哥的立法相对较为完整,在联邦和地方各个层级均有制定专门性的法律法规,经济部和旅游部的管理权能是由法律所赋予的,具有严格的管理标准和程序。联邦层级的统一性法律对于分时利用房屋做出了具体的规定,并有明确的规制内容;地方层级制定的法规主要针对开发商和销售代理商的销售行为做出了要求。同时,墨西哥对经营房屋分时利用业务的开发商的市场准入门槛相对更高,要求开发商对自己的经营资质提供相关证明文件,从而表明开发商有进行实际交易的能力。

为了避免欺诈行为的发生,法律明确规定开发商在进行销售的过程中必须做到以下内容：一是信托，要求开发商将其所开发的分时利用房屋委托给专门性的信托公司，此时房屋的所有权一并转移给信托公司，以确保买受人如期获得自己所购买的房屋的使用权；二是要求开发商做好相应的注册和登记，将分时利用房屋的详细信息和自身的经营资质以及与买受人所签订的房屋分时利用的合同进行登记和注册，买受人可以通过经济部的公示系统及时查阅到上述相关信息，保障交易的公平性和公开性。

第二，确立严格的房屋分时利用国家标准。1999年墨西哥出台了《分时度假服务市场营销信息要求》，确定了房屋分时利用的国家标准。该标准由诸多主体共同参与，具有很强的针对性和专业性，包括墨西哥法律事务部、分时利用行业协会、相关开发商以及专门性法律人才等。内容主要有房屋分时利用的概念界定、房屋分时利用运行模式、房屋分时利用合同、分时利用房屋交易价格、分时利用服务管理、分时利用房屋使用期限、涉外销售、监管要求等。确定这一标准的实质是要求开发商将其经营信息进行公示，以便买受人查询，同时也是为了确定全国性的统一标准，便于对开发商的管理。

第三，强化行业协会在分时利用发展中所发挥的作用。墨西哥在联邦和地方层级均有成立专门性的分时利用行业协会，这些行业协会在促进分时利用发展过程中发挥了极为重要的作用，行业协会致力于推进政府立法进程，加速出台专门性法律，并就某些专门性规定与政府进行协商，同时还组织专门性的业务培训，以保证开发商和相关从业人员的专业性，敦促开发商诚信经营，避免发生欺诈。此外，行业协会还配合相关管理部门处理和解决侵权问题，在保护买受人权益方面发挥了极大作用。

四、完善我国房屋分时利用的法律思考

（一）制定专门法律制度及配套制度

1. 出台专门的房屋分时利用法律

尽快制定有关房屋分时利用的专门性法律规范，如《房屋分时利用条例》，从根本上促进房屋分时利用健康发展，更好地保护买受人的合法权益。

《房屋分时利用条例》可包括以下两个内容：①对房屋分时利用的权利概念进行明确的界定，确立分时利用权的存在；②确定该部法规所适用的范围，即效力范

围,包括空间上的适用范围、对人的适用范围和对物的适用范围。其中,空间上的适用范围包括:双方当事人所签订的分时利用的合同适用中国的法律或法规、当事人中的一方或双方在签订合同时位于中国境内、合同中所约定的特定的分时利用房屋位于中国境内;对人的适用范围应包括:购买分时利用房屋的买受人、出售分时利用房屋的开发商和销售代理商、进行分时利用房屋交换业务的交换公司、其他参与分时利用的主体,如银行保险公司等金融机构、管理公司等;对物的适用范围则主要是指合同约定的分时利用房屋应是一幢完整的建筑物内的其中一套或者是几套房屋。

《房屋分时利用条例》还应当对买受人的权益加以保护,规定买受人享有两项特殊的权利,即取消权和知悉权。取消权是指当买受人得知开发商或销售代理商存在不法经营行为时,可取消与其签订的房屋分时利用合同。知悉权是指买受人对于合同中所约定的双方权利义务及具体内容有知悉的权利,倘若买受人在签订合同前不知道其享有相应的取消权和知悉权,可取消与开发商或销售代理商所签订的合同。当然,该权利的行使也有一定的限制,如果买受人在冷静期后接受了该合同中约定的内容或者以默示方式履行了该合同,则不能再行使该项权利。

2. 确立信息公示制度

明确规定开发商和销售代理商所要承担公示相关信息的义务,如在合同签订前的10日之内开发商和销售代理商应将具体相关信息进行公示。将该期间规定10日是基于两点考虑:一是给予买受人相对充裕的时间进行了解和做出选择;二是给予开发商和销售代理商进行资料准备的时间。开发商和销售代理商进行信息公示的对象不仅包括购买其分时利用房屋的买受人,同时也应当包括具有购买意向的潜在买受人。买受人均有获悉分时利用房屋具体信息及开发商资质的权利,以避免开发商和销售代理商欺诈行为的出现。

公示的信息包括:①开发商和销售代理商的名称,资质条件,经营情况,销售人员的情况;②分时利用房屋的具体情况,如分时利用房屋的项目名称、房屋所在地、分时利用房屋的建筑面积、内部结构、分时利用房屋上是否还存在其他权利请求,即该分时利用房屋的所有权是否为开发商所独立享有,关于分时利用房屋的配套设施的使用范围及权限等;③关于固定时段的划分方式和买受人所享有的时间期限;④买受人所要承担的价格费用;⑤告知买受人在冷静期内享有撤销权;⑥告知买受人分时利用房屋的管理者;⑦告知相应的交换公司名称及相关条件。上述信息均需要开发商和销售代理商在交易之前进行公示,确保买受人能够获得准确真实的信息资料。

3. 规定冷静期制度

明确规定冷静期的时间,如买受人在与开发商或销售代理商签订买卖合同之日起 15 天之内享有撤销该合同的权利。这 15 天可以给买受人提供一个缓冲期,让买受人能够了解到分时利用房屋真实情况的时候做出理性选择,保障自己的权利。特殊情况下,该期间可予以延长,在开发商或销售代理商所公示的信息不真实不准确时,冷静期的时间可延长到 30 天。

在冷静期内,买受人发现开发商或销售代理商提供的分时利用房屋不符合约定或者发现存在欺诈行为的应及时行使其撤销权,解除该合同。如果在冷静期内买受人没有做出撤销该合同的意思表示,则在冷静期届满之第二日需出具相应的书面说明,即承诺继续履行该合同,该撤销权消灭。

在冷静期期间内合同不发生效力,在此期间内买受人是否支付房款由买受人自主选择,但须注意的是,购房款并不直接交到开发商或销售代理商手中,而是交给银行进行保管,倘若在冷静期内撤销合同,买受人即可从银行将该笔款项直接取回;倘若冷静期结束买受人没有撤销合同,则开发商可获得该笔款项。当然在实际过程中也应避免买受人滥用权利,恶意行使其撤销权。❶

4. 建立信托制度

信托制度能够在很大程度上为买受人提供权益保障,主要体现在以下四点:①保障在整幢建筑物被破产清算时可免于被清算;②在开发商作为债务人时不受债权人追偿;③通过信托所获得的财产权益可被继承和转让;④在信托结束以后,信托财产可重新进行分配。故开发商可以将其所开发的分时利用房屋委托给信托公司进行管理,信托公司可以自己的名义对外销售分时利用房屋,也可以委托销售代理商进行销售,买受人可从信托公司处购买所需要的分时利用房屋。

此外,信托公司还可将分时利用房屋委托给销售代理商进行销售,❷信托公司

---

❶ 于晓松. 对我国冷却期法律制度的思考[J]. 北方经贸,2011(11):53.
❷ 杨雪飞. 分时度假物权之权属模式研究[J]. 云南大学学报(法学版),2009(6):56.

基于开发商的委托进行销售,给开发商带来经济收益的同时又为买受人的权益带来保障。此外,信托公司还应承担起监管者的责任。开发商所销售的不仅仅是已竣工的房屋项目,对于一些在建项目也会提前销售,需要发挥信托公司的监管作用。对于在建项目,买受人购买后将支付一定的款项,该笔款项应由信托公司进行保管,在房屋建成以后,再将该笔款项支付开发商。信托制度的建立不仅可以规范市场交易秩序,也在很大程度上保障了买受人和开发商双方的权益,为房屋分时利用的有效运行提供了保障。

(二)健全监督管理机制

1.完善登记制度

对购买分时利用房屋的买受人的基本情况进行登记,保障买受人在问题发生时通过房屋管理部门的登记簿及时联系到其他的买受人,节约时间成本;对买受人所享有的分时利用房屋的权利性质进行登记,对其权利属性进行登记可以准确确定该权利的归属,充分保证买受人行使其权利;对买受人所享有的权利期限进行登记,在登记簿上标明每一个买受人所享有的分时利用房屋的权利期限,以保证利害关系人准确查找其所需要的相关信息,也便于登记部门对于分时利用房屋的管理。

对于分时利用房屋的开发商的经营资质等相关信息进行登记,如开发商的办公地址、法定代表人名称、联系方式,以及分时利用房屋的所在地及具体的建筑情况等。保证买受人能够及时准确的了解分时利用房屋的情况,以便买受人做出选择,从根本上避免欺诈行为的发生。此外,完善异议登记和预告登记的相关规定。在交易过程中买受人可以进行预告登记,防止开发商将已售房屋再次进行销售情况的发生,能够充分保障买受人权益的实现。异议登记则可保障在登记内容发生错误时,买受人可按照法定程序提出更改请求,保障真正权利人的权益。

2.加强行业协会监管

目前我国已成立相关的房屋分时利用行业协会,即中国房地产和分时度假联盟,并制订《中国分时度假企业自律公约》。从该公约的适用效果来看,收效并不明显。必须加强分时利用行业协会的监管作用,加强对开发商经营行为的监督。

行业协会在为开发商在开发、销售、交换、管理等各环节提供服务的基础之上,还应对于分时利用房屋的开发、销售、交换、管理等各环节行业协会均要进行监督,对于不按照规定经营的开发商的行为做出相应的警告,设立开发商资质等级评价体系,对于不符合相关规定的开发商予以除名。行业协会应要求开发商所提供的分时利用房屋质量良好,产权归属明晰,且能够保障为买受人提供合同约定的交换服务。以行业协会为纽带加强各开发商之间的沟通协作,避免不正当竞争行为的出现。此外,仿效国外相关规定,确定专门性质的委员会,进行明确的职责划分,相互分工,共同协作。

3. 加强信用制度建设

管理部门加强对开发商经营资质的审查,从源头上确保交易过程中交易信息的真实性,可采取阶段性抽查的方式,对于存在不法经营行为的开发商进行处理,对于规范诚信经营的开发商可予以表彰,建立相应的信用奖励机制和失信惩罚制度。

设立服务质量保证金制度,即经营分时利用房屋的开发商在向管理部门交纳一定数量的质量保证金后,方可开展房屋分时利用业务。若在其经营过程中出现失信行为,相关管理部门则可没收该笔资金,对其进行相应的处罚。若在合同约定的期限内开发商能够提供符合约定的分时利用房屋和相关服务,则可在该期限结束后由相关部门将该笔资金退还给开发商,以促进开发商开展诚信经营,有效减少失信行为的发生。

4. 强化金融机构的保障作用

为促进房屋分时利用的有效运行,应强化金融机构的保障作用,其中保险公司和银行所发挥的作用最为重要。在当前我国的房屋分时利用运行过程中,保险公司仅仅为分时利用提供理财型保险,且该险种的投保人是开发商,其利益也大多由开发商所享有。故应强化保险公司在房屋分时利用中所应发挥的作用,由保险公司为买受人提供相应的履约担保,在开发商所提供的服务不符合约定时或者无法继续经营分时利用业务时,买受人的损失应由保险公司承担,以保障买受人的权益。

此外,发挥金融机构对房屋分时利用的监管作用,建立预售提取建设保证金制度,即开发商在向买受人提前销售尚未竣工的分时利用房屋时,买受人可先向银行交纳建设保证金,由金融机构为买受人设立相应的账户进行专门保管。在开发商无法提供合同约定的分时利用房屋时,金融机构可将该笔保证金退还给买受人,以避免商业欺诈、开发商卷款潜逃的现象出现,同时在最大程度上减少买受人的财产损失。

第七章 住房反向抵押法律探索

住房反向抵押亦可称为倒按揭或以房养老,系在20世纪70年代源于荷兰的一种以房产贷款养老模式。[1] 2013年9月《国务院关于加快发展养老服务业的若干意见》(以下简称《若干意见》)出台,提出开展老年人住房反向抵押养老保险试点,旨在针对老年人拥有房产却短缺资金的现状,利用住房反向抵押贷款之以房养老模式妥善解决老有所养的问题。为贯彻落实《若干意见》有关要求,鼓励保险行业积极参与养老服务业发展,探索完善我国养老保障体系、丰富养老保障方式的新途径,2014年6月中国保监会发布《中国保监会关于开展老年人住房反向抵押养老保险试点的指导意见》(以下简称《指导意见》),决定开展住房反向抵押养老保险试点。

一、住房反向抵押的理论基础

(一)住房反向抵押的法律特征

住房反向抵押的运作过程是符合一定年龄并且拥有房产的老年群体将不动产所有权抵押给银行、保险公司等金融机构,待借款机构或中介机构对借款人进行综合评估后,依照住房的评估价值按年或月支付现金给借款人,当借款人去世后或合同期满后,获得住房所有权并可对房屋进行租赁、销售或者拍卖等处分行为,所得价款冲抵住房反向抵押期间全部支出,同时对房屋升值部分享有一定权益。

我国当下尚未对住房反向抵押制度予以明确定位,故法律上常参照抵押权制度进行操作。住房反向抵押满足抵押权特定性、从属性、不可分性和物上代位性等基本属性:其一,在贷款期间借贷双方不涉及房屋占有、处分转移事由,借款人保留房屋用益物权符合抵押权属性;其二,针对抵押主体与特定客体发生反向抵押法律

---

[1] 孟晓苏,柴效武. 反向抵押贷款[M]. 北京:人民出版社,2005:22.

关系,对客体的范畴约束与抵押权物之法定性相符;其三,于指定客体上设定抵押权以保证借贷合同的顺利履行则体现该抵押担保依主债权的成立为基础,同时抵押权的不可分性又决定借贷双方签订住房抵押合同后不得因标的房屋价格上涨或下跌相应增加或减少房屋价值或提供补充担保。

但是,相对于传统抵押权住房反向抵押具备独特法律属性,与按揭贷款存在着诸多区别(见表7-1)。

表7-1 住房反向抵押与按揭的主要区别

区别	反向抵押	按揭
主体资格	老年人群	中青年人群
贷款用途	养老	购房
社会属性	社会保障性质	市场经济行为
贷款数额	以房屋终值为标准	以房屋现值为标准
期限	不固定,依申请人的寿命长短而定	固定,银行决定
贷方风险	越来越大	越来越小
房屋归属	贷款机构	购房人
还款方式	房产为主,货币为辅	货币为主,房产为辅
贷款追索	不能	能

作为抵押合同必备条款之一,抵押期限实为担保双方履行义务之时间依据,然而住房反向抵押并非以固定日期作为担保物履行期间,而是以"借款人去世"这一附加期限条款约束借贷双方,由此根据借款时间定期发放的借款数额亦非固定数额,即借贷当事人债权数额非固定。借贷合同期满后,标的房屋转移至债权人,债务人以抵押房屋余值为限清偿债务,即涉及房屋价值不抵债权本息时引发的追索权问题。为保护借款方利益,住房反向抵押往往不承认贷款人具备追索权,较普通抵押中抵押物不足清偿时债权人可向债务人追索剩余债权差异极大。此外,反向抵押履行债权时常以转移抵押物所有权为偿债方式,而一般抵押债权不得直接转移抵押财产,所有权转移为住房反向抵押一大特征,但该特征亦是理论界对此模式

争议因素之一。

（二）住房反向抵押涉及的法律关系

1. 住房反向抵押的主体

住房反向抵押借款人是拥有房屋所有权的自然人，对房屋应享有完整处分权。反向抵押贷款人是提供资金、待抵押合同到期后获得房屋所有权的金融机构。反向抵押中介机构是连接借款人和贷款人的桥梁，包括咨询机构、房地产评估机构、法律服务机构等。咨询机构是借款人获取公正、客观、及时的住房反向抵押信息的直接渠道；评估机构涉及借款人与金融机构签订条款、让渡住房时对房屋面积、市值评估，是权定借款标的金额的重要依据；法律服务机构是住房反向抵押主体规避法律风险、获取真实信息的重要保障。

2. 住房反向抵押的客体

住房反向抵押客体系借款人与贷款人之间因订立反向抵押合同而指定的抵押物。反向抵押贷款风险大、周期长，将抵押物限定于不动产房屋吻合其易见性、固定性和安全性的特征，较其他客体而言更具备保值优势与风险控制能力。成为住房反向抵押客体的前提是该房产当属借款人合法拥有完整处分权之物，既包含对房屋具备法定、支配、排他、优先等物权属性，亦包含对房屋所属土地使用权无权利瑕疵。当下，住房法规政策多样化导致房屋属性难以明辨，限价房、经济适用房等具备社会保障性质之住房能否成为反向抵押客体成为人们日益关注的焦点。尽管我国尚未就特殊类型的房产出台专门规定，但需综合考虑客体类别并按照特定情形予以遵守。

3. 住房反向抵押的内容

住房反向抵押内容泛指住房反向抵押贷款所涉的各项权利义务，包含借款人与贷款人各负权利义务与共负权利义务。

（1）借款人享有的权利：取得贷款权；担保客体的占有、使用、收益权利；随时解除合同权；房屋增值收益权；优先购买权；其他权利。借款人应承担的义务是：担保房屋的瑕疵担保义务，包括权利瑕疵担保和物的瑕疵担保；严格遵守反向抵押合同约定的时间、方式、数额收取和使用借款等义务；在合同期限内随时接受贷款人的监督检查；负担居住房屋所产生的物业费、房产税、维修费等费用；保证债权的实现；其他法定或约定的附随义务。

(2)贷款人享有的权利:贷款额度确定权;法定合同解除权(借款人违约时);房屋监督和定期检查权;对借款人享有合法的担保物权和债权;依规定收取费用。贷款人应承担的义务为:依约按时足额支付贷款;不得行使房屋升值的追索权;借款人在合同有效期内享有房屋居住权,以及提前还贷的容忍义务;信息披露义务;依法定或约定对借款人提供的资料或信息负有保密义务,以及其他义务。

此外,住房反向抵押贷款合同的借贷双方应基于合同双务、有偿性质而享有抗辩权。后履行义务的借款方享有先履行抗辩权,先履行义务的贷款方享有不安履行抗辩权。❶

二、我国住房反向抵押实践述评

(一)我国住房反向抵押的突破性尝试

1. 以房换养——南京汤山留园项目

2006年南京汤山留园公寓成为全国首家提出"以房养老"模式机构,其业务模式以年龄60周岁以上、住房面积60平方米以上的无儿无女无亲戚孤寡老人为主体,老人自愿以房产做抵,经公证保留所有权后入住汤山留园老年公寓。老年公寓取得房屋使用权,并将租赁标的房屋获取的租金支付老年公寓养老费用,而房屋所有权待老年人去世后由留园公寓取得。该"以房养老"模式优势在于节省老年人接受贷款购买服务的中间环节——抵押权人是提供养老服务的老年公寓,在老年人和养老机构之间由带有劳务和支付双重属性的赡养行为代替了现金流动。❷ 但是,由于汤山留园属民营机构,欠缺流动资金满足业务需求,同时缺乏社会公信力,运作风险较高与社会认可度低的双重矛盾导致南京汤山住房反向抵押始终难以迈出具有实质性进展的第一步。

2. 委托租赁——北京养老房屋银行项目

2007年北京寿山福海国际养老服务中心与中大恒基房地产经济有限公司合作,联合推出"养老房屋银行"项目,即60周岁以上的老人可与养老服务机构签订协议,搬离自有房屋入住养老服务中心,委托并授权"养老房屋银行"将房屋出租,

---

❶ 李建伟.住房反向抵押贷款制度研究[M]//刘云生.中国不动产法研究.北京:法律出版社,2007:100.

❷ 刘惠敏,陈佳妮.住房反向抵押贷款养老模式在中国的梯度发展[J].中国房地产,2011(7):70-71.

以所得租金直接支付养老机构费用。入住老人与中介机构签订协议,在评估机构将房产予以估价后由专业房产中介将房屋招租,老人可以选择中介优先支付租赁费用或房屋租户分期支付费用,并将租金折抵一部分入住费用,同时服务中心对此种模式入住老人的费用有所减免。养老房屋银行项目实质上系以营利为目的的商业运作,养老服务中心与地产经纪公司合作促进房屋租赁二级市场平台的构建,房屋租赁风险有效降低。

3.售房养老——上海以房自助养老业务

2007年上海住房公积金管理中心推出以房自助养老业务试点,65岁以上老人将自己所有权的房屋交由上海市公积金管理中心,公积金中心将房款一次性交付售房者并将房屋反租,与其签订20年以内房屋租赁合同。租户须将全部租金一次性交付公积金中心,且双方约定如租期届满后老人健在则免除租金继续居住,如居住期不足合同约定时间,则将剩余租金退还至其遗产继承人。鉴于公积金管理中心系不以营利为目的的事业单位,在保障公信力的基础上依旧存在多重问题,如缺乏房屋买卖与租赁资质、对房屋增值部分处理困难等,且公积金管理中心虽取得房屋所有权,但需要租赁期限届满后方能将房屋出售,故操作中亟须大量资本囤积,在实际履行中存在一定困难。

4.养老按揭——中信银行项目

2011年中信银行依照国外住房反向抵押制度模式,结合国内法律环境及养老传统,推出以中老年人为发放对象的专属借记卡"信福年华",该卡集反向抵押、客户理财、医疗保险、家政等多项服务为一体。凡年满55周岁且法定赡养人已满18周岁的中老年人,以自己或子女房产作抵押即可向银行申请最长期限为10年的养老贷款,贷款金额依抵押房产价值与合理养老资金确定,其中累计贷款额最高不得超过抵押住房评估价值的60%,按月支付的养老金最高为2万元。同时,针对贷款人资格和贷款条件,规定申请贷款人名下至少有两套住房,贷款金额专属用于养老。中信银行系国内第一家开展养老按揭银行,"信福年华"依资产不同分为金卡和白金卡两种,相应专享服务亦有不同,使住房反向抵押进入可操作层面。

（二）住房反向抵押发展新动向

1. 保监会住房反向抵押养老保险

2014年6月，《指导意见》推出将住房反向抵押与终身养老年金保险相结合的创新型商业养老保险业务，反映了住房反向抵押的发展动向。《指导意见》选取北京、上海、广州和武汉四城市作为养老保险新试点，根据保险公司对于投保人所抵押房产增值的处理方式不同，产品分为参与型和非参与型反向抵押养老保险产品两种。前者系保险公司参与分享房产增值收益，通过评估对投保人所抵押房产价值增长部分，依照合同约定在投保人和保险公司之间进行分配；后者指保险公司不参与分享房产增值收益，抵押房产价值增长全部归属于投保人。

《指导意见》对于住房反向抵押运作模式为：符合年龄规定且拥有完全所有权的老年人将其房屋抵押于保险公司，老年人在继续占有使用房屋时丧失对房屋自由处分权；保险公司需依约定期支付养老金但不享有房屋所有权，待老年人身故后取得所有权并依法处置房屋。同时，增加合同犹豫期规定，即在遵循公平守信、谨慎经营的原则下明确客户犹豫期权利义务，赋予客户在约定期间内违约的权利。

《指导意见》以《物权法》抵押权的规定约束住房反向抵押，《指导意见》规定，借贷双方于抵押合同签订、房屋所有权转移处分时均进行价值评估，且评估增值部分可按双方约定由借款人享有或借贷双方按比例享有，其本质在于规避因房地产市场利好或衰退引发的价格风险，由于增加二次评估程序且约定增值部分权属，可以将住房反向抵押顺利转化为房屋价值在合同期间内等额摊销与终身养老年金发放的金额兑换，以有效化解我国不承认让与担保制度的法律规定。

2. 保监会住房反向抵押养老保险试点分析

（1）贷款供给者有待规范统一。作为一种兼备营利性与保障性质的养老模式，确立稳健的贷款参与方系住房反向抵押顺利且持续推行的必备要素，故亟须具备大规模集约经营和雄厚财力保障的反向抵押贷款供给者积极参与。在《若干意见》后，各地政府先后出台相关政策辅助养老服务业发展，如四川省《关于加快发展养老服务业的实施意见》、上海市《市政府关于加快发展养老服务业推进社会养老服务体系建设的实施意见》等相继提出建立以政府为核心的财政性资金支持养老服务体系，同时拓宽信贷抵押担保物范围，积极利用财政贴息、小额贷款等方式，加大对养老服务业的有效信贷投入。《指导意见》将保险企业作为推行试点主体，以终身养老年金保险形式鼓励保险公司开展住房反向抵押，单一的主体能否应对复杂多变的住房金融环境，是否足以将房屋、金融、养老、房地产等要素有机结合则需实践检验。

（2）投保客体范围有待细化。《指导意见》将投保人限定为"60 周岁以上拥有房屋完全独立产权的老年人"，较南京汤山留园、中信银行项目等主客体范围宽松很多。综合而言，《指导意见》对于投保人群设置较为合理，但操作中是否应当细化投保范围，如非实际居住房屋（二套房屋）是否可以设定反向抵押？夫妻产权共有房屋是否被视为"完全独立产权"范畴？在未对房屋客体外延予以规定情形下，若贸然实施住房反向抵押，实践中极易产生权属争议。

（3）借贷运行机制应予制度保障。《指导意见》对保险公司风险防范做出规定，督促其在条款制定、流程设计、法律合规、业务管理等方面谨慎设定，并对试点监督管理工作做出规范，如销售人员职业道德考核、销售过程控制管理、合同签订公平自愿、信息披露及时全面，等等。但是，保险机构运行反向抵押贷款仍面临风险：一是长寿风险，即借款人的寿命大于预期寿命时，贷款数额会高于房产价值；二是房地产价值波动引发的泡沫风险，贷款到期时若房产价格处于泡沫的上升阶段，贷款机构获得较好收益，反之，贷款机构就可能遭受破产倒闭的风险；三是利率风险，利率过高借款人成本加大，利率过低贷款机构风险增强。此外，对于住房反向抵押财务管理这一核心环节，《指导意见》仅督促保险公司制定试点业务现金流管理方案，探索现金流补充机制，并未从制度上落实保险公司资金流断裂后补充措施，有关部门亦未出台相关政策保障借款人标的损毁或贷款人资金断裂的补偿机制。

三、住房反向抵押推行面临的障碍

（一）住房反向抵押的法律困境

1. 让与担保尚未得到法律确认

我国现行立法不承认让与担保，让与担保制度与传统担保物权的概念大相径庭，盖因传统物之担保系以限定物权的形式在债务人或第三人所有物上设定担保，担保权人对担保物只享有担保物权；而让与担保的机理则是在债务人所有的物上

设定担保,担保权人基于所有权的法律关系享有担保物,但此所有权只起担保作用。❶

住房反向抵押中,贷款人在抵押合同到期时转移抵押物所有权,鉴于法律不禁止一般抵押中抵押人转移抵押物或重复抵押,公示制度无法对抗让与担保无效条款,债务人对房屋的处分行为无形增加金融机构的业务风险,住房反向抵押亦丧失实践意义。从法律上讲,债务人通过转移房屋所有权取得款项,待合同终止后以抵押房屋价值受偿或赎回,显然对于债权人有更好的保护。但尽管反向抵押贷款机制与让与担保的内涵相契合,我国现行立法仍不承认让与担保,《担保法》《物权法》没有将反向抵押这一担保类型吸纳进来,使得该抵押模式丧失法律支持。

2. 流押条款仍为法律禁止条款

所谓流押条款,系双方当事人在担保合同中预先约定,债务人到期不履行债务时,担保权人取得担保物所有权之条款。❷ 相对于英美法系国家对流押条款的允许主义,❸部分大陆法系国家对流押条款的放任主义,❹而我国与德国、台湾地区均对流押采取禁止主义,即抵押权人与抵押人约定流押条款者无效。

理由不外乎:①保护担保人利益,即规避债权人于债务人急迫窘困之际逼迫其订立流押契约而违背民法公平原则;②保护担保人其他债权人,即签订流押合同有损基于担保物优先受偿后剩余价值之分配权;③有损担保物权本质,即担保物权系以物之交换价值为基础设定他物权,而非以所有权为交换基础。尽管学界对某些理由有所争议,但出于保护弱者之立法目的,当下我国立法对禁止流押之规定尚无松动。

3. 宅基地自由流转法律依据缺失

在我国二元土地所有制模式下,农村宅基地属村民集体所有,农村土地只得在集体内村民间依法流转。基于物权法房随地走原则,农民对在宅基地上建造的自有房屋转让,必然与宅基地使用权处分相一致。鉴于农民不得通过转让或抵押方式流转宅基地,参与住房反向抵押贷款的运行显然对集体土地所有制造成冲击。

---

❶ 王泽鉴. 民法物权(第一册)[M]. 北京:中国政法大学出版社,2001:46.
❷ 吴延学. 多重视角下的流担保条款:反思与重构[J]. 重庆社会科学,2007(2):94-97.
❸ 苏号朋. 美国商法——制度、判例与问题[M]. 北京:中国法制出版社,2000:306.
❹ 孙鹏,王勤劳,范雪飞. 担保物权法原理[M]. 北京:中国人民大学出版社,2009:61.

房地产法诸问题与新展望

虽然2014年11月20日中共中央办公厅、国务院办公厅颁布《关于引导农村土地经营权有序流转发展农业适度规模经营的意见》,鼓励承包农户依法采取互换、转让等方式流转承包地,为住房反向抵押在农村推行提供了指引方向。但在未来宅基地政策走向含混待定现实背景下,农村老年群体能否通过对自住房屋的自由流转获得反向抵押贷款仍不明朗。

4.抵押客体存在处分障碍

住房反向抵押客体系应具备物权法律属性之不动产,抵押人理应享有无瑕疵处分权。但从房屋权属上看,在公有住房、期房、共有房等部分所有权房屋的权属关系理清之前贸然实施住房反向抵押,显然会带来一定的混乱,且我国房源结构复杂,经济适用房等保障性房屋是否纳入住房反向抵押的客体尚待研究。在特殊情形下,不具备完整权利之房屋能否被认定为反向抵押客体尚待探讨。

此外,设立住房反向抵押后,居住人是否有权在房屋上另设抵押则关系日后处分事宜。在住房反向抵押贷款合同成立生效后,担保房屋的所有权仍归借款人所有,贷款机构获得的只是房屋的抵押权。借款人拥有房屋永久使用权直至其死亡、出售房屋或是永远搬离房屋为止。故在此情况下,基于所有人的处分权,借款人是否可将房屋另行租赁或重复抵押,相应程序如何规定,目前设立抵押权等公示程序法律尚为空白。

5.土地使用权续期相关规定不明

我国实行土地所有权与使用权分离的土地权属制度,土地所有权为国家所有,土地使用权实行批租制度。《物权法》规定有关居民住宅使用年限为70年,住宅建设用地使用期限届满的,自动续期,但没有进一步规定续期时,土地出让金的数额确定方式和收取方式,亦没有规定不缴纳土地出让金,国家是否有权收回土地,所有权人是否自动丧失房屋所有权。在此情况下,70年后房屋归属问题、金融机构履行的具体执行问题均未明确,将直接导致抵押房屋未来价值的不可确定性。土地年限系房产估价的重要指标,由于多数反向抵押贷款期限颇长,贷款机构仅靠房屋变现收回资金,土地使用权续期政策不明无疑为贷款机构增加流动性风险,对房屋预期值亦会有所减损。

(二)住房反向抵押的现实问题

1. 住房反向抵押现实风险难以避免

(1)违约风险。违约风险系借款人违约处分房屋、提前终止合约或贷款人因支付危机或破产未按协议支付款项等。前者因借款人不依合约按时偿还本息致使贷款机构资金受损;后者因贷款人资金拮据而导致借款人未得依约受偿。对违约风险的规避系借贷双方签订住房反向抵押合同应予考虑的焦点,同时如何保障双方因违约遭受损失系住房反向抵押制度保障关键。

(2)信息不对称风险。一是合同签订前贷款人未能充分参与贷款前置咨询程序以致对反向抵押贷款误判、行为人之间未依告知原则引发信息不对称的风险;二是合同履行中因抵押物风险自然灾害、人为原因导致权利客体损毁,或双方履行合同中施行实隐蔽行为而导致另一方不知情的风险。

(3)政策风险。国家有关住房、土地使用的政策、拆迁补偿政策、养老保障政策、金融保险政策的长远走向,极难把握,故住房反向抵押合同中如何调适因政策风险引发的价值波动、抵押物损毁、处置成本提升等问题,如何设计救济措施均为考虑范畴。

2. 住房反向抵押产品定价亟待科学

《指导意见》规定将住房反向抵押产品定价交由保险公司自行核定,旨在通过市场行为调控、规范、约束住房反向抵押产品,使其具备满足养老保障下的营利性。但《指导意见》未对定价做出界定,仅对保险公司接受房产评估总价上限予以规定以确保资金流通。作为住房反向抵押贷款核心内容,产品定价涉及房屋价值、利率水平、贷款期限、预期寿命、通货膨胀率等诸多要素。由此,如何综合考虑产品定价因素,适时调整定价策略适应市场变化,设立双方认可的利益分享规则,同时满足老年人老有所养之需求避免违约风险,可谓业务主导部门与借款申请人之间的博弈。

3. 住房反向抵押参与机构难以选择

合理选择住房反向抵押参与机构,是该制度运行技术上的难题。商业银行具备雄厚的财力支撑,在房地产贷款领域具备丰富的经验与能力,且对金融产品筹划方面具备先天优势;寿险公司当在养老保险领域发挥优势,成熟的业务渠道与强大的营销体系为住房反向抵押与养老保险结合创造极大便利。理想方式是由商业银行联合保险公司共同开展,辅之以社会保障机构和中介部门参与,保监会、银监会及养老保障等相关部门协同监管调控的养老金融体系。

尽管国内商业银行和保险公司办理贷款业务各具优势,但我国金融业"分业经营、分业监管"原则从法律上给金融机构全面、快捷、高效地开展反向抵押贷款业务设置障碍,造成了选择金融机构困难的局面。当下银保合作仅在中介代理层面协作,在目前政策环境中,采用银行保险业合作模式或是通过"个案处理"方式推进金融混业经营试点,则需实践检验。

4. 中介机构及二手房市场相对缺乏

住房反向抵押贷款业务的开办涉及多类中介机构,中介机构操作正当性与合同交易规范性息息相关。但目前我国住房反向抵押贷款中介机构冗杂,现存弊端将严重影响该业务成立与发展。中介机构的发展水平和公信力强弱是影响住房反向抵押贷款业务顺利运营的关键要素,房产评估结果与贷款额度、金融机构风险息息相关。

同时,房地产二级市场发展滞后对住房反向抵押业务收回住房的流通交易形成阻碍。由于我国房屋权属不明、房屋评估发展滞后、相关手续冗杂,房地产二级市场发展缓慢。金融机构通过住房反向抵押贷款取得房屋无疑会增加二手房的供应量,在低效率的二手房市场,二手房囤积将导致金融机构资金停滞,住房利用率降低,在一定程度上阻碍了金融机构推行此项业务的积极性。

四、域外住房反向抵押制度的启示与借鉴

(一)住房反向抵押的国际运作模式

1. 美国的住房价值转换抵押贷款计划(Home Equity Conversion Mortgages)

住房价值转换抵押贷款(以下简称 HECM)发起于 1977 年并得到美国房屋与城市发展部(以下简称 HUD)下属的联邦住房管理局(以下简称 FHA)的支持。HECM 计划的运作方式为:HUD 负责设计、修改 HECM 计划,FHA 负责具体的运营,包括项目审批、保费收取、保险基金管理等;HECM 计划的贷款机构是经过 FHA 认定的银行、抵押贷款公司或其他私营金融机构。在贷款发放后,这些公司会把所有的 HECM 的贷款出售给联邦抵押贷款联合会(Fannie Mae)来进行融资。Fannie Mae 在政府的监管下开展业务,在 HECM 计划中起到十分重要的作用。

通过反向抵押获得的贷款数额取决于借款者的年龄和房屋价值,一般来说,年龄越大、房屋价值越高者获得的贷款越多。HECM 规定,借款者的年龄不得低于 62 周岁,不管其收入水平及借款用途,均可以独立拥有的产权住房申请反向抵押贷款。贷款支付方式灵活,包括一次性总付现金、按月终身支付、信用额度或者其中两种或几种方式的组合。借款人必须持续拥有住房,支付财产税并保证房屋安全,否则视为借款人违约,后果是丧失抵押品赎回权。

HECM 计划的最大特点是联邦政府为借款人和贷款人双方提供担保,一旦贷款机构破产或其他原因无法按约定发放贷款时,美国政府保证 HECM 计划的借款人可以获得贷款机构承诺支付所有资金。同时,HECM 计划的贷款对象经过联邦住房管理局的资格认可后,由其提供保险,由于物价水平、借款人寿命等情况变化,如果贷款本息额超过住房价值,其损失由保险基金进行补偿。当保险基金额不足以补偿双方损失的情况下,由联邦政府进行财政补贴。由于国会的介入和政府政策的支持,HECM 计划运作得较为成功,2012 年发放 HECM 贷款 54676 份,❶在美国住房反向抵押贷款市场占据 90% 以上的份额并有加速发展的趋势。

2. 英国房产价值释放机制(Equity Release Mechanism)

住房反向抵押在英国被称为房产价值释放机制(以下简称 ERM),该计划自 2001 年推出,主要有两种途径:一是终身抵押贷款(Lifetime Mortgage),二是住房返还计划(Reversion Based ERM)。

终身抵押贷款与 HECM 计划相类似,其运行模式为符合条件的老年人将房屋抵押给融资人进行贷款,待借款人去世或离开住房后由融资人出售住房,用售出的房款偿还本金及利息。还款后如有剩余,作为借款人遗产继承。相对于 HECM 来说,终身抵押贷款的支付方式更加复杂,具体可以分为复利抵押贷款、付息抵押贷款和约定还款额抵押贷款。复利抵押贷款的原理是借款人所得贷款的本息在在借款人去世或离开房屋时,由所售房屋价款一并偿还。付息抵押贷款约定借款人按月支付贷款利息,所贷利息依照银行利率变化而变化,待房屋出售时借款人只需支付贷款本金。约定还款额抵押贷款即当事人在签订终身抵押贷款合同时已经约定还款数额,该还款数额以借款人年龄、健康、房屋价值等因素确定,不因利率的变化

---

❶ 马德功,李靓."以房养老"中国模式探析——以四川成都为例[J]. 观察思考,2014(3):35 - 38.

而改变。

住房返还计划最大的特征是借款人在签订合同时转移房屋所有权,借款人通过免费或支付少量租金继续住在原住房内,直到生命终结。在这一计划中,贷款机构购买或安排他人购买客户的住房或住房上的部分权利,借款人将所得借款购买年金,客户可以选择按月支付年金或分期支付。

3. 加拿大家庭收入计划(Canadian Home Income Plan)

住房反向抵押在加拿大称为加拿大家庭收入计划(以下简称 CHIP),系一家总部位于多伦多的私人公司提供,是目前加拿大唯一的一个住房反向抵押贷款产品。其对申请人的要求是:年龄 62 周岁及以上;拥有的房产类型为单幢房产、城镇房产、复式房屋、公寓;对于租赁的房产、共同拥有的房产和大面积的土地则没有借贷资格。

加拿大的 CHIP 可以根据贷款人的不同需求制定不同的贷款模式,贷款人可以选择年金发放、信用额度、定期发放等不同的方式满足生活需求。借款人一般可以获得大约为房屋评估值 10%~40% 的贷款数额,具体数额依借款人的个人情况、房屋价值等而各异。加拿大国家财务机构监管局负责监管 CHIP 的运行,保证运作公司与各大分销单位(银行、会计所、中介商)的正常运营。

(二)域外住房反向抵押制度的启示

1. 相互协作的抵押主体

作为域外成熟的一项金融制度,住房反向抵押在贷款发放主体上具备多元选择模式,多项机构相互协作,发挥各自优势协同发展。加拿大唯一的反向抵押贷款产品,即为主导私人公司与各大分销单位协同运营;美国则是由政府和私人房贷机构同时提供。

尽管各国设计和提供住房反向抵押贷款产品的机构不同,营利性质有所差异,但均需要专业房贷机构、保险公司和银行等金融机构的相互合作。保险公司或者金融机构作为住房反向抵押业务开办人,负责业务营销、合同签订、市场拓展等事务性工作;政府贷款机构指定的中介咨询机构负责产品选择咨询;律师事务所、会计师事务所、房地产公司作为住房反向抵押业务服务机构,负责售中售后运营;由私人或金融机构作为反向抵押投资人,探索反向抵押业务资产证券化模式。

2.翔实具体的贷款申请标准

为避免房屋变现出现困难,不同模式下各国对反向抵押主体规定大体相近,均以房屋权属清晰且可转让作为反向抵押客体范围,同时限定借款人年龄范畴,降低贷款利率风险,如将借款人局限为老年人且借款者必须拥有私人房产并要参加相关保险等。此外,部分国家对房屋类型或借款人收入加以局限,旨在将资源集中于养老较为困难之群体,发挥房屋变现之际功效,如加拿大对借款人的资格要求为年龄62岁及以上,拥有的房产类型为单幢房产、城镇房产、复式房屋、公寓。

3.科学合理的抵押贷款额度

住房反向抵押的额度是由房屋评估价值减去预期折损和预支利息,按照平均寿命计算,分摊到投保人预期寿命年限中。依年龄、房屋评估价值、贷款机构测算利率与相关费用予以设定,并考虑夫妻健在用户组合预期寿命等。但不论发放额度与发放频率如何设定,价值总额均以房屋现值为基准,结合借款人条件、房屋环境因素等量体裁定。

在贷款的发放额度上,加拿大规定以房产评估价值10%~40%为基准,具体数量由借款人的年龄、性别、婚姻状况、房产的类型和地段以及评估时的现行利率而定,最低为14500美元,最高为50万美元;❶美国最大额度不能超过抵押财产评估价值的80%,不包含抵押人违约造成抵押机构遭受的实际损失,贷款数额最低为154896美元,最高为280749美元,❷贷款比例计公式为:❸贷款比例=(贷款本金+相关费用)/不动产评估价值<80%。

4.自由选择的贷款偿还模式

为最大限度地维护借款人或其继承人的利益,均规定了较为灵活的住房反向抵押还款方式。鉴于住房反向抵押的目的系在保证老年人老有所居的情形下,以居住房屋为抵押物获取现金支付养老费用,故借款人在没有构成违约的情况下,只要继续居住于该房屋,则无须履行还款义务。

---

❶ 谢天长,于春敏.居家养老与反向抵押贷款制度之构建[J].东南学术,2011(3):181-190.
❷ 谷晏."以房养老"的国际经验及启示[J].改革探索,2014(4)38-41.
❸ 《联邦不动产法》第280和280—a款。贷款本金和相关费用包含贷款本金、利息与贷款相关费用,成本、支付,贷款用于购买养老金用途的收费,用于保险抵押贷款的不动产的税收和保险费用等。不动产的评估价值是指定评估机构对被抵押的住房予以一定的评估价值。

为充分保障借贷双方基本权益,英、美、加等国家相继规定,在双方未出现违约行为的情形下,借款人可以选择提前还款终止合同,但还款额需包含已支付金额、利息及对借款机构相应补偿金额。此外,住房反向抵押合同到期后,为保留房屋所有权,借款人之继承人可以向贷款机构偿还本金、利息、相关费用后继续保留房屋。上述偿还金额均以合同签订时中介机构对房屋评估金额为准,即贷款机构对借款人不享有追索权。

5. 健全完备的风险控制机制

作为一种新型金融工具,如何协调多元参与主体共同运行住房反向抵押制度,避免抗风险能力与知识结构相对短缺的住房持有人遭受损失亦为制度设计者需考虑的问题。为此,政府作为市场监管者理应发挥功能,通过对风险的有效控制及市场监管的法治化,化解住房反向抵押可能出现的一系列风险。如美国制定专门条例监管住房反向抵押贷款行为,委托中立机构为申请者提供免费咨询服务,以保障施行方保持资料公正性,由非营利组织为公众提供住房反向抵押基础性教育,且相应咨询机构或贷款机构均获得政府部门认证;英国政府为消除住房反向抵押引发的不良影响,委派金融服务管理局负责监管市场运行状况,增强市场监管法治化程度。

五、住房反向抵押制度规则构建

(一)住房反向抵押应遵循的实体规则

1. 明确住房反向抵押主体法律地位

(1)选择适格的借款人。申请住房反向抵押的借款人需符合法定范围和年龄,并拥有合法住房。可以参考联合国对老龄社会制定的标准,同时辅之以民事行为能力标准,考虑个体的特殊情况,以退休年龄为基础划定统一的年龄标准,同时将主体扩大适用于未达到退休年龄的但是部分或全部丧失劳动能力、无生活经济来源的非老年房屋所有人。对于共同共有房屋,应以年龄最小的房屋所有人为考量对象。农村因房产性质,其流转受到限制,故非城镇居民不能成为合格的借款人。此外,借款人原则上还必须具有中国国籍。

(2)选择效率最高的贷款机构。从事住房反向抵押的贷款机构有保险公司、商业银行及社会保障机构等,❶但仅凭借某一专门机构的现有优势难以很好地预防和化解风险,只有以商业银行为主要贷款机构,介入保险产品并加强政府保障力度,在保证中介机构专业性、中立性、独立性的前提下,充分利用相关中介机构的专业技能,各大机构取长补短、相互配合,才能有效分散贷款的回收风险。

(3)选择合理的评估机构。在符合房屋评估资质的条件下,共同指定评估机构对房产进行评估,在双方难以达成一致时,为保护借款人权益,亦可由申请人在政府出具的机构名册内单方指定房屋评估机构。评估费用可由双方协商,由二者共同担负或者由业务部门一方担负。鉴于在房屋处理之际以应对房屋现值予以评估,应当秉承中立客观原则,即二次评估时应当选取与合同签订时相异的评估机构。

2.规范住房反向抵押制度客体范围

为避免公有房市场紊乱,应禁止其参与住房反向抵押,故公有住房不得成为反向抵押的客体。作为以微利价格向城镇中低收入家庭出售的住房,故经济适用房不得作为住房反向抵押客体。期房亦不能作为住房反向抵押客体,期房通常被视为在建、不能交付使用之房屋,由期房至现房交付过程极可能发生工程质量或其他违约问题存在潜在风险。至于共有房屋能否纳入被抵押范围应区别对待:鉴于共有物涉及财产分割问题,贸然将其设定为反向抵押之客体显然有损他人处置权,但共同共有之夫妻共同将其房屋设定反向抵押则为例外。除此之外,任何基于人身关系或继承关系所共有之财产皆不得设定该抵押。

(二)住房反向抵押应遵循的程序规则

1.设置完善的主体运行程序

(1)申请贷款阶段。借款人向中介机构(政府部门授权的咨询机构)进行贷款咨询,在了解自身和贷款方的权利义务和相关程序后,自主决定向贷款金融机构提出贷款申请。贷款机构收到申请后,对借款人的资信、年龄、财产情况进行实质审查,并由中介机构(资产评估公司)对申请人的担保房屋价值进行评估,为贷款机构发放贷款额度大小提供参考。

(2)承诺发放贷款阶段。贷款金融机构对借款人进行审查后认为符合贷款发

---

❶ 李建伟.住房反向抵押贷款制度研究[M]//刘云生.中国不动产法研究.北京:法律出版社,2007:114.

放条件的,对其承诺发放贷款。同时,借款人要向指定保险参与机构投保,保险机构重新审查贷款机构出具的相关文件,对存疑事项启动二次审查程序,根据审查评估结果确定是否投保,并将相应结果反馈与贷款机构与申请人。

(3)支付现金阶段。贷款机构根据中介机构(资产评估机构)对房产的市场评估价值,以及保险公司对住房的保险险种和贷款人的年龄、预期支付方式等因素确定,结合申请人选择的发放与偿还模式,按年或按月支付现金给借款者。此时借款人仍然保留住房所有权,即可以占有、使用、收益和有限制地处分房屋。

(4)房屋权属变更阶段。借款人去世后或永久搬出房屋后,继承人可以选择现金偿还申请人住房反向抵押期间所得全部本息及相应费用,房屋所有权不发生变更;抑或继承人及相关人选择不偿还相应本息,协助贷款机构履行相应手续将住房所有权归于贷款机构。该机构可以把房屋交由中介机构(房地产交易机构),在二级市场进行出租、销售或拍卖。

2. 建立完备的贷款程序

(1)由借贷双方在协商一致的基础上在合同中明确载明贷款额度。贷款额度应以中介机构对房屋的市场估价为基础。一般而言,贷款额度与借款人的年龄、住房金额价值成正比。此外,应当约定发放金额是否具备可调节性,在环境或市场变动时借贷双方是否可以根据情形适当调整发放金额。

(2)由贷款机构确定贷款定价及用途。贷款定价由贷款银行根据当地经济发展、生活消费水平与借款人进行议价确定;贷款用途原则上只用于借款人的养老消费,由借款人自由支配用于支付其日常生活开支、医疗费用、药品和家庭护理费用及担保房屋的维修和改造等。

(3)借款人自主选择并经贷款人同意后,确定符合自身需求的贷款期限和发放方式。贷款的发放应将贷款额度除以人的平均寿命计算,将房屋价值分摊到预期寿命年限中按月或按年支付现金给借款人。当借款人实际寿命长于预期寿命时,贷款人仍应依确定的金额按期支付直至借款人去世。❶

3. 构建完整的退市机制

住房反向抵押是一种以自身房屋为担保的贷款模式,故还款应以房屋的价值

---

❶ 张芳.反向抵押贷款制度研究——以美国经验为借鉴[J].湖北社会科学,2013(4):148.

为限,换言之,住房是借款人唯一的还款来源,即使住房价值不足以冲抵借款金额,贷款方也不得通过处分借款人的其他资产偿债。借款人生前居住于抵押房屋中,去世后以房产还款,故还款期限以借款人生存年限为准,期间并不固定。但是如果借款人中途将住房转让,住房反向抵押贷款终止。此外,如果借款人永久性搬迁,住房反向抵押贷款终止。

此外,住房反向抵押合同因老年房屋所有人去世而正常终止的,由贷款机构取得房屋所有权。房屋变现后的价值冲抵贷款本息费用后还有剩余的应返还给借款人的继承人;不足部分贷款人无追索权。贷款合同因其他不可抗力致使合同提前终止的,如借款人提前还贷,贷款人应允许,且不得要求违约赔偿。

(三)住房反向抵押监管制度之完善

1. 建立银保合作住房反向抵押运作模式

住房反向抵押业务的盈亏主要取决于借款人的寿命长短,故业务开展中有可能出现诸如借款人实际寿命较预期寿命延长等风险。为降低借款人寿命难以预期之风险,商业银行应和保险公司合作,一旦出现此类状况,商业银行(业务机构)即可获得保险公司的赔款。鉴于作为抵押物的不动产可能面临毁损、贬值等情况,由保险公司负责保险并赔偿可降低房屋变现价值消减的损失。房产到期变现时,在约定房屋增值非借款人或其继承人独有的情形下,商业银行与保险公司以一定比例分割房产增值部分。银保联手既可发挥商业银行充足的资金优势,又可发挥保险公司的保障和风险承担优势。同时,住房反向抵押投保还可以起到信用增级的功能,通过拓宽保险公司的业务空间提升市场占有率。

2. 加强对住房反向抵押运行的监管

建立健全住房反向抵押组织管理机构,加强对贷款提供机构和中介机构的监管:①落实贷款人监管方式,规定贷款人必须披露的信息,包括利率、费用等,公开借款审核程序与审核结果,增强投资运行透明度;②建立有序中介机构管理市场,通过对资产评估机构、信息咨询机构等中介机构单独认证和监控确保其服务质量;③健全借款人利益保障机制,设立专门机构及时受理消费者的投诉并给予快速反应,对违反规定的企业进行惩治;④规定贷款机构费用额度,限定借款单位对住房反向抵押费用收取比例,同时为保证借款机构资金流动通常,应限定其参保房屋评估价格总额的上限。

3. 强化住房反向抵押风险控制机制

银监会、保监会可联合出台《住房反向抵押贷款监管规章》，从金融借款机构披露义务、审查义务、合同履行义务等方面予以规定：①借款机构必须准确如实披露住房反向抵押贷款的详细信息，如利率、发放形式、开办费用等；②借款机构必须对借款人信息真实性进行严格审查，包括房屋权属情形、借款人年龄等要素，保障其对房屋权利的真实、完整；③贷款的发放应当依合约充分及时；借款机构应当与借款人协商聘请具有法定资质的住房评估机构进行评估；④借款机构发现借款人有违约的可能时应当及时采取措施，解除合同或者要求提供担保。保险机构应当准确履行保险义务，详尽披露保险事宜，适当合理厘定保险费用，保险款项的发放应当充分及时。

第八章　开征个人住房房产税立法展望

房产税是以房屋为征税对象,以房屋的计税余值或租金收入为计税依据,针对房屋所有人征收的一种财产税。2011年1月,上海、重庆作为部分个人住房征收房产税改革试点城市,率先出台了房产税征收的暂行办法。然而,在房产税试点推行的几年里,虽然初有成效但并未达到预期的政策效果,尤其是上海与重庆两地的房产税收总额较小,占同期市场财政收入比率过低,未能有效发挥房产税的作用。2013年11月15日,十八届三中全会决议提出加快房产税立法并适时推进改革,2014年由全国人大常委会牵头,财政部、国家税务总局、国务院法制办等协助开始房产税立法工作,现中央政府已停止房产税扩围,包括取消上海与重庆的房产税试点,转为推进房产税立法工作。

一、个人住房房产税的内涵与性质

(一)个人住房房产税的基本内涵

房产税与房地产税有所不同,房地产税是一个综合性概念。我国的现行房地产税制结构中既包括房产税,还包括房地产业营业税、企业所得税、个人所得税、城镇土地使用税、城市房地产税、印花税、土地增值税、契税、耕地占用税等,贯穿在房地产开发、占有、交易各个环节之中,其中土地增值税、城镇土地使用税、耕地占用税、房产税和契税5个税种直接以房地产为征税对象(见表8-1)。换言之,房产税作为房地产税收体系中的一部分乃是针对房产保有环节征收的一项税种,房产税属于房地产税。

房地产法诸问题与新展望

表8-1 我国现行房地产税税制结构表

税收/分类	税种	纳税对象	计税依据	税率
开发环节	耕地占用税	占用耕地建房或者从事其他非农业建设的单位和个人	实际占用的耕地面积	0.5~10元/平方米
开发环节	土地增值税	凡有偿转让国有土地使用权、地上建筑物及其他附着物并取得收入的单位和个人	纳税人转让房地产所取得的收入减除规定扣除项目金额后的余额,为增值额	30%、40%、50%、60%(四级超额累进税率)
占有环节	城镇土地使用税	在城市、县城、建制镇、工矿区范围内使用土地的单位和个人	纳税人实际占用的土地面积	0.5~10元/平方米/年
占有环节	房产税	房屋产权所有人(个人免征)	房产原值一次减除10%~30%后的余值(房产出租的,以房产租金收入为房产税的计税依据)	1.2%(12%)/年
占有环节	城市房地产税	拥有房屋产权的外国侨民、外国企业和外商投资企业	房屋折余价值或房屋租金收入	1.5%/15%(新房免三年)
交易环节	企业所得税	中国境内有生产、经营所得和其他所得的企业,(除外商投资企业和外国企业外)	应纳税所得	33%
交易环节	个人所得税	在中国境内有住所,或者无住所而在境内居住满一年的个人,从中国境内和境外取得的所得	财产转让所得,"以转让财产的收入额减除财产原值和合理费用后的余额,为应纳税所得额"	20%
交易环节	印花税	在中国境内书立、领受规定凭证的单位和个人	房屋产权转移时双方当时签订的合同价格	0.03%
交易环节	契税	在中国境内转移土地、房屋权属,承受的单位和个人	房屋产权转移时双方当时签订的契约价格	3%~5%

第八章 开征个人住房房产税立法展望

续表

税收/分类	税种	纳税对象	计税依据	税率
交易环节	营业税	在中国境内提供应税劳务、转让无形资产或者销售不动产的单位和个人	营业额	5.5%
	城市维护建设税	从事工商经营,缴纳"三税"(即增值税、消费税和营业税,下同)的单位和个人	纳税人实际缴纳的"三税"之和	纳税人所在地在城市市区的,税率为7%;纳税人所在地在县城、建制镇的,税率为5%;纳税人所在地不在城市市区、县城、建制镇的,税率为1%

(二)个人住房房产税的法律性质

1. 个人住房房产税属于财产税

"财产税是以财产为征税对象,并由对财产进行占有、使用或收益的主体所缴纳的一类税"。[1] 按照实际课征范围的宽窄可分为一般财产税和个别财产税,"一般财产税是指就纳税人一切财产的价值进行综合课征,个别财产税是指对纳税人的个别财产如土地、房屋等有选择地进行课征。"[2] 房产税作为针对房屋等特定财产为单独课征对象的一项税收,根据房屋价值或租金收入向房屋所有者或使用者征收,属于典型的个别财产税。

2. 个人住房房产税属于直接税

直接税是直接向企业或个人所开征的税,以归属于私人所有的财产为课征对象,纳税义务人同时也是税收的实际负担者,一般较难转嫁与别人,如个人所得税、

---

[1] 张守文.财税法学[M].北京:中国人民大学出版社,2014:262.
[2] 杨紫烜.经济法[M].北京:北京大学出版社、高等教育出版社,2006:440.

社会保险税、房产税、遗产税等税种;间接税是对商品和服务征收的税,纳税义务人并非税收的实际负担人,可以通过提高价格或提高收费标准等方法将税收负担转嫁给他人,如消费税、营业税、销售税、关税等。房产税是由政府向房产所有人直接征收的税种,不动产自身的不可转移性决定了房产税无法进行代扣代缴,税负难以转嫁,应为直接税。

3. 个人住房房产税属于保有税

根据不动产在交易、保有、所得等不同阶段的课税环节,可将不动产税分为不动产流转税、不动产保有税、不动产所得税。不动产流转税针对不动产的转让和流通环节征税,如印花税、契税、遗产税、赠与税等。不动产所得税主要针对不动产的收益、所得、利得课税,如企业所得税、个人所得税、土地增值税等。不动产保有税作为不动产税体系中最重要的一个内容,是对不动产在保有环节所课征的税收,是在一定时期或一定时点上对拥有不动产所有权的所有人或占有人征收的一种财产税,房产税针对社会存量不动产课税,属于不动产保有阶段的税。

4. 个人住房房产税属于地方税

根据税收的管理和使用权限,可划分为中央税、地方税、中央地方共享税。一般将税源集中、波及面广、征收量大的税种列为中央税,如关税、消费税等,而将一些与地方经济联系紧密,税源较为分散的税种列为地方税,如农业税、牧业税以及一些财产及行为税。就国际上通行做法而言,房产税属于省级以下地方政府稳定而主要的税种。因房地产的不可隐藏、不可转移性决定了税基和税源的相对稳定性,地方政府能够充分地掌握财产分布状况和分布信息,具有征收和管理上的优势和便捷,税收用于完善城市公共设施和提高公共福利,进而改善居住环境、提升房产价值,形成财政增收、经济增长和社会发展的良性循环。

二、个人住房房产税试点城市评述

(一)沪渝试点个人住房房产税政策对比

2011年1月28日,上海、重庆正式启动对部分个人住房征收房产税改革试点工作,并根据各自的实际情况分别出台了《上海市人民政府关于进行对部分个人住房征收房产税改革试点的暂行办法》及《重庆市人民政府关于进行对部分个人住房征收房产税改革试点的暂行办法》,重新解释了"个人所有的非营业性住房"的

范围,对修正之后的应税房产在保有环节进行税收调节。故选取两地房产税征收细则中的主要内容进行简要分析对比(见表8-2):

表8-2 沪渝两地个人住房房产税征收细则

试点城市	上海❶		重庆❷		
适用范围	本市行政区域		主城九区		
征收对象	本市居民家庭新购第二套及以上的住房	非本市居民家庭在本市新购的住房	新购及原有独栋别墅	新购高档住房	无户口、无工作、无企业的第两套及以上住房
计税依据	从价计征 参照应税住房的房地产市场价格确定的评估值,评估值按规定周期进行重估。试点初期,暂以应税住房的市场交易价格作为计税依据		从价计征 目前是以房产交易价为征税基数,如果3年、5年以后可能用评估的方法		
均价确定	上一年度新建商品住宅成交均价		上两个年度主城新建商品住房建筑面积成交均价的算术平均		
适用税率	适用税率暂定为0.6%。应税住房每平方米市场交易价格低于本市上年度新建商品住房平均销售价格2倍(含2倍)的,税率暂减为0.4%		3倍以下收0.5% 3~4倍收1% 4倍以上收1.2%		
免税面积	人均住房面积小于60平方米部分		以户计算。存量独栋商品住宅免税面积为180平方米部分,新购独栋别墅和高档住房免税面积为100平方米部分		
税额计算	应纳税额=新购住房应税面积×新购住房单价×相应税率×70%		应纳税额=应税建筑面积×建筑面积交易单价×相应税率		
缴纳方式	按年计征,缴清税费方可过户		按年计征,过户时一并收取当年税费		
未缴后果	未按时足额缴纳的,逾期缴纳的税款从次年1月1日起按日加收滞纳税款0.05%的滞纳金		应缴纳房产税的纳税人不进行纳税申报,不缴或者少缴应纳税款的,由税务机关追缴其不缴或者少缴的税款、滞纳金,并处不缴或者少缴的税款50%以上五倍以下的罚款		
税收管理	保障性住房建设		公租房建设		

❶ 《上海市人民政府关于进行对部分个人住房征收房产税改革试点的暂行办法》。
❷ 《重庆市人民政府关于进行对部分个人住房征收房产税改革试点的暂行办法》《重庆市个人住房房产税征收管理实施细则》。

房地产法诸问题与新展望

（1）适用范围上，上海试点方案确定的适用范围更加广泛，包括上海市全部行政区域，即17个市辖区和1个县；重庆市的试点范围仅限于主城九区，即渝中区、江北区、沙坪坝区、九龙坡区、大渡口区、南岸区、北碚区、渝北区、巴南区，含北部新区、高新技术开发区、经济技术开发区。

（2）征税对象上，两地均以增量房为主，市场调控的意图较为明显。不同点在于上海只针对超过标准的新购住房，对存量房不征税，注重对新购住房的税收调节；重庆征税范围涉及存量房和增量房，但主要对新购的高档房征税，存量房中仅对独栋别墅征税，更注重对高端住房的抑制与引导，对投机性住房需求的打击作用和心理预期作用更为显著。

（3）征收模式上，两地采取的标准不同，上海针对本地居民采取"超出面积"标准，对本市居民人均住房建筑面积超出60平方米部分征收；而重庆主要以"超出价格"标准，对建筑面积交易单价达到上两年主城九区新建商品住房成交建筑面积均价2倍（含2倍）以上的高档住房采用累进税率征收。针对外地人员，两地方案均采用了差别化待遇，上海尤为严格。

（4）计价依据上，两地均采用从价计征，且暂时以房产交易价为依据，待条件和技术逐步成熟后再采用评估值为依据，这是两地在结合房产评估制度发展尚不完善、房产评估机构尚缺乏公信力等现实背景下稳步过渡的合理选择。不同的是均价的计算方法有所差异，计算基数的选择有所不同，上海以前一年度为计算基数，重庆则以前两年度为计算基数。

（5）适用税率上，两地采用差别税率方法，对超过既定标准的住房征收累进性的房产税，所不同的是上海采用两档累进税率：0.4%和0.6%，重庆采用三档累进税率：0.5%、1%和1.2%。从税率的绝对水平上看，重庆较高；就税率设计的效果而言，重庆的三级累进税率弹性更大，更加注重对财富差距的调节。

（6）减免标准上，两地均以面积为减免税标准，而非采用国际通行的收入标准和特定人群减免标准。所不同的是，上海以人均面积为计算基础，而重庆则按照房屋面积给予一次性减免。同时，两地对减免范围的规定均较为宽泛，使得一般普通民众住房均可纳入减免范围。

（二）沪渝试点个人住房房产税的实施效果

根据国家统计局发布的数据显示，沪渝两地开征个人住房房产税两年多时间，重庆新建住房价格上涨了 4.5%,上海新建住房价格上涨了 7.6%。根据沪渝两地统计局发布的数据显示,2012 年上海新建商品住宅平均销售价格为 13870 元/平方米,较 2011 年上涨 3.1%;2012 年重庆房价从 1 月 6464 元/平方米涨到 12 月 7202 元/平方米,楼盘价格涨幅达 11.41%。显见,两地的房价仍然处于上涨通道中,房产税对于平抑房价的作用并不显著。

个人住房房产税的开征也确实发挥了使房价上扬曲线的斜率有所降低的改革效果,一定程度上优化了住房消费及供应结构。沪渝两地开征房产税后,两地的高端住房市场均明显出现了成交量下降、价格走势趋向平稳的正面效应。以重庆市为例,根据同策房产咨询公司的数据统计,2011 年试点开征房产税之后,重庆主城高档商品住房项目访客量出现了明显下降,当年重庆市高档住房的成交面积只有 75 万平方米,同比下降了 48.5%;重庆主城区高档住宅占整体供应面积的比例从 2011 年的 10.38% 下降至 2012 年的 6.65%;高档住宅成交面积占商品住房总成交面积的比例也由试点前的 9.2% 下降至 2.2%。

(三) 沪渝试点个人住房房产税方案的合理性

1. 采用差别税率赋予不同能力纳税人不同税负

方案采用差别税率模式,体现了赋予不同能力纳税人不同税收负担政策的合理性。不仅可以更有针对性地对不同房产利益进行调配,根据不同税负能力调节社会不同阶层的贫富差距,有利于增进社会公平与正义。[1] 同时,地方政府可以根据地区发展的现实情况,结合不动产的地理位置、价格水平、需求性质等现实差异设计与本地经济发展相适应的税率标准,并结合市场发展变化和税收政策目标合理调整,有助于实现房产税税收政策的目标价值。

2. 采用累进税率矫正社会财富分配不均

方案采用累进税率类型,体现了矫正社会财富分配不均的合理性。试点根据自身的实际情况分别采取了两级累进税率和三级累进税率,使多套房产拥有者和高端住宅拥有者缴纳更多的税款增加富裕群体对社会的贡献值,有益于调节社会财富分配不均衡的状态。通过对投机性购房群体征收较高比例的税款打压炒房者的投机行为,增加炒房者的购房持有成本,有助于消除当前楼市泡沫,促进房地产

---

[1] 姚海放. 宏观调控抑或税收法治:论房产税改革的目标[J]. 法学家,2012(3):51-63.

市场健康平稳发展。

3. 采用税收减免维护普通民众刚性住房需求

方案采用税收减免方式,体现了维护普通民众刚性住房需求的合理性。以拥有房产套数或者家庭人均面积来计算起征点是两地个人住房房产税改革的一大特色,试点规定的税收减免标准均较为宽泛,普通民众的住房水平均被纳入减免范围之内,不会对刚性需求购房者造成税收负担。比较而言,上海试点方案中以家庭人均面积来计算减免范围更能体现个人税负的公平性,可以有效避免以户为减免标准而出现的假离婚等市场投机行为,有助于抑制房产投机性需求,进而促进税收的实质公平。

4. 限定税收用途实现取之于民用之于民

方案明确限定房产税税收用途,体现了税收取之于民用之于民的合理性。重庆规定征收税款用于公共租赁房的建设和维护,上海规定征收税款用于保障性住房建设等方面的支出,将使用方向限定在保障性住房建设是加强民生建设的一项有益举措,为保障房建设提供一定的财政支持,有助于缓解当前保障性住房建设融资不足的困境。通过加大保障性住房建设力度,可以实现保障居民基本住房条件、缩小社会分配不均的作用,促进税收公平正义的实现。

(四)沪渝试点个人住房房产税方案存在的问题

1. 征收对象的设置有失公平

方案均对本市居民家庭和非本市居民家庭采取了差别化待遇,对外地人员购房缴纳房产税的要求更为严格,[1]违背了税收公平的基本原则。缴纳税款作为房产所有人支付政府公共服务的对价,应依照不同性质房产的税负能力不同而区分,户籍制度作为政府便于人口统计和行政管理的一种手段,不应当成为确定税负能力的标准,以户籍区分房产税征收对象和税负标准明显有悖税收公平。

---

[1] 《上海市开展对部分个人住房征收房产税试点的暂行办法》规定征收对象是指本暂行办法施行之日起本市居民家庭在本市新购且属于该居民家庭第二套及以上的住房(包括新购的二手存量住房和新建商品住房,下同)和非本市居民家庭在本市新购的住房(以下简称"应税住房")。《重庆市人民政府关于进行对部分个人住房征收房产税改革试点的暂行办法》规定首批纳入征收对象的住房为:1. 个人拥有的独栋商品住宅。2. 个人新购的高档住房。高档住房是指建筑面积交易单价达到上两年主城九区新建商品住房成交建筑面积均价2倍(含2倍)以上的住房。3. 在重庆市同时无户籍、无企业、无工作的个人新购的第二套(含第二套)以上的普通住房。

2. 应税住房的范围有待扩大

上海市关于征收对象规定中应税住房只涉及增量房,重庆市关于房产税之征收范围虽然包括存量房却只涉及高端住宅,据统计,重庆市的应税房源只占到总住宅比例的10%,应税住房的覆盖范围较小,难以成为地方政府财政收入的稳定来源。只有将新购房和存量房、高档住房和普通住房均纳入应税住房范围才可能有效遏制购买多套房产的盲目行为,抑制房价非理性上涨,从而最大限度地发挥税收杠杆作用。

3. 适用税率的设计有待提高

方案对高端住房房产税税率与国外相比明显偏低,如美国的房产税率大致为0.8%~3%,并以1.5%左右居多,高档住房甚至高达3%;日本固定资产税税率一般为1.4%~2.1%;韩国的高端住宅税率高达5%~7%;新加坡自住房产的物业税率是4%。两地的税率很难对房地产市场发挥有效调控之功能,税率太低不足以纳入房地产商开发成本的主要考虑因素之中,对市场供给关系作用有限,难以有效控制投机行为,且试点均以单价作为设定适用税率的标准不符合税收的纵向公平原则,亦不能体现支付能力原则,支付能力体现在房产总价而非单价。

三、开征个人住房房产税面临的问题

(一)开征个人住房房产税的法理困境

1. 个人住房房产税试点有悖税收法定原则

依据《立法法》规定,但凡涉及税收制度的,只能通过全国人大及其常委会制定法律,原则上不允许授权立法。但倘若尚未制定法律的,全国人民代表大会及其常务委员会有权做出决定,授权国务院可以根据实际需要,对部分事项事先制定行政法规,以此成为授权立法的法律依据。1986年9月15日,国务院颁布的《中华人民共和国房产税暂行条例》第10条规定:"施行细则由省、自治区、直辖市人民政府制定,抄送财政部备案",形成了国务院对各省级地方政府的房产税立法"转授权",由此为沪渝两地的房产税试点方案提供了法律依据。

然而通过"转授权"的方式开征个人住房房产税试点,严重背离了税收法定的基本原则。税收法定原则主要包括三方面内容:课税要素法定原则、课税要素明确原则、程序法定原则。沪渝两地房产税试点实则为一种行政政策,一则违背了课税

房地产法诸问题与新展望

要素法定原则,将税收要素变动的权力转授权给地方政府,违反了只有最高立法机关才能决定课税要素变动的法治理念;二则违背了程序法定原则[1],授权立法已然显现出合法性之不足,况且《房产税暂行条例》的税收征纳范围是针对经营性住房,地方政府只能在行政法规基本内容下加以细化完善,否则超越了自身的立法权限,沪渝两地将个人住房以"暂行办法"的形式纳入房产税征收范围的做法于法无据。

2. 个人住房房产税试点面临重复征税难题

对此学界有两种观点:一种观点认为开征个人住房房产税存在与土地出让金重复征税问题。根据《物权法》房地一体化原则,购房者在购买住宅时已缴纳70年使用权的土地出让金,并且加收了城镇土地使用税和土地增值税,故不应开征个人住房房产税,否则面临重复征税之法理障碍;另一种观点则认为,土地出让金与个人住房房产税两者性质不同,并不存在相互冲突的问题。土地出让金是购买土地要素时支付的费用,性质属于地租;而房产税是国家凭借政治权力要求不动产保有阶段使用者必须缴纳的法定税负,本质上是税收。二者虽形成机制完全不同,但可合理匹配、并行不悖,不存在不可克服的"法理障碍"和不能容忍的"重复征税"问题。

虽然从名义上讲,土地出让金属于租金,房产税属于税金,二者的性质和形成机制的确不同,但土地出让金作为开发成本的重要部分,房产开发商必然通过房价转嫁给购房者,在现有条件下,征收个人住房房产税如果不考虑排除已经一次性收取了70年土地出让金问题,确实会存在重复征税的问题。理论上讲,房产税的计税选项有三种选择:房产价值、地产价值和房地产价值。土地出让金和房产税重叠的部分是土地使用权70年的交易价格,即地产价值。目前上海和重庆两地的房产税试点方案均采用房屋交易价格为计税依据,事实上包含了房产价值和地产价值两部分内容,地产价值部分涉嫌重复征税。

---

[1] 王起国,冯强.沪渝开征房产税的法学思考——基于税收法定主义的视角[J].法制与社会,2012(2):115-116.

（二）开征个人住房房产税的实践困境

1. 房屋权属关系混乱

我国个人住房权属相对复杂，除商品房以外，还存在很多有限产权住房，如经济适用房、限价商品房、合作建房、集资建房等，在权属关系理清之前贸然开征房产税，会带来一定的混乱。同时，我国的土地二元制结构加剧了房产税推行的难度，目前农村土地并未进入市场经济体系，农村土地属于集体所有，而"集体"的概念却界定模糊。尤其是我国城镇化进程中大量衍生出来的小产权房，在未来走向仍然不明朗的现实背景下，对于房产税的制度设计是一个极大的挑战。此外，异地置业问题也将直接影响税负公平与否，而建立全面、准确的不动产登记制度则是房产税开征的基础，也是决定房产税全面推广成败的关键问题，如处理不当可能会对人才和劳动力的正常流动造成负面影响。

2. 税收要素设计不合理

一是房产税的征收范围不合理。居民住房商品化是个人住房消费的源头，而当前过窄的房产税征收范围则是居民住房消费不合理的制度缺陷所在，加剧了房地产投资投机行为进而导致房地产市场过度膨胀，影响我国房地产税制的整体建设。二是房产税的税率设计不合理。目前城镇土地使用税和耕地占用税的税率结构仍使用定额税率，过于僵化的税率体系忽视了不同地域土地收益的巨大差异，削弱了税收政策对土地利用和房地产市场的调节作用。三是房产税的计税依据不科学。相关税收依据分别为房产原值的折余价值、租金收入或实际占用的土地面积，缺乏定期重估土地和房产价值的制度安排，计税依据滞后于形势发展。

3. 税收征管机制不健全

首先，缺乏全国范围的不动产登记信息共享的平台，地方政府难以确切掌握纳税人拥有房产的真实情况，对于异地置业等情况无法规制，不可避免地扩大了免税范围，易导致社会不公平因素。其次，尚未建立税收用途公示平台，纳税人自觉纳税的意识淡薄，税款征缴后的去向亦不明确，缺乏公开透明的监督机制和有效的责任追究机制。再次，缺乏建立具有公信力的房产评估机构，目前房地产评估主要由住建部所属的房地产评估、国土资源部所属的土地评估和资产评估等政府机构以及大量社会营利性的商业性评估机构进行，房产评估体系尚不系统、规范，房产评估制度体系和责任追究机制尚未建立健全，房产的市面价值和级差收益无法在现行的评估体系中得到确切的反映,易造成事实上的税负不公。

四、域外个人住房房产税的制度借鉴

(一)域外个人住房房产税的制度设计

1. 新加坡的物业税制度

新加坡的房产税主要是物业税,包括房屋、建筑物和土地,纳税人是土地、房屋及其他建筑物等财产的所有人。新加坡物业税的计算方法为物业税税额=(年值)×(税率),年值是指每年居民房产的估计租金。其中,土地的年值是根据土地市场价值的5%确定的。无论是出租、业主自用或是空置,其计税年值基础一样。新加坡国内税务局审查每年的大多数财产的年值标准,以确保租金按现行市场价格运行,如果市场租金不低于或者高于这个标准,审查期间将不予调整。

目前新加坡的物业税有两种计算模式,以房屋用途来区分。如果房屋是自住且享受自住业主优惠,按照三级税率征收:财产年值不大于6000坡币,税率为0%(免税);财产年值超过59000坡币,按4%的税率征收;财产年值高于65000坡币,按6%的税率征收。如果房产是出租投资用或其他用途,征收10%的物业税。新加坡鼓励通过直接转账方式付税,这样可以享受12个月免息分期付款优惠。

2. 香港地区的差饷制度

与内地的房产税相对应,香港称为差饷,是根据租金估值,即假设物业在一个指定估价日期空置出租是估计全年可得的合理市面租金。[1] 负责征收和估值的差饷的是差饷物业估价署。差饷物业估价署每年都会重新评估物业的租金,对于个人住房根据同区类似物业估价期间租金的市价,按照物业的面积、位置、设施及管理水平等计算,再将租金乘以差饷征收率计算应缴税款。差饷的纳税者根据不动产的用途不同而有所区别,用于个人自用的不动产由所有者缴纳,用于出租他用的不动产则根据所有者和使用者双方协商缴纳。出于差饷征收的便利性,一般不动产的直接占有者即为纳税人,即使房屋处于空置状态,所有者仍然需要缴纳差饷。

香港地区的差饷税税率也是比例税率,每年由香港地区立法会调整。过去,差

---

[1] 巴曙松,刘孝红,尹煜,等.物业税改革对房地产市场的影响研究[M].北京:首都经济贸易大学出版社,2011:69-70.

饷税税率为4.5%~18%,自1999年起,差饷税税率固定为5%。此外,政府还有权利向纳税人退还或宽减差饷,如经济不景气时政府可通过采取一些税收减免措施减轻居民税收负担。

3. 其他国家个人住房房产税制度

对于欧美、日韩等基于土地私有制国家的房产税制度,以列表形式予以概括(见表8-3)。

表8-3 典型国家的房产税制度概况

国家	房产税制度概况
美国	根据联邦政府法案设置,由当地地方政府收取,完全用于地方社会福利;各州和县的房产税税率有所不同,在0.8%~3%之间;计税依据为房产评估价值
英国	不仅房产所有者需要缴纳,而且土地、房屋的承租人也有义务缴纳;物业估价署为房产作价值评估并形成计税价格带。市政税依据每个价格带收取,为计税方便依据应税住宅的价值高低将其分为8个估价带,依住宅级别的不同而实行累进税率
法国	采用土地年度税的形式征收不动产税,包括由业主缴纳税金的"建成区土地税"和由居住者缴纳的"住宅税"。通过对经营、保险、折旧、维护和整修方面的费用考虑,规定在土地房租收益的基础上降低50%后所得数额作为税收标准。闲置房需缴纳住宅空置税,税率为10%~15%
加拿大	以土地和房屋评估总值的0.5%~15%差别税率,根据业主的不同情况,区分自住、出租、商业性质等不同用途的地产,对拥有第二套住宅的人实行高税率征收
日本	房产需缴纳不动产税,如房产在城市规划区内还要交城市规划税,不动产税的标准税率为1.4%,地方可以根据本地情况上下浮动,课税标准为评估价值的一定比例
韩国	为抑制房价过快上涨于2005年出台综合不动产税,征税对象为拥有房产总价值超过6亿韩元的家庭,并根据房总价值的不同,税率在0.75%~2%之间浮动。与此同时,韩国既有的财产税以土地、房产、船舶等实物财产的所有人为征税对象,也根据财产价值不同实行差别说率

(1)根据地方政治经济的具体情况实行灵活的差别税率是各国房产税制度的共同趋向。如美国的房产税税率根据每年地方政府的预算收支情况而不断调整,是州税率、县税率和其他机构税率的综合,虽然美国各地的房产税税率并不相同并

不断变化,但实际税率则维持在0.8%~3%区间内;英国国家环境部划分了8个估价带规定应纳税额的法定比例,每个档次的具体税额则由各级地方议会根据地方政府的开支状况、收入差额等具体情形加以确定,基于税收公平原则考虑而实行累进税率。❶

(2)依据国家社会发展的实际需要给予相应的税收减免政策是各国房产税制度的共同做法。❷在各国房产税税收减免的具体内容中有许多大致趋同的规定。如,美国对政府拥有的建筑物,宗教慈善机构拥有的房地产,学校、图书馆等非营利性机构拥有的非营利性不动产,自用住宅免税;老年人、残疾人税额减免。英国的减免范围主要包括学生住宅、法律不允许居住的住宅、单个成年人居住的住宅、空置房屋或者非主要居住地的住宅、无收入或低收入者的住宅、伤残人的住宅等。

(3)设置固定明确的税收用途是各国政府保证房产税收入"取之于民,用之于民"的有效措施。在房产税作为地方主体税源的国家,房产税的征收用途一般主要用于两个方面:一是增进当地教育福利,如美国房产税的七成被用于支付学区义务教育,改善学区治安、公共设施和周边环境;二是支付地方政府公共开支,如韩国和英国的房产税收入除用于当地教育之外,主要用于图书馆、交通设施、公共设施的维护,支付本地公务人员的开支如警务和消防服务等。与之不同的是,新加坡则将房产税收入主要作为调节贫富差距的工具,主要用于补贴弱势收入群体。

(4)对于空置的房产资源各国和地区的房产税政策有所不同。对于空置的住宅资源,多数国家一般均采取惩罚性的税收政策,或设计较高的税率以及征收空置税,如英国只针对空置6个月以内的住宅给予免征;法国对计税日前两年内连续居住不足30日的房屋都要征收房屋空置税,而且没有减免措施。显然,打击空置房产以引导民众节约房地产资源,提高不动产的利用效率已经成为世界各国家地区的共识。

(二)域外个人住房房产税的目标定位

纵观其他发达国家和地区的个人住房房产税体系,可以发现其目标定位不尽相同,而差异化的定位直接影响房产税制度的具体设计问题,归纳而言可区分如下

---

❶ 王冲冲,王伟华.英国房地产税的征收政策及对我国的启示[J].中国集体经济,2013(5):195-196.
❷ 塞浦路斯除外,其未对房产税设定任何的免征范围。

第八章　开征个人住房房产税立法展望

（见表8-4）。

表8-4　部分国家和地区的立法目标设置❶

类型	国家（地区）	目标设置
财政型	美国、加拿大	地方政府主要财政收入，为政府提供公共服务、筹集市政设施项目建设资金
政策型	法国、韩国、中国台湾	政策型意图显著，提高土地资源有效利用率，打击土地投机等不合理行为
调节型	新加坡、德国	缩小贫富差距，调节收入分配，促进社会公平

第一种是财政型个人住房房产税，指的是政府征收房产税以为地方提供稳定的财政收入为主要目标定位，美国、英国、加拿大等土地私有制国家一般采用此类型，这是基于财政收入理论和受益原则理论衍生而来，在以主体税源为定位的制度设计时，一般采用"宽税基、少税种、低税率"的基本原则，并纳入基层政府收支监管范围，以保证房产税覆盖的全面程度，提供较为充足、固定的税收收入。

第二种是政策型个人住房房产税，指的是政府征收房产税以优化土地资源配置，提高土地利用效率为主要目标定位，法国、韩国、中国台湾地区等一般土地资源较为稀缺的国家和地区多倾向于此类型。以此为目标进行具体制度设计时，政府会通过计税依据、适用税率等课税要素的设计，如对二套房实行高税率、对不同用途住宅实行差别税率等，增加房屋的持有成本，打击囤积不动产的投机行为，从而减少土地资源的浪费。

第三种是调节型个人住房房产税，指的是政府征收房产税以调节贫富差距，促进社会实质公平为主要目标定位，以新加坡、德国为代表。此类制度设计时一般税基覆盖面较窄，一般对自住房产予以免税或规定较为宽松的免税政策以基于保障居民基本居住权利的需要；对高端房产或多套房产实行累进税率，以增加富人阶层的税负；税收收入则主要用于补贴弱势群体和低收入家庭，以缩小财富差距，增进社会整体福利。

---

❶ 根据财政部税收制度国际比较课题组研究《美国税制》，中国财政经济出版社，2000年版及相关网络资料整理而成。

（三）域外个人住房房产税制度的启示

1. 明确具体的征收目标设置

一项良性运行、秩序井然的税制无不以明确适宜的目标为基础,才能进行针对性、具体性的课税要素和运行机制设计。纵观其他国家和地区的房产税制度,财政型、政策型或调节型的不同定位决定了辅之以不同的课税构成设计,如韩国以打击房地产市场泡沫为背景的税收政策目标,在综合不动产税的基础上辅之以严格的房产转让所得税,对拥有2套住宅的家庭在购买房产2年之内出售的缴纳50%的房产转让所得税,拥有3套以上住宅的家庭在购买房产2年之内出售需要缴纳60%的房产转让所得税,即便在购买房产2年之后,拥有2套以上住宅的家庭出售房产也需缴纳6%~35%不等的房产转让所得税。

2. 科学合理的课税要素设计

从各国经验来看,根据自身实际发展状况和制度定位不同,税收构成要素设计的内容和方法也有所区别。①从纳税主体来看,有的是房屋所有权人,如美国、日本、英国;有的是房屋使用人或承租人,如荷兰、中国台湾。②从征收对象来看,以财政型房产税定位国家为多数,对全民房产开征;以调节收入分配为目的的国家则对贫富阶层区别征收。③从适用税率来看,比例税率采用较为普遍;累进税率对立法水平和征收监管有较高要求。④从税率制定来看,多数国家由地方政府确定,如美国、加拿大、芬兰等;部分国家中央政府制定基准税率,地方政府决定变动乘数,如德国、奥地利等;还有的国家实行国家最高税率限制下的地方政府决定制,如菲律宾、西班牙等。⑤从税基确定来看,分为从价计征与从租计征两种,前者是以不动产在市场上的可售资本价值为税基,如美国、英国、日本等;后者是以房屋租赁价格为税基,一般采用年租金评估制,如新加坡、中国香港、比利时等。❶

3. 健全完备的税收征管体系

健全完备的税收征管体系是顺利、高效征收房产税的技术保障,设立全面的不动产登记制度和信息管理系统,构建客观公正的房地产评估体系是房产税开征的必要条件。首先,不动产信息资料的全面准确性为税务机关征收房产税提供重要基础。如波兰中央政府专门建立两个为财产税征收搜集数据的登记部门,并进行

---

❶ 苑新丽.境外房产税特点及对我国的启示[J].中国房地产,2014(7):24-27.

监督。其次,绝大多数国家均以房产税的市场估价或租金估值作为计税依据,如英国、德国、香港等均设有专门的房产评估机构和房产评估师,美国则委托社会评估机构进行房产评估,并建立专门的房产评估员制度;同时,高效的房产评估体系还需要具备先进技术的征税软件,完成房产税的预测、查询、申报、登记、征收等一系列工作,为降低征管成本、提高税收效率提供良好的技术支持。

五、开征个人住房房产税的立法展望

(一)个人住房房产税的立法目标

个人住房房产税自身的财产税属性决定了不可能无限放大其功能,税收制度的稳定性决定了不可能寄托其过多的政策目标,故个人住房房产税的立法目标应定位为调节收入分配,促进社会公平。

首先,个人住房房产税在短期内不可能成为地方政府的主体税种,试图打造财政型房产税的目标定位并不现实。现行房地产税占地方税收收入的比重较低,且房产税不能取代土地出让金制度,亦不具备成为国民税的条件。因此,个人住房房产税目前只能有选择性地部分征收。其次,个人住房房产税不可能成为抑制房价的主要调控工具,单纯依靠房产税试图降低房价的目标定位并不可行。从沪渝两地试点效果来看,房产税的开征对平抑房价的作用都极其有限。税收作为一项稳定、常态、持续的制度工具,其对房地产市场宏观调控作用的效力只能是辅助性的,促进房价合理回归还有赖于市场供需关系的变化,以及强有力的行政干预政策共同作用。

因此,将个人住房房产税改革目标定位为调节财富收入、促进社会公平的"调节税"是符合我国国情的现实选择和可行路径。其一,调节财富分配作为税收制度的基本功能是运用税收杠杆合理调节分配社会资源的表现,当前我国贫富差距日益增大,以房产税调节收入分配是中国经济发展大框架的理性选择。其二,在目前行政法治和税收法治尚不健全的现实背景下,普遍开征房产税存在着巨大的操作风险甚至社会公共风险,况且房产税的改革还需要一段漫长的道路需要探索,循序渐进、分步实施应当是财政税制改革的基本路径,在目前相当长一段时期内只能针对特定群体开征个人住房房产税以调节收入分配的目标定位才是最符合当前国情、最具可操作性的制度选择。

（二）个人住房房产税的立法模式选择

个别财产税中的房屋税与土地税混合分离的立法模式应为我国个人住房房产税的最优选择,这是基于现行土地制度、税收制度和税收征管技术的综合考虑。其一,将房屋、土地和其他不动产归入统一税名,在课以不同的构成要素基础上简化税制结构,便于政府对税负走向的整体把握和科学决策;其二,在新加坡立法模式与我国土地制度有效衔接的基础上,参照其房产税制度进行具体内容的构建,一定程度上可以避免房地产税费名目繁多造成的重复征税和设计难题;其三,房屋税与土地税混合分离的立法模式便于税务机关工作的便利性和可操作性,可以极大地节约税收监管成本和提高税收征管效率,比较适合当前的税收征管技术发展的现实水平。

房产税作为一种地方税,世界各国基本上都实行中央与地方分税制。目前我国仍遵循税制传统,由中央立法制定统一的税收条例,《立法法》和《税收征收管理法》也明确税收开征、减免等事项应由中央立法规定,地方立法无此权限。由于我国各地区经济社会发展水平差异较大,房产税又具有固定性和地方依赖性,由中央高度集权的税收立法模式限制了税收的灵活性和效率化。因此,应在中央立法机关统一制定房产税法的基础之上,允许省级地方立法机关根据当地的实际情况制定实施细则,对房产税的适用税率、税基、减免范围和减免额度在一定的限度内适当调整,但需要交由中央立法机关予以批准,以行使上级监督权利,防止地方滥用立法权限。

（三）个人住房房产税的课税要素设计

1. 征收范围

在征收范围上应有所扩大,将存量住房纳入并对具有社会保障性质的廉租房、公租房和经济适用房予以减免。将存量房纳入房产税征收范围,有利于合理分配房地产市场资源,一定程度上有助于抑制房产投机行为。同时,减少制度改革可能带来的不合理变化,防止制度实施前期投资者为减少税收成本而集中抢购,避免市场不合理波动;此外,将存量房纳入房产税征收范围是税收公平原则的客观要求,房产税作为调节财富分配的重要工具,增量房和存量房并不能成为区分居民财富收入的标志,多套存量房持有者普遍享有更多的房产资源和财富,仅对增量房开征房产税不利于税收实质公平,阻碍了税收调节收入分配功能的合理实现。[1]

2. 课税依据

计税依据是计算应纳数额的根据,是课税对象的量的体现。世界大多数国家均以房产价值为计税依据,但在我国当前国情下,从价计征的方式难以逾越重复征税的法理障碍。房产税应针对所有权的房产价值课征,土地价值不应成为房产税税基的构成部分。面对重复征税的法理难题,可借鉴新加坡和中国香港从租计征的方式,排除以土地价值为税基对土地和住宅统一征收物业税,由政府在收取土地使用权出让金后一定期限内对房产物业持有阶段征收房产税,以物业每年租金收入的最新估值为计税依据,避免土地在交易环节和保有环节重复征收税费,实现土地出让金和房产税的有序并行。具体操作可借鉴新加坡的年产值依据来计算。

3. 适用税率

合理确定个人住房房产税税率是这项税制建设的中心环节,针对目前各地区社会经济发展状况的巨大差异,可借鉴英美国家制度经验设置弹性税率,将税权适当下放给地方政府,由中央政府规定比例税率的幅度范围,各省级政府根据自身经济发展、财政收入和纳税人负担能力,对不同地区、不同用途、不同价值的房产合理确定其适用税率。[2] 为了达到抑制房产投机和保护居民刚需的双重目的,可实行差别税率形式,适当提高税率并将税率的累进间隔拉大,在保证人均免税正常居住面积的基础之上,随着个人拥有的住房面积的不断增加则需要缴纳更多的税款,充分体现"多占资源多缴税"的原则。

4. 税收优惠

税收优惠是国家在一定时期内根据自身政治、经济和社会发展总目标,通过税收制度按照预定目的采用相应的照顾或激励措施,减轻和免除某些纳税义务人纳税负担的一种形式。个人住房房产税的优惠政策主要针对两种情况:一是对普通个人住房房产的减免,如对满足居民基本生活需求的住房实行减免;二是对特殊群体个人住房房产的减免。至于税收减免的认定方式,可以按照"谁主张,谁举证"的原则由纳税人自行举证,税务机关予以核实并认定减免类型和减免额度,举证材

---

[1] 尹煜,巴曙松. 房产税试点改革影响评析及建议[J]. 苏州大学学报,2011(5):77-84.

[2] 苏之涛. 我国现行房产税改革的理性思考[J]. 经济研究导刊,2013(32):96-97.

料包括房屋所有权证书、家庭户口簿、身份证,如为非本地户籍人口需提供最近三年的本地个税或社保缴纳证明;老弱伤残等困难群体和受灾群体需要提供相关证件或区域所在人民政府出具相关证明材料;人才群体需要提供单位和区域所在人民政府出具的相关证明材料。

(四)个人住房房产税征管机制之健全

1.明确房屋权属关系

尽快厘清我国现有的房屋权属体系,明确房产税的征纳对象应当免除限价商品房、经济适用房等保障性住房。同时,完善的房产税制度必须以一套健全的不动产权属登记制度为基础,方能实现准确界定纳税人和征税对象,最大限度地做到应征尽征、公平公正。

可借鉴美国做法,在各基层政府建立财产资料卡片和详细的财产信息管理制度,卡片上详细注明房产所在地、税号、财产类别、所有权的变更情况、估价的组成及变化情况等信息,并充分利用计算机软件及互联网资源建立统一高效的房产信息管理系统,实现信息同步对接与资源共享,以及时掌握纳税人拥有房产的真实情况,合理规制房产投机、异地置业等情况,从信息和技术层面保障房产税征收的公平性。

2.建立房产评估机制

建立具有公信力的房产评估机构,是保障房产税公平公正征收的前提。制定房地产评估相关的法律法规,明确评估标准、期限和具体的操作规程,明确界定评估机构的相关法律责任,以保证房产评估数据的真实性、可靠性与公信力。同时,严格房地产估价师从业资格审批制度,建立高素质的估价师队伍,建立估价师的诚信档案,明确估价师违反行业规范的责任追究机制和处罚措施。

房产评估结果作为对纳税人房产价值确定的依据,是行政主体向行政相对人颁发的行政确认性质的法律文书,属于具体行政行为,行政相对人对行政确认结果有依法赋予的行政复议和提起诉讼的权利。借鉴国际经验,基于房产评估的较强专业性和技术性,采取复议前置程序较为妥当,即行政相对人对房产评估机构的评估行为或评估结果有异议时,必须先向评估机关申请行政复议,对行政复议决定不服的可向人民法院提起诉讼。

3.固定税收收入用途

明确固定税收收入用途是由税收公共物品的基本属性决定的,是税收"取之于民,用之于民"的要求,开征个人住房房产税与每位公民的社会生活息息相关,唯有明确税收收入用途,保障纳税人的知情权、参与权、监督权,才能尽可能增加该税种的税收遵从度,避免税收的流失。❶

财政部《关于切实做好2012年保障性安居工程财政资金安排等相关工作的通知》中曾规定:"在保障性安居工程现有资金来源基础上,将增加的地方政府债券收入、个人住房房产税试点地区取得的房产税收入、部分国有资本收益和城市维护建设税收入用于保障房安居工程建设,确保不留资金缺口"。目前房产税筹资财政收入的潜力还未全部发挥,且各地保障房建设的资金来源仍有很大压力,故可以将房产税所得用于建设保障房,在"一收一支"之间调节贫富差距。

---

❶ 刘洋.房地产税制经济分析[M].北京:中国财政经济出版社,2009:160 - 170.

第九章 住房采光权的侵权与救济

采光权系"相邻不动产权利人为从外界获取法律予以保障的适度光源而要求相邻人限制其建筑物或其他工作物的距离或高度的权利",❶是法律强制性地要求相邻关系的主体相互履行"容忍义务",以保障各自的基本居住环境。采光权的立法宗旨在于遵循不动产相邻权人"有利生产、方便生活、团结互助、公平合理"的基本原则。在我国,采光权一直作为相邻关系予以保护,体现在《物权法》在相邻关系中对采光权的规定:"建造建筑物的,不得妨碍相邻建筑物的通风、采光和日照"。然而这一规定较为原则与抽象,理论界与实务界对采光权性质更是莫衷一是,以致司法实践中采光权侵权纠纷法律适用依据缺失、判定标准混乱的尴尬频出。

一、采光权的权利渊源与性质

(一) 采光权的权利渊源

就采光权的权利渊源而言,学界主要有"共同赋予说"和"单一赋予说"两种学说。❷

"共同赋予说"认为,采光权并非不动产权利人固有的权利,而有赖于自然界和相邻地权利人的共同赋予,采光权可谓是邻地给予的一种恩赐,采光利益的享有需在其邻地未加以利用之前。欲主张采光之权利必须以与相邻地所有人或使用人设立的有关限制相邻建筑物高度或距离的地役权契约为前提,否则不得支持以采光权被侵害为由请求排除妨害或损害赔偿等诉求。❸

---

❶ 郭明瑞.民法[M].北京:高等教育出版社,2003:266.
❷ 陈华彬.物权法原理[M].北京:国家行政学院出版社,1998:388-389.
❸ [英]F. H. 劳森,B. 拉登.财产法[M].施天涛,梅慎实,孔祥俊,译.北京:中国大百科全书出版社,1998:128.

"单一赋予说"认为,基于阳光对人类生存的基础性作用,倘若缺乏,个体之生命健康必会因缺失阳光而遭受威胁,因此采光权应为人权的基本内容之一,其享有只应受到大自然的支配,不应受到邻地等其他因素的影响或制约。因此,即使是合法建筑,也不能剥夺权利人享受阳光的权利,受害地所有人或使用人可以以人格权受到侵害为由提起侵权之诉,请求排除妨害及损害赔偿。两种学说的本质区别即在于前者将采光权归为约定的地役权;后者则将其归为法定的基本人权,权利渊源不同,采光权的法律地位和基本内涵自然不同。

（二）采光权的法律性质

关于采光权的性质,学术界亦存在不同看法。通说认为,采光权派生于所有权,是一种财产权,属于民事权利。从权利角度看,相邻建筑采光权是基于不动产物权产生的附属权利,隶属相邻权的范畴,是指相互毗邻或邻近的不动产所有人或占有使用人之间在利用日照光和自然光从事生产、生活、工作、学习等活动时,相互之间应给予方便或接受限制而发生的权利义务关系。[1]

亦有学者认为,采光权乃环境权之一种:阳光是一切生命物质的生存源泉,公民有权享有引入自然光源、居所获得充足阳光照射、免受不良光干扰等保障自身生命健康所必有的环境权益。[2] 也有部分学者认为采光权当属一种人格权,其不仅与人之生命、健康息息相关,尚直接关系到人体的舒适度、愉悦感,系人身处居住空间而充分需要阳光的权利,是大自然赋予人类的与生俱来的权利。[3]

（三）采光权系复合型权利

对采光权的权利渊源之争源于其当属约定权利或法定权利之争。就阳光的性质与功效而言,采光权当属法定基本人权,但对阳光之利用系当事人自由处分之内容,地役权具有补充公法上建筑法规之功能,将采光权权属归类于地役权亦符合法理。故可将采光权归类于相邻权范畴之下,相邻地所有人或使用人有权设定严于法律规定的相邻建筑物高度或距离,即相邻不动产一方可在约定范畴下需承担对采光更高的义务。

---

[1] 王利明.物权法论[M].北京:中国政法大学出版社,1998:446.
[2] 陈泉生,张梓太.宪法与行政法的生态化[M].北京:法律出版社,2001:117.
[3] 吕忠梅.沟通与协调之途——论公民环境权的民法保护[M].北京:中国人民大学出版社,2005:247.

房地产法诸问题与新展望

采光权既是一种财产权,也是一种人格权,更是一种环境权。

首先,现行法律明确将采光权作为一种相邻关系加以界定并保护,既规定相邻方的忍受义务而赋予对方一定的相邻权利,同时又要防止相邻方滥用权利损害对方的合理权益,以实现所有权权能在个人权利保护和社会利益保护之间的法益均衡之目的。

其次,在肯定采光权为一项财产权的同时,不可否认其还兼具环境权、人格权等多种权利基因。阳光和空气一样,是维持人类生命存续的基本要素,是保障人体身心健康的必要要素,是人类与生俱来且必需、必要的生存权利,承载着满足人们基本的居住需要和生活质量进一步提高的使命,更承载着对人类生活基本生存准则和道德价值的尊重,其对于人类生命和健康的意义和价值远非金钱和数字等经济概念所能估量。

同时,环境权以资源开发、利用为中心,体现作为公共物品的环境对私体的客观价值:阳光这一权利客体实为具备经济功能、生态功能,以及其他非经济功能的环境资源。将采光权确立为环境权内容之一,旨在肯定特定主体对阳光的资源利用权这一环境利益同时,亦为该权利在遭受不法侵害时提供强制性环境法律保障。

相邻权源于法律对相邻不动产所有权或使用权的适宜扩张,采光权立足于不动产相邻各方利益平衡之调和,理应被视为兼具人格权益、环境权益,以及财产权益的一种复合权利。基此,采光权应突破传统相邻关系基于严格土地衔接之限制,而是基于环境的生物性、地理上的整体性、生态的连锁性和环境影响广泛性而延展为更大范围的"相邻"。❶

采光权的权利内容主要体现在:其一,不动产的所有权人对其所有的不动产的价值不因采光而有所贬损的财产权利;其二,不动产的使用人在居住过程中不因采光受到侵害而增加不当支出的财产权利;其三,不动产的使用人不因采光遭受侵害而丧失享受适宜生活的环境权利;其四,不动产的使用人不因采光遭受侵害而使其身心健康受损的人格权利。

显见,对采光权这种兼具财产权、环境权与人格权复合性的权利之侵害,即是

---

❶ 王泽鉴.民法物权[M].北京:北京大学出版社,2009:146.

对人身等多重权利的侵害,故应当依据不同的部门法对采光权分别予以保护,而不能仅仅作为物权予以保护。例如,如果依据我国现行法律对采光权侵害仅适用相邻关系或侵害财产权处理,对于因遮挡采光而对被侵权人造成的精神不适或身心不悦的精神损害赔偿诉求则无法得到法律的救济,这对于被侵权人显然并不公平。采光权这种兼有公权和私权性质的双重权利,理应同时受到公法和私法的双重保护。

再如,民事法律中的《物权法》第89条将采光权作为相邻权予以保护;亦可以从地役权角度,将采光权视为不动产所有人基于相邻约定而取得独立的限制物权加以保护;还可以从环境保护法的角度,对建筑采光标准作为环境管理的部分加以规定,对损害公民采光权的行为作为环境侵权的一种予以规制。公法和私法这两种性质不同的法律适用范围不同、救济方式的出发点不同,二者共同调整、协同保护,有利于对采光权权益的全面保障。

二、采光权侵权的救济存在法律困境

(一)现行法律对采光权保护的制度尚未详尽

当今,公法与私法两大领域对采光权纠纷的处理均有所规定,然而相关法律规范对侵害采光权的行为及其救济方式的规定却过于抽象与笼统,尚不够详尽。

以公法角度观之,现行法律对采光权的保护主要是从建筑规划、住宅设计的角度予以规定。以国务院《城镇个人建造住宅管理办法》为例,其中第6条第1款规定:"城镇个人建造住宅,必须符合城市规划的要求,不得妨碍交通、消防、市容、环境卫生和毗邻建筑的采光、通风。"同样,建设部《提高住宅设计质量和加强住宅设计管理的若干意见》也从住宅设计的角度规定了对建设单位应满足住宅对采光、日照的规范要求,提高居住的舒适度。同时,对采光权的保护尚存在于一些建筑规划方面的技术性规范之中,如《城市居住区规划设计规范》亦对住宅间距作出了规定:即应以满足日照要求为基础,并且综合考虑采光、通风等要求。

从私法角度而言,采光权源于我国所有权体系中相邻权制度。所谓相邻权乃为"两个相互毗邻的不动产所有人或占有使用人在行使不动产的所有权或使用权时,享有要求相邻一方提供便利或接受限制的权利",[1]其实质在于法律对相邻构筑物所有权或使用权内容的权能限制或适度扩张。例如,《民法通则》第83条规定了不动产相邻关系的处理原则和纠纷解决路径,即相邻各方在遵循"有利生产、方便生活、团结互助、公平合理"的原则之下,倘若侵害相邻方采光权,则应"停止侵害,排除妨碍,赔偿损失"。《物权法》第89条亦对建筑方作出了关于采光权的禁止性规定:"建造建筑物,不得违反国家有关工程建设标准,妨碍相邻建筑物的通风、采光和日照。"

显见,上述规定内容还是过于原则化,仅仅明确了不动产所有权人或使用权人享有采光权,相邻方为保障不动产权利人的采光权益应承担一定的容忍义务,但对于如何认定采光权侵权,以及对采光权侵害如何加以补偿救济均缺乏可操作性。这种框架性的规定在法律适用中存在下述问题:

其一,对采光造成遮挡如何判断以及对采光权妨害造成的遮挡范围应当如何界定?当前我国司法实务中对于采光权侵权存在着两种截然不同的认定标准:一是只要新增遮挡致使相邻方日照权益受损,即构成采光权侵害;二是遮挡后的日照时间必须低于日照标准方能构成对采光权的侵害。基于法律的明确性之目的,选择确立哪种采光权侵权行为的认定标准亟待在实务中予以统一。

其二,采光权侵权损害赔偿的范围是什么?财产损害赔偿自不待言,人身损害赔偿应否纳入其中?损害赔偿的标准又如何确定?能否将损害加以量化,倘若可行又如何确定量化依据?这些问题在立法层面尚无法寻求直接依据,再加之社会生活的多样化等因素掺杂,更无从奢求法律适用中的做法统一了。

(二)采光权侵权的认定标准尚未统一

我国现行法律对采光权保护之规定虽有据可查,但司法实践尚未明确采光权侵害的构成要件和认定标准。在采光权纠纷案件中,法院一般以国家建筑设计标准作为侵权的判定依据,即各地法院大多参照建设部颁发的《城市居住区规划设计规范》(GB 50180-93)中对大、中、小城市日照规定(见表9-1)。我国各地大都采用大寒日和冬至日日照标准,各地自行规定的地方规划制度中亦有此规定。

---

[1] 《法学研究》编辑部.新中国民法学研究综述[M].北京:中国社会科学出版社,1990:333.

表 9-1 《城市居住区规划设计规范》GB 50180—93 住宅建筑日照标准

气候区划	Ⅰ、Ⅱ、Ⅲ、Ⅶ气候区		Ⅳ气候区		Ⅴ、Ⅵ气候区
	大城市	中小城市	大城市	中小城市	
日照标准日	大寒日				冬至日
日照时数(h)	≥2		≥3		≥1
有效日照时间带(h)	8~16				9~15
计算起点	底层窗台面				

注：1. 建筑气候区划应符合本规范附录A第.0.1条的规定。
　　2. 底层窗台面是指距室内地坪0.9毫米高的外墙位置。

根据建设部颁布实施的《城市规划定额指标暂行规定》，"各地可根据住宅建筑布局形式、日照、通风、绿化、防火、管线埋设等要求，结合当地具体条件，综合考虑，分别确定房屋间距。在条状建筑呈行列式布置时，原则上按当地冬至日，住宅底层日照时间不少于一小时的要求，计算房屋间距"，住宅建筑间距需满足权利人至少享有被遮挡住宅建筑底层窗台面在大寒至冬至期间每日一小时的满窗日照时间。

住宅规划建筑标准是用以保障居民采光权的重要依据，现实中一般计算建筑间距系数加以参考。所谓建筑间距系数系指遮挡阳光的建筑与被遮挡阳光的建筑的间距为遮挡阳光的建筑高度的倍数。基于南北方纬度的差异原因，阳光照射的角度也不一样，因此各地的建筑间距系数也不尽相同，按照建筑部规定的界定标准，天津市的大致系数为1.5，广州市等南方城市大致系数为1.1。

然而，对于采光权侵害案件认定的日照标准与建筑间距系数标准在实践中的运用均存在一定困难。首先，如果采用大寒日或冬至日两个时间为标准判定采光权侵害，大小城市也有所区分，某些案件可能要等上近一年的时间才能到大寒日或冬至日，这对案件取证是一个挑战，在司法实践中显然缺乏可操作性。其次，建筑间距系数的标准因各个地区的具体地理状况而有所差异，各地关于建筑间距标准的规定或缺乏可操作性或与国家标准不符，特别是很多地方大多考虑城市发展的经济效益，忽略了以人为本的可持续发展原则，其地方标准远达不到国家要求。

例如，沈阳市现行采用的建筑间距系数为1.7，低于国家标准的大寒日日照2

小时的建筑间距系数1.8和冬至日日照1小时的建筑间距系数2.02；西安现行采用的建筑间距系数为1.2,低于国家标准的大寒日日照2小时的建筑间距系数1.35和冬至日日照1小时的建筑间距系数1.48。由于地方法院审理案件时依据国家标准还是地方标准尚不清晰,加剧了采光权诉讼的困难程度。

如2006年8月宁夏石嘴山平罗县人民法院在"宋金贵等与平罗县钟楼商场等相邻通风、采光权纠纷案"中认为:"城市建筑物是否严重影响他人采光,应以住宅间距是否符合国家《城市居住区规划设计规范》和我区的相关规定为准";而2012年上海一中院在审理"程甲、凌某某、程乙与某公司相邻采光、日照纠纷案"中则参照《上海市城市规划管理技术规定》关于日照标准的规定确定侵权损害结果。

基于上述分析,由于国家目前设定的日照标准较为原则,各地区普遍存在着依据国家标准操作比较复杂、难度大以及与本地实际不相宜的问题,而多数设置地方标准的城市亦存在标准不合理或违反国家标准的现象。但是,如果对于采光权侵权认定的标准尚不能一致,如何保证诉讼门槛的一致性？又如何保障法律适用的公平性？显然,现行法律规范并不能提供一个权威性依据。

（三）采光权侵权的救济标准尺度不一

目前因立法层面对采光权侵权认定的执法尺度和损害救济适用标准缺位,且部分地方规范性文件规定亦存在不同,导致法院处理采光权侵害赔偿案件的标准不一。

例如,《沈阳市居住建筑间距和住宅日照管理规定》第29条规定,新建建筑遮挡周边原有住宅的,建设单位可与被遮挡户协商按照市场评估价格进行货币购买住宅或房屋换住安置;如协商不成,依区域级别和遮挡时间计算补偿标准,按房屋建筑面积给予一次性经济补偿:区域级别共分为六级,以一级为例,遮挡时间≤30分钟,补偿500元/平方米;遮挡时间≤60分钟,补偿560元/平方米,遮挡时间≤90分钟,补偿630元/平方米;遮挡时间≤120分钟,补偿700元/平方米,最低补偿金额为260元/平方米,最高补偿金额为700元/平方米。《北京市生活居住建筑间距暂行规定》第13条规定,新建筑遮挡原有住房阳光的,一是拆除遮挡物恢复原状,二是根据日照遮挡情况一次性经济补偿800~2000元。

还有一些地区没有可以依据的针对采光权补偿的规范性文件,此类案件大多依靠法官的自由裁量权,补偿适用标准混乱不一,导致"同光不同价"的现象普遍且采光权补偿差距甚大。例如,2004年8月,上海市某区法院处理一起采光权侵权纠纷中,由于对采光权的补偿标准尚无法可依,最终法院判决赔偿受害方7.5万元的采光权损失、通风权损失。同年,在天津市的一起采光权诉讼案件中,法院通过日照鉴定确定原告采光权确受侵害,即以公平原则为依据判决高层构筑物的开发商以每平方米120元为标准,对住户被遮挡的20平方米的住宅面积加以一次性补偿,最终受害方仅仅得到了2800元赔偿金。

有的法院确定采光权侵权的损害赔偿标准,系参照被侵害方房屋因采光被遮挡而为此多交纳的照明费用予以判定。例如,2004年11月湖北荆州中院审理一起采光权纠纷案件,对于一栋新增的7层建筑物损害了相邻10家住户的采光、通风等权益,法院在认定构成侵权后,采用电费折价计算法,判决侵权人自侵权之日起至其停止侵权时止赔偿受害方每天每户电费1.12元。亦有法院以采光被遮挡前后房屋的置换价值差额作为损害赔偿的数额。如2009年12月,昆明市中级人民法院审理一起12住户索要"采光权"赔偿的侵权案件,通过对遮光后房屋价值贬值的司法鉴定,根据不同楼层不同赔偿的原则,判决由房产开发商赔偿住户4万~6万不等的"采光赔偿款",共计53万元。

通过上述分析可见,认定采光权的损害赔偿标准旨在摒弃如下困境:其一,司法实践中损害赔偿的救济标准多依法官的自由裁量而确定;其二,侵权损害救济数额甚少与损害结果非能对价。采光权不仅关系到房屋的经济价值,而且直接影响人的生活质量和身心健康,如此低微的赔偿数额远远不能满足被侵害主体的利益,更难以体现采光权的内容价值。

三、对侵害采光权行为的法律救济

(一)明确采光权侵权责任主体

采光侵权的主体因侵权行为的不同而有所不同。在程序当事人的概念界定之下,当事人适格的概念主要是以实体利害关系来限定的。采光权侵权案件诉讼的前提乃是其所有或承租之住房因新增构筑物的遮挡而致使采光权受到严重侵害,且正在或即将受到侵害。倘若房屋所有权人或承租者在支配房屋之前,该房屋的采光已经被遮挡或无法采光,则应视为权利人已默认无异议,且交易时采光因素为衡量房屋置换价值的因素之一,房屋价格已因采光不足而降低,故此情况下当事人不得再以采光权受侵害为由提起侵权之诉。

具体到实践中,采光侵权行为主要表现形式有二:其一,个人在其所有的宅基地上私搭乱建建筑物而致相邻人采光权受到侵害;其二,经规划许可合法审批的建筑物仍有可能突破相邻权人容忍或避让的限度遮挡采光以致严重侵害他人权益,此类建筑物既可能是经行政许可改建或重建的城市私有房屋,也可能是开发商经过合法行政许可建造的房屋。由此,可能成为采光侵权义务主体的应为以下三类:一是侵害他人采光权的私搭、乱建房屋所有人;二是经合法审批程序建设房屋的城市私房所有人或房地产开发商;三是违反相邻约定侵害守约方采光权的违约人。

(二)明晰采光权侵权构成要件

1. 存在侵权行为

即侵权主体实施了造成相邻人基于其不动产所有权或使用权而应获得之日照利益受损之行为。侵权行为是侵害他人合法的人身、财产权利或者利益的行为,侵权行为的认定离不开对违法性的审查,这涉及行为违法说和结果违法说两种学说的选择与应用。[1]

行为违法说认为仅有侵犯权利之事实尚不能认定违法,还须以行为未尽到法律要求的注意义务为必要;而结果违法说则认为只要侵害他人权益而产生损害结果即侵权。对于采光权这一法定权利的侵害,法律应提供更为严格的保护,侵害行为不论违法与否,利益受损之采光权人皆可自行或者通过诉讼机制使自己权益保持或者恢复圆满状态。因此,应当肯定"结果违法说"的合理性,亦即即使由合法建筑引发的遮挡行为严重影响邻人的日常生活,致使其受到实质性损害,仍应该承担相应的赔偿责任。当然,若侵害结果较为轻微,则相邻人应对此负有容忍义务。

2. 发生损害结果

即侵权损害结果是损害赔偿救济的前提。只有依据一定的损害事实才能够进行客观的判定和测算,"无救济则无权利,有损害必有赔偿"。侵害结果既可以是财产权益损贬,亦可是人格权益损失。对于采光权侵权结果的认定标准,鉴于我国幅员辽阔的地域分布特征,最高法院应当明确出台相关司法解释,确立《城市居住区规划设计规范》(GB SO180—93)规定的标准在司法审判领域的地位,明确将日照

---

[1] 王泽鉴.侵权行为法(第一册)[M].北京:中国政法大学出版社,2001:87.

采光鉴定结果是否符合国家强制标准作为判断能否构成采光权侵害的基本依据,在此基础上鼓励各个地区结合自身地理位置和气候特点,制定相应的地方规划标准报批审查制度,建立健全符合当地实际和居民健康的采光标准体系,赋予其地域保护的灵活性。

3. 侵害行为与侵害结果之间存在因果关系

即受害人的日光照射利益损害系侵害人遮挡行为引起。"若无侵害之行为(作为或不作为),损害将不会发生,则该行为为损害之原因,有该侵害行为通常足以产生此损害结果",❶此为相当因果关系学说的判断标准。因果关系在侵权责任法方面的应用价值主要体现在责任构成与否和责任范围大小两方面。对于侵权责任构成与否需要从原因、结果的前后时间顺序,损害事实的客观性等方面依照相当因果关系的必要规则加以确定。采光权侵权责任范围的大小则需要从财产损害、人身损害两方面加以判定。

(三)拓宽采光权侵权救济路径

1. 对采光权的私法救济

由私法救济为进路,不动产相邻人救济请求权的路径目前存在两种,即物权请求权与侵权赔偿请求权。相邻权系不动产所有权的限制或延伸,在性质上仍处于不动产所有权的范畴,采光权的保护应通过物上请求权实现。但当物权的救济方法显然有违经济原则时,亦可行使侵权赔偿请求权。此为法律经济学在司法实务中的良性应用,依据科斯定理,❷采光权受害主体可以依据物权的效力,要求停止侵害、排除妨害,以恢复物权之圆满状态,此权利保障方式即为科斯定理中讨论的"财产法则"。

然而现实生活中,由于交易成本的高昂,或由于交易各方主体的复杂,私人协商并非总是有效,这就要求公权力加以介入,适用与财产法则相对应的"赔偿法则",依据债权之效力对受害方给予合理的损害赔偿救济。❸ 对于采光权案件而

---

❶ 魏振瀛. 民法(第三版)[M]. 北京:北京大学出版社、高等教育出版社,2007:685-688.
❷ [美]N·格里高利·曼昆. 经济学原理[M]. 梁小民,梁砾,译. 北京:北京大学出版社,2011:225-228.
❸ 王文宇,等. 从经济观点论保障财产权的方式——以财产法则与补偿法则为中心[J]. 法学丛刊,1999(174):127.

房地产法诸问题与新展望

言,何种救济模式优先适用需要衡量案件的具体情况,权衡社会公平与效率,根据"利益评价"在个人利益和社会利益之间做某种平衡或协调。❶

(1)物权救济方法。采光权当属物权的范畴,且采光权益的实现直接影响到自然人的情绪乃至身心健康,故此对于采光权侵权的救济理应优先适用物权救济方法。如能回归物权之圆满状态乃是权利人保护自身采光权益的最佳选择,被侵害主体可基于物上请求权责令侵权主体停止侵害、排除妨害、恢复原状等。

(2)债权救济方式。在适用上述物权保障方式明显导致交易成本过高、社会效率过低的情况下,便面临个人权利与公共利益的博弈,此时应综合考虑个人公平、社会效率等因素,尽力寻找二者的利益平衡点,适用债权保障方式对被侵害主体予以对价赔偿。以债权保护方式作为物权救济之补充,一方面可以在全面考虑受侵害方损失的基础之上,对其进行更加充分合理的救济,以有效维护个人权利;另一方面可以尽量避免社会资源的浪费和重复配置,实现社会效益最大化。

在考虑采光权侵害的救济程度及方式时,还应依侵权人的主观状态而加以斟酌、差别对待,善意从轻、恶意加重。区分善意与恶意的判断标准即"是否知情",由于不可避免或不可预见的原因而侵害他人的采光权是为善意;明知行为后果会侵犯他人采光权仍故意为之是为恶意。

2. 对采光权的公法救济

就公法救济方式而言,当下我国从城市规划、住宅标准等方面均对公民采光权益予以保障,此外将建筑采光标准作为环境管理的部分加以规定亦属采光权公权保护的直接路径。权利客体的环境公共属性决定对采光权保护必须采取集体行为,故政府部门尚需以社会管理者的角色建立采光管理体制,公民采光权受到不良损害时当启动公法救济程序。鉴于公法救济旨在保障相邻权人采光权的享有和实现,故经规划部门批准之合法建筑侵害采光权时,公民可针对批准不当行为通过行政程序主张权利。同时,对于由建设违章建筑引起的侵权纠纷亦可以通过行政程序来解决。

《中华人民共和国城市规划法》第40条规定,"在城市规划区内,未取得建设工程规划许可证件或者违反建设工程规划许可证件的规定进行建设,严重影响城

---

❶ Roscoe Pound. An Introduction to the Philosophy of Law. New Haven: Yale University Press,1922:46.

市规划的,由县级以上地方人民政府城市规划行政主管部门责令停止建设,限期拆除或者没收违法建筑物、构筑物或者其他设施;影响城市规划,尚可采取改正措施的,由县级以上地方人民政府城市规划行政主管部门责令限期改正,并处罚款"。因建设单位违反设计规划施工致使相邻人采光权受损,受害人可以申请行政救济,即向县级以上人民政府的规划、建设部门主张权利,要求行政机关责令停建、判处罚金。

(四)量化采光权侵权救济具体标准

迄今为止,我国对于采光权尚无具体的赔偿标准,致使审判实践中对采光权案件的裁判依据标准不一。基于采光权兼具财产权益、环境权利和人格权利,其损害后果不仅导致对不动产权利人的物权侵害,亦会导致对不动产使用人的人身权、健康权、人格权等精神利益的侵害,过度的光线遮挡不但会影响建筑物的使用功能和市场价值,而且还会降低权利人的生活质量,对权利人精神造成一定损害,故各地区确定采光权侵害赔偿数额应综合考量以下要素:一是应折算由此造成不动产经济价值贬损的程度;二是应足够补偿被侵权人因采光权受损所引发的身体痛苦与精神不悦;三是应包含因采光所受限制而导致日后不动产使用中所增加的取暖、照明、通风等额外开支。

为使各地区在制定采光权侵害赔偿标准时有据可循,将赔偿的计算方法予以量化和公式化是达到规范性与简便性之统一的有效路径。计算方法应包括财产损害赔偿和精神损害赔偿两部分,财产损害赔偿的计算要素应包含空间(采光的遮挡面积)和时间(采光的被侵害时间)两方面内容。具体而言,假定受侵害住房的采光赔偿基数为 N(元/平方米/小时),依据采光受侵害的总建筑面积(平方米)及每日侵害时长(h),再依据住房的使用寿命计算出"总侵害时间",最后还需考虑因采光权遭受侵害而受到的精神损失,从而得出具体的赔偿数额。故可以将之概括为一项计算公式:赔偿总额 = N 元/平方米/小时 × 受侵害的总建筑面积 × 每日受侵害时长 × 总侵害天数 + 精神损害赔偿金。

关于采光侵权损害赔偿基数的确定,以及具体数值的测算可谓是一项综合建筑标准、日照标准等多因素的技术性工作,应当由专门机构或专业人士来进行方能够保障赔偿之公平合理。目前拥有采光鉴定的专业机构和专业人员缺乏,鉴定的具体程序和技术标准尚不完善,亟待在明确鉴定资格、技术标准、鉴定程序的基础

房地产法诸问题与新展望

之上,建立统一严格的鉴定管理体系,建立统一规范的采光鉴定管理制度,并且加强对鉴定程序、鉴定费用、鉴定结果、鉴定责任等的监管。

上述公式能够综合考虑各种赔偿因素,使采光权侵权认定标准客观化,量化了采光权侵害赔偿的救济标准,不仅有助于防止法官自由裁量权的滥用,亦为被侵害主体提供较为确定性的诉讼指引。

"法律乃是为了满足或有助于满足人们的共同需求而做出的一种合作努力。每一条法律规制都有旨在实现法律某种价值的目的。而法律的完善,则主要取决于它用来实现其目的的程序",[1]制定具有明确性、可行性、稳定性的规则又是其前提条件。目前学术界对采光权的理解和诠释千差万别,即使其法律性质也难以取得共识,更难以言其侵权及救济途径种种。通过探析目前采光权的侵权与救济现状,笔者认为,当务之急是从立法层面确定其包含人格权益和财产利益的复合型权利性质,这也是采光权侵权法律救济的基本前提。基于此理论明确采光权侵权的构成要件、认定标准和救济途径,使采光权的保护在现实中有法可依。

诚然,司法实践中还必须明确采光权侵权的赔偿范围和赔偿标准。如文中所分析,这是一项复杂的工程,需要结合多重因素做出科学合理的设计,但是法律必须进行规范有效的引导,才能尽量避免法律适用的日益混乱和法官自由裁量权的肆意扩大,这也是法律的可预测性和稳定性功能之要求。唯有一项安全、稳定的法律制度,方能满足民众对于法治的秩序需求,在有效发挥采光权制度之于社会的工具主义功能的同时,树立社会公众对于法律权威之信念。

---

[1] [美]博登海默·E.法理学:法律哲学与法律方法[M].邓正来,译.北京:中国政法大学出版社,2010:203.

第十章 居住权制度的确立与建构

居住权是房屋所有权人基于法律规定或当事人约定,因生存需要而居住他人房屋并依附于房屋所有权的权利负担。❶ 在我国物权法法律体系中,立法者针对居住权的设立曾存在激烈争论,2001年《物权法(征求意见稿)》中曾明确将居住权作为一项私权性用益物权予以规定;2005年意见稿中居住权的相关规定增至12条;至2007年,法律委员会因居住权适用面狭窄,在正式通过的《物权法》中将该权利的相关规定悉数删除,居住权最终未能纳入物权法体系。然而,在司法实务中以居住权为争议焦点的类型案件层出不穷,与居住权相关的司法裁判已然成为解决纠纷的可利用途径,同时也为居住权的确立提供了重要的现实基础。法律大多都是经过不断的司法裁判过程才具体化,从而形成具有规范性、可操作性的明确标准,许多法律规范事实上是借助裁判才成为现行法的一部分。❷

一、居住权的理论解说

(一)居住权的权利渊源

1. 大陆法系中的居住权

居住权起源于罗马法人役权制度,并植根于"用益权—使用权—居住权"的权利架构之中,是在家长制和概括继承制的基础上为解决生活困难、无独立财产的弱势群体的居住问题而创设的权利。优士丁尼在《法学阶梯》中明确提到居住权制度。罗马法在设立居住权制度时处于等级森严时期,人们之间因等级界限的不同而享有的权利亦不同,在家庭中享有最高地位者才享有对财产的绝对支配权,为保障具有特殊身份关系的家庭成员住有所居、老有所养,一般通过遗嘱或者赠与的方

---

❶ 孙翠,赵明静,孙卓.居住权与所有权权利冲突的裁判思维分析[J].人民司法·应用,2013(23):66.
❷ [德]卡尔·拉伦茨.法学方法论[M].陈爱娥,译.北京:商务印书馆,2003:20.

式授予财产中的使用权、收益权及居住权等,以满足其基本生活需求。❶

传统居住权作为人役权的下位概念,主要基于家庭特征身份关系而创设,以维护罗马奴隶制家庭关系和社会秩序为立法目的,充分体现民法的人文关怀和社会正义,具有一定住房保障和救助功能。由于时代的变迁以及经济社会的发展,大陆法系各主要国家在继承罗马法居住权制度的传统救助功能的同时,以用益权的发展来突破传统居住权的人役权限制,延伸出不同于传统类型上的现代收益性居住权,由此居住权也由一种人身依附性权利演变为一种契约性权利。

最具典型性的是德国居住权立法,德国法上存在两种居住权:一种是在《德国民法典》中的传统居住权,严格遵循物权法定原则,权利内容相对保守,不得转让继承。《德国民法典》中将居住权定义为权利人享有的将建筑物或建筑物之一部分当作住宅予以使用,并具有排除所有权人之效力的权利。虽有利于保护所有权人的利益,但阻碍了财产的流通;❷另一种是德国《住宅所有权法》中的长期居住权,以双方当事人合意为权利基础,强调契约自由,突破身份关系限制,不仅可以转让、出租和继承,同时还能约定对价,这种身份性向契约性的转变能够在市场流通领域发挥其制度价值,更适应德国现代经济发展的需求。

与此相似,《法国民法典》以契约为居住权设定的主要方式,通过契约自由发展居住权,可以转让和继承,以及进行任何合理的用益,突破传统居住权的人身专属性和不可转让性。❸此外,意大利、瑞士、葡萄牙等国家在传统居住权中都增加了与时代相适应的内容,以弥补传统居住权的救助功能,同时采用将居住权与用益权相结合的立法技术,解决市场经济条件下房屋利用问题。

2. 英美法系中的居住权

英美法系国家在继受居住权时不过于注重物权与债权的区分,更没有物权法定主义之限制,居住权相关规定主要通过婚姻家庭领域的立法及判例形式表现出来,居住权可直接在所有权上设立负担,具有一定独立性,且在特别法中予以规定。

例如,《英国家庭法案》通过设立婚姻住宅权对配偶和同居人的相关居住问题作出规定,在该法案中,婚姻住宅权是指一方当事人如果正当占有住宅,其配偶在

---

❶ 周枏. 罗马法原论[M]. 北京:商务印书馆,1994:398-400.
❷ [德]鲍尔·施蒂尔纳. 德国物权法(上册)[M]. 张双根,译. 北京:法律出版社,2004:653-658.
❸ 申卫星. 物权法原理[M]. 北京:中国人民大学出版社,2008:306.

取得法院指令的情形下有权居住并占有该住宅,该权利主要是针对该住宅的所有权或收益权上设定负担,保障不享有所有权或者收益权的一方实现其居住权。如《英国家庭法案》中规定,婚姻住宅权是一方配偶基于使用权、所有权或契约或法律授予该配偶继续占有住宅权而被授予占有住宅,另一方配偶虽无此授权,但若其真正占有住宅,享有在另一方配偶未获得法院指令时不得将其逐出该住宅或部分住宅的权利;若其未占有住宅,其有经法院许可进入并占有该住宅的权利。

此外,还设立居住令和互不妨害令等令状制度,享有婚姻住宅权的一方配偶可以向法院申请居住令,以确认其婚姻住宅权。美国的居住权规定主要体现在婚姻住宅分割的相关立法和判例中,且根据子女的监护权而决定是否拥有婚姻住宅的居住权。如《美国纽约州家庭法》第236条第二部分第五项第4点规定:"法院……审理离婚案件公平处理财产时,应考虑监护父母一方占有或拥有婚姻住所和使用或拥有其家庭财产的需要……"。对于婚姻住宅的归属,法院确定了当事人协议优先的原则,在双方未能达成一致协议时,法院一般将婚姻住宅判给有子女监护权一方,使其享有原家庭房屋的使用权,直至子女成人或配偶再婚为止。[1]

3. 公法意义上的居住权

《世界人权宣言》中亦规定了居住权,是指公民享有国家应当保障其拥有居住地的权利,此乃一项基本人权,是一种与生俱来且不可被剥夺的权利。《世界人权宣言》第13条规定"人人都享有在其国境内自由迁徙及居住的权利",这里居住的权利指的是在某一地方常住的状态,作为人身自由保护的重要权利,即为居住权。第25条规定:"人人有权享受为维持其本人和家属的健康及福利所需的生活水准,包括食物、衣食、住房、医疗和必要的社会服务",强调居住权乃是人类生存发展的基本需求,是一项基本人权。

联合国《经济、社会和文化权利公约》要求缔约国承认和保护基本人权,一个文明社会的政府应当从本质上保障人人有其屋的实现,满足人类衣食住行的基本需求。《经济、社会、文化权利国际公约》中提到"适度的住房人之权由来于相当的生活水准之权利,对享有所有经济、社会和文化权利是至关重要的",强调居住权乃生存权之一种,是满足人类生存发展之需求国家必须为生存而提供住房方面的

---

[1] 夏吟兰. 美国现代婚姻制度[M]. 北京:中国政法大学出版社,1999:248-249.

保障。

为此,各国在宪法中大都规定居住权以调整国家和公民之间居住的财产关系和人身关系,保障公民的居住权利不受侵犯。例如,德国在1986年通过的《德意志民主共和国宪法》中规定,每个公民有权得到本人及其家属的住宅,有权保护自己的住宅不受侵犯。除了在宪法性法律中规定居住权外,一些国家的行政法中也有居住权的相关规制。如《英国住宅法案》中国家对"无家可归者"居住地保障的相关规定;美国《住宅法》设置了廉租房制度,通过政府支持和帮助保障居住权的实现。

(二)居住权的法律法规

1. 私法中的居住权为用益物权

对于居住权的法律性质,无论是罗马法人役权制度中的居住权,还是《德国民法典》《法国民法典》甚至是我国《物权法(草案)》,均以物权的形式出现。这主要是从私法中民事权利的角度去考量,强调其为非所有权人因居住需求而使用他人房屋或其附属设施的一种权利。[1] 居住权成为他物权中用益物权之一种,属于特定关系人因居住需要而对他人房屋所享有的用益物权。概言之,居住权具有物权的基本属性,不仅具有对世性,在一定限度下可以对抗不特定的义务人,还具有直接支配力。居住权只能在他人的房屋上设定,当权益受到了侵犯时,可以以物权救济方法予以救济,权利人可以行使物权请求权,以恢复居住权应有的圆满状态;然而,居住权又有别于一般的他物权,不能完全适用他物权的一般规则。

传统居住权归于人役权与地役权的二元立法模式下,作为一种人役权,强调伦理性质,具有救助性、人身专属性,不可继承或转让,体现法律对弱势群体居住权益的保护。用益物权则是为实现物的最大效用和利益的最大化而设立,由于居住权的不可转让性忽视了财产性质和经济价值,与物权的基本属性存在法理层面的冲突,导致居住权的物权属性尚存在一定争议。[2]

2. 公法中的居住权为住宅权

从公法视角分析,居住权一般意义上被认为是住宅权或住房权,是全体社会成

---

[1] 钱明星.论我国用益物权的基本形态[M]//易继明.私法(第一辑第二卷).北京:北京大学出版社,2002:105.
[2] 胡建.新时期居住权立法问题探讨[J].理论月刊,2012(8):174-175.

员取得住宅和逐步改善住宅的权利。[1] 国家应当保障每个公民的居住权益,居住权是一种生存权,是一项基本人权,具有普遍人权的含义。住有所居是人类生存和发展的基本需求,每个人都享有居住的权利,且必须受到法律保护而不容侵犯。其法律保护通常是以义务性条款的方式规定政府为满足公民居住需求而必须履行的保证公民住房的义务。

例如,《日本宪法》将居住权作为人权予以保护,《日本宪法》第22条规定:"在不违反公共福祉的范围内,任何人都有居住、迁徙及选择职业的自由"。但人权本身即为一个概括性、抽象性权利,是对权利的一种纲领性宣誓,即使主张从法律中的人权条款推导出公民居住权的保障,但相对于具体权利而言,其丧失了自身的具体性和特殊性,与其他人权无异,且不具现实可操作性。因此,探讨居住权的法律属性,尚不能仅仅从人权角度考虑。

3. 社会法中的居住权为居住利益的社会权

以社会法维度视之,居住权实质上是一种保障弱势群体居住利益的社会权,等同于劳动权、医疗救助权等社会权利。[2] 社会权旨在解决贫富悬殊等各种社会矛盾与弊害,防止传统的自由权保障流于空洞化,而谋求全体国民特别是社会经济弱者的实质自由平等而形成的新型人权。社会权是个开放的权利体系,对居住权的保护不仅仅从提供住房的角度对弱势群体这一特殊群体予以保障,同时还要考虑住房本身结构、配套设施、周边服务,以及受保障者的居住环境的可承受能力,更强调政府的积极作为。

例如,新加坡的住房保障制度中的居住权保护,在房屋建设的各个发展阶段,以明确的立法形式保障住房政策的贯彻实施,确保居者有其屋,维护公民的居住权益。新加坡在组屋建设的各个发展阶段,都通过立法的形式以确保"居者有其屋"的计划贯彻实施。相关立法体系主要包括《新加坡建屋与发展令》《土地征用法令》《中央公积金法》等,为公民住房提供法律保障。在我国《住房保障法》制定的草案中亦曾明确规定保障居民的居住权,然该草案无疾而终,显然在我国将居住权作为一项社会权进行理论研究尚未达到成熟标准,其社会权的定性有待进一步

---

[1] Stearns J E, Voluntary B. The impact of habitat on U.S. housing policy [J]. Saint Louis University Public Law Review,1997:419.

[2] 李会勋.保障性住房立法研究——从居住权到住房权的语义变迁[J].南都学坛,2012(4):77.

考量。

二、居住权的司法救济

(一)居住权纠纷层出不叠

当下,随着房地产市场的发展、土地稀缺、房价暴涨,以及房屋利用方式的多样化,离婚案件中无房居住一方和未成年子女、婚姻家庭关系中老人、为家庭服务人员等弱势群体以及投资性房产中的利害关系人的居住问题日益突显,居住权纠纷日益增多。据相关数据显示,2014年中国涉及居住权纠纷的案件数量为4219件,而2013年的案件数量数据统计为1213件,2012年的数据统计则为211件,居住权纠纷的案件数量急剧增加、层出不叠,尤其是在离婚诉讼中,房屋成为离婚所涉及的财产中最重要的内容,离婚后无房可居的一方以及未成年子女的居住问题也成了权利纠纷的关注焦点。

此外,社会养老机制的不健全也导致了老年人居住权案件的多发性,我国已逐渐步入老龄化社会,2013年中国65岁以上人口占总人口比重由上一年的9.4%上升到9.7%。❶ 因老年人的住房权益而引发的矛盾日益频繁,居住权利纠纷占纠纷处理和上访投诉中的一半以上。以宪法或住房保障等方式维护中低收入者的住房权利,以及解决其家庭成员的住房问题,但是这种居住利益主要由公法和社会法调整并由国家以有偿的方式提供,具有明显的社会性。在具体实施上缺乏可操作性,且不能从根本上解决居住权纠纷层出不叠的问题,故必须从物权法角度创设居住权这一具体权利才能实现对权利人居住权利的真正保护,使居住权权利纠纷处理合法化、高效化和规范化。

(二)居住权纠纷类型日益分化

司法实践中涉及居住权的案件不仅数量递增,而且案件类型日益分化。以湖南的居住权纠纷案件的数据分析为例(见表10-1),居住权纠纷数量呈现递增趋势,其中离婚关系中的居住权纠纷和继承关系中的居住权纠纷所占比例较大,居住权纠纷发生的类型化日益明显。居住权纠纷案件集中在婚姻家庭关系和社会保障

---

❶ 清华大学就业与社会保障研究中心、中国经济周刊联合发布《中国老龄社会与养老保障发展报告(2014)》。

关系,婚姻家庭关系中的居住权纠纷主要涉及夫妻离婚后的居住权问题,遗嘱、遗赠中产生的居住权问题,以及赡养关系中的居住权问题,社会保障关系中的居住权纠纷主要发生在住房保障体系内的公房居住权问题。此外,虽然投资性住房的居住权纠纷数量所占比例不大,但是相关案件的数量仍然每年呈现上升的发展趋势。

表10-1　湖南法院2011—2014年居住权纠纷案件统计

类型	2011年	2012年	2013年	2014年
离婚关系中的居住权纠纷	82件	360件	462件	607件
继承关系中的居住权纠纷	29件	194件	319件	461件
赡养关系中的居住权纠纷	11件	59件	104件	193件
公房制度中的居住权纠纷	2件	11件	37件	63件
投资性住房中的居住权纠纷	4件	26件	16件	47件

在居住权纠纷案件中,婚姻关系中的居住权纠纷主要表现在离婚后无住房一方及其未成年子女的居住权问题,由于法律对离婚后的房屋处理未作详尽规定,容易造成居住权权利纠纷;而继承关系中的居住权纠纷则是在订立遗嘱或遗赠人对房屋的处分意愿与居住权人的住房需求相冲突时而引发的居住权纠纷,居住房屋的权利人与房屋所有权的继承人不是同一人时,其房屋的居住利益易引起争议;赡养关系中的老年人居住权纠纷系因子女不履行赡养义务,导致老年人无房可居而产生的权利纠纷;公房的居住权纠纷主要是由于居住权人的权利与义务划分不明而引发的矛盾与纠纷。而投资性居住权纠纷则是将居住权作为投资方式进入市场流通而引发的相关权利争议,如合资建房或购房的居住权纠纷等,房屋权属转移后基于约定形式而成立的居住权仅仅具有债权效力,根据物权优于债权原则,权利人的居住权益难以保障。

(三)居住权纠纷裁判适用标准模糊

在现行法律和司法解释中,仅仅最高人民法院关于适用《中华人民共和国婚姻法》若干问题的解释(一)使用了居住权一词,明确规定了离婚时弱势一方的房屋居住权,即在第27条第三款规定:"离婚时,一方以个人财产中住房对困难者进行帮助的形式,可以是房屋的居住权或者房屋的所有权。"《关于人民法院审理

房地产法诸问题与新展望

离婚案件处理财产分割问题的若干具体意见》《关于审理离婚案件中公房使用、承租若干问题的解答》等司法解释中虽有居住权的相应规定,但是用词模糊、语焉不详,缺乏统一称谓,容易导致适用混乱。

此外,《老年人权益保障法》规定了老年人住房质量,以及房屋产权关系或租赁关系应受法律保护。《老年人权益保障法》第16条规定:"赡养人应妥善安排老年人的住房,不得强迫老年人居住或迁居条件低劣的房屋。老年人自有的或者承租的住房,子女或者其他亲属不得侵占,不得擅自改变产权关系或者租赁关系。老年人自有的住房,赡养人有维修的义务"。虽然相关法律条文隐含居住权保护,但这些规定过于概括性,没有直接规定保障权利人居住的权利,缺乏对权利的细化规定,以及实践中的可操作性,居住权的法律规制本质上仍缺乏系统性、明确性、规范性。居住权适用的法律依据模糊,不利于有效解决居住权纠纷问题以及司法实践活动的开展。

司法实践中居住权纠纷的处理既缺乏相关法律条文的立法指引,又缺乏具体裁判规制的实务经验,因此法院在审理案件时为了缓和双方当事人的矛盾,维护司法公正,必要时才会在判决中引入与居住权有关的规定,但由于居住权适用标准不一,容易导致居住权的概念不清,权能不明。

根据上海市某区法院对居住权问题司法判决书的调查显示,在87份判决书所援引的法律法规中关于上海市居住权的规定占10.3%,民法通则中的基本原则占65.5%,合同法的占4.6%,物权法的占3.4%,民事诉讼法的占11.5%,老年人权益保障的占3.4%,最高人民法院关于适用《中华人民共和国婚姻法》若干问题的解释占1.1%。❶ 由此可见,法院审理居住权纠纷的思路主要是以《民法通则》中的民法原则条文为主要依据,援引法律条文中的原则性规范,再结合具体案情进行利益平衡,作为判决理由,但此做法存在过大的自由裁量权的空间,容易造成滥用自由裁量权的隐患,居住权纠纷判决依据的不统一,以及法律适用标准的模糊性会影响利益平衡和司法公正。

---

❶ 季晓兰. 司法实务中的"居住权"问题研究——对上海市某区法院司法判决的实证分析[J]. 社会科学Ⅰ辑,2011(S1):27-67.

三、居住权确立的法理依据

(一)居住权具备独特的物权属性

根据《法学阶梯》的规定,居住权、用益权、使用权均属于人役权,即为特定人的利益而使用他人所有之物的权利。[1] 人役权设立之根本在于满足非所有权人对所有权人之物的利用需求,实现具有特定身份关系人的生存权。居住权与其他权利存在紧密联系,其创设之初衷在于保护没有继承权的家庭成员的居住权益,通过设立一种权利用以保障其基本生活需求,但限于当时的法律技术和发展水平,并没有完全抽象出完整的居住权概念,而是在用益物权和使用权的体系下产生,因此,居住权被认定为是用益权或使用权的下位法律概念,是用益权或使用权之一种。

然而用益权与居住权存在本质区别,用益权是使用和收益他人之物的权利,适用于动产和不动产;居住权只是对房屋享有的使用权,其与一般的使用权不同,设立之初是以受遗赠人基于拥有房屋居住利益的事实而存在,不因不行使或人格减等而消灭,且不适用于权利变动的规则,其范围比用益权狭窄却比使用权宽泛,实为个别之物权。

居住权作为物权之一种,相对于所有权而言,本质上是一种限制物权。所有权在法律规定的一般范围内对物拥有完全支配力,而居住权则是在一定范围内只对房屋享有使用、收益的权利。居住权一方面受法律的限制,不具备对物的所有权能;另一方面受所有权内容的限制,如对房屋的利用或改造等,必须征求所有权人的同意,对房屋的支配力弱于所有权。居住权与除所有权以外的物权或债权相比,具有物权的优先效力与请求效力,在其支配的房屋领域内具有优先于他人对房屋占有、使用、有限收益的权利,任何人不得随意干涉。如承租权,其效力不得与居住权相对抗。居住权之所以作为独立的物权种类,不仅仅是因其本身权能具备特殊性,且其效力亦存在特殊性。居住权的设立是保障权利人居住权益所采取的物权保护,同时也是重视房屋财产利用形式的体现。

(二)居住权可弥补用益物权体系的不足

根据物权法定原则,当事人约定法律关系变动时,只能在法律规定的范围内选

---

[1] 优士丁尼.法学阶梯[M].徐国栋,译.北京:中国政法大学出版社,1999:145.

房地产法诸问题与新展望

择物权种类,当事人无权创设新的物权类型,否则会发生物权变动的不利后果[1]。但这种物权法定原则与私法自治的理念存在一定冲突,为克服限制当事人选择自由的弊端,可以增设物权种类,强化当事人的选择自由以满足市场需求。随着物的利用的中心化,整个物权法呈现出社会化、价值化的发展趋势。尤其是房地产业的繁荣发达,以及新的物权种类的急剧增加,致使民法中用益物权的法律调整作用日益突出,用益物权的相关法律规范不断完善。居住权作为典型的用益物权,不仅可以满足无房可居者居住需求,同时也为房屋的多元化利用提供有效的途径,实现财产所有权和财产利用权的最优化配置,为财产的社会经济效益提供重要的法律规范。

在我国物权立法中,用益物权虽以不动产为调整对象,但对房屋用益物权的相关规定,其法律调整范围仍缺乏全面完整性,既不符合法律系统性逻辑,也与房屋的经济价值和利用需要不相适应。随着市场经济的发展,房屋利用方式的多样化,亟须设立一个新的物权类型满足权利人对房屋的居住需求,而居住权的设立基础正是对房屋用益物权的延伸,对利用他人房屋的居住关系给予物权的保护,排除第三人妨碍,维护居住权利的长期性和稳定性。《物权法》只规定了房屋所有权而欠缺房屋他物权的专门规定,亦没有为权利人提供可供选择的房屋用益物权类型。居住权作为一种重要的用益物权,在国外的权利设置中发展相对比较成熟,被一些大陆法系国家甚至是英美法系国家一直沿用至今,体现出重要权利价值。因此居住权的确立有利于弥补《物权法》存在的缺陷,同时也有利于解决物权法定主义下用益物权体系不足的法律障碍,为居住权益的维护营造良好的法制环境。

(三)居住权具有权利结构的融合性

关于居住权的设立曾在学术界引起激烈的争议,肯定者主要从居住权的制度价值或现实需求的角度阐述其存在的必要性,认为居住权是实际生活需求在物权法上的反映,是完善物权立法的需要。有利于解决家庭成员对房屋的居住需求,实现对房屋效用的最大化。而否定者从居住权的源流和历史发展角度出发,认为居住权是在用益权的基础上衍生而成,是权能缩小和受限制的用益权,只能在用益权的权利体系中找准自身定位,在人役权的框架体系内才能合理构建居住权的相关

---

[1] 王利明.物权法论[M].北京:中国政法大学出版社,2008:185.

法律规制。[1]我国的立法模式和结构编排缺乏人役权与地役权的二元结构,不适合规定居住权,在不改变整个物权立法体例的情况下,单独移植居住权的相关法律规制,尚难融入我国《物权法》体系。

虽然居住权植根于人役权与地役权的二元结构,以及用益权、使用权和居住权的框架体系,但罗马法的基本权利结构和体系并非一成不变,而是在不断继受的过程中予以适当地创新。例如,大陆法系国家中罗马法典型继承者德国,在继承役权时规定了用益权和限制人役权,而并没有规定使用权。在俄罗斯民法中单独移植了居住权却放弃了用益权和使用权的概念体系。《俄罗斯联邦民法典》第292条规定了住房所有权人家庭成员的权利,从权利的实质内容来看,该条规定的"住房权"和"住宅使用权",即为大多数国家所谓的"居住权"。类似于这样的法律规定,虽然打破了传统的用益物权体系,但依然维护权利体系的平衡与稳定,同时也说明此类二元结构与框架体系并非居住权设立的先决条件。随着人役权与地役权的二元结构在各国司法实践中的变化与发展,居住权的设立也逐步摆脱人役权的限制,根据法律环境的不同而构建模式不一,在其权利结构融合性基础上能够有效融入法律体系,因此可以纳入我国物权立法的考量范围内。

四、居住权的权利建构

(一)居住权的设定

根据设立方式的不同,居住权可以分为法定居住权、意定居住权和裁定居住权。法定居住权依据法律规定取得,主要发生在家庭内部,基于对公序良俗原则对弱势群体保护的目的,使相关权利人的居住权益受到法律的保护。意定居住权是根据意思自治而取得,主要存在三种情形:①通过遗嘱设定居住权,权利人死亡时生效。②通过遗赠设定居住权,同样以权利人死亡为生效要件,且权利人为法定继承人以外的第三人。③通过合同方式设定居住权,主体没有任何限制。裁定居住权基于法院裁判设定居住权,因居住权缺乏系统性法律依据,在司法实践过程中更多的是通过裁判取得居住权。法官在审判案件时合理利用自由裁量权,根据双方利益平衡的原则而赋予弱势一方当事人居住权。

---

[1] 李显冬.我国居住权设立的正当性[J].法学杂志,2014(12):41-44.

《物权法(草案)》仅规定通过遗嘱或遗赠以及合同方式设立居住权,故而在设立方式上缺少法定居住权和裁定居住权的相关规定。如《物权法(草案)》第181条:"设立居住权,可以根据遗嘱或遗赠,也可以按照合同约定。"

居住权的设立方式首先要充分尊重当事人的意思自治,为了保护与房屋所有权人共同居住或具有抚养等关系的人住有所居,在不违背公序良俗的前提下规定居住权的法定取得,例如父母与未成年女子之间的居住权。此外,根据司法实践的现实发展需求,可适当引入居住权的裁定取得。当下离婚案件中居住问题十分突出,虽然相关司法解释规定一方可以居住权的形式对生活困难者进行帮助,但在司法实践中的具体操作尚难厘清,以法院裁判的方式设定居住权不失为当下解决居住权纠纷的现实选择。

(二)居住权的主体与客体

1.居住权的人主体为特定非所有权人

居住权主要是基于婚姻家庭关系而产生,满足赡养、抚养和扶养的需要,涉及家庭成员特有的利益,因而大多数国家民法典上的居住权主体仅限于特定的自然人、法人或其他组织不能成为居住权的主体。为适应经济发展和制度完善的需要,居住权的主体设定可以有相应的兜底性条款,充分尊重居住权设立人的意思自治,适当扩大居住权的权利主体。关于居住权的权利主体范围,《物权法(草案)》中无相关规定,因此可以适当地借鉴其他各国的法律规定,并根据我国具体的实际情况予以确定。

鉴于居住权人与所有权人之间的赡养、抚养或扶养关系,权利主体原则上确定为自然人。同时,权利主体应限定在近亲属和由所有权人扶养的其他家庭成员之内。对于家庭成员应作广义理解,还包括由于为权利人本人或家庭提供服务而与权利人一起生活的成员或生活所必须护理人员,例如家庭服务人员或具有亲子关系成员等。当然,居住权设置的目的是对弱者居住利益的保护,只有处于无房居住、生活困难等弱者地位的特定家庭成员才能成为居住权主体。此外,权利主体可以根据财产流通性需求适当予以扩大,并非所有权利主体仅局限于家庭成员范围内。随着司法实践中公房或投资性住房的居住权纠纷日益增加,应将房屋共有人等与房屋的权属具有特定关系的人纳入主体范围之中。

2. 居住权的客体为不具有所有权之房屋

居住权是因居住使用他人房屋的权利,故其客体一般是不具有所有权的房屋,通常也包括住宅、附属物、共用物等配套性设施。我国《物权法(草案)》中曾明确规定居住权的权利客体为他人享有所有权的房屋以及其他附着物,但在司法实践中存在着居住权人与所有人共用一所房屋的情况,房屋所有权人让渡的不是房屋的整个居住权能,因此在房屋的一部分空间内设定居住权,可以使房屋的效益发挥到最大化。

居住权的权利客体也可以进一步细化,其一,将权利客体界定为他人享有所有权的全部或部分房屋,以及其他附着物,增加对某一套房屋中的某一个房间或者空间设定的居住权;其二,将承租的公房纳入居住权的客体考量范围内。一般而言,在承租的房屋上设定居住权会增加所有权人的物权性负担,可能会损害所有权人的利益,因此在承租房屋上不应设定居住权。但随着住房市场化的改革,公房使用权的财产属性日益突出,公房由福利性住房转变为兼具保障居住与财产价值双重属性的房屋,关于公房居住问题仍是亟待解决的难题,为保障生活困难的非承租方即共同居住人的基本生活需求,法律应提供适当的救济,允许在承租的公房上设定居住权,以维护基本人权和社会稳定。❶

(三)居住权的权利与义务

1. 居住权人所享有的权利

居住权人的权利主要是指居住权人对房屋享有占有、使用、和一定收益的权利。包括:①对房屋的占有权。居住权作为一种用益物权,其权利的实现是以占有标的物为前提,占有即为居住权人的基本权能,居住权人有权要求所有权人提供指定的住房或住房中一部分的权利。②对房屋的使用权。居住权人因居住的目的而使用房屋,不仅可以本人居住,而且可以与其共同生活的家庭成员、为其服务或护理的人员共同居住该房屋。③对房屋的修缮权。居住权人为满足其正常使用房屋和基本生活需求,可以在不改变房屋结构和用途的前提下,对房屋进行必要的改良和修缮,且费用自行承担。④物上请求权。在对房屋行使占有、使用权利时,可以行使物上请求权而排除所有权人及第三人的妨害,包括停止侵害、排除妨碍、消除

---

❶ 费佳敏. 论公房租赁中同住人"居住权"的性质[J]. 法制与社会,2015(3):162.

危险等。

2. 居住权的相关义务

居住权的法律义务主要包括：①对房屋的合理使用。居住权应依照房屋的居住用途及家庭居住需要合理使用房屋，不得任意改变房屋的结构、用途。②妥善管理的义务。在居住权法律关系中，居住权人应以善良管理人的身份对房屋进行合理保管，不得从事任何有损于房屋的行为，在房屋存在毁损的隐患情形下应及时通知所有权人或采取必要的修缮措施。③房屋的日常费用负担。《物权法（草案）》中将费用负担限定为日常维护费用和物业管理费用，不承担重大修缮费用，但这一规定不够全面，可以借鉴《法国民法典》的相关规定，居住权人须负担正常维修费和房屋税费。正常维修费是指保存、管理和正常修缮义务，而房屋税费是指即将征收的房产税、租金等负担。④对房屋及时返还的义务。在居住权消灭时，居住权人应及时返还房屋，至于在房屋正常使用的过程中对房屋所产生的折旧费，由居住权人或所有权人协商而定。

（四）居住权的变动与终止

1. 居住权的变动需登记

随着《不动产登记暂行条例》的施行，不动产统一登记制度建立且不断完善，不仅使不动产权利人的合法利益得到法律保障，同时也是维护房地产市场安定有序、稳定发展的重要途径。由于居住权具有物权属性，且与作为不动产的房屋息息相关，其权利的设立、转让和消灭都应当遵循物权变动登记的形式要求进行登记公示。如在现行行政体系内将居住权登记与房屋产权登记并行，在房屋产权后加居住权备注等。❶

法定居住权和裁定居住权因法律的规定，以及裁定本身具有强烈公示性，两者不需要登记，而意定居住权发生变动时应该登记，登记不发生有物权效力，但可以对抗第三人。居住权是权利主体对房屋直接支配的权利，为维护其物权支配性和存续期间的长期性，在发生变动时应当进行登记公示，遵循物权变动登记的形式要求。然而基于居住权的救助性特征，规定居住权必须登记在一定程度上可能增加

---

❶ 杨远家. 梯度思维在解决"小产权房"问题中的适用——从司法确认合同效力到居住权立法[J]. 法制与社会，2012(1)：69.

居住权人的负担,且意定居住权以意思表示生效时成立,故其变动登记不具有创设物权的效力,但可以弥补其物权效力,对抗第三人。

2. 居住权的终止原因诸多

居住权是一种附条件或附期限的权利,在条件成就或期限届至时,居住权归于消灭。居住权终止的原因有多种,在德国、法国、意大利等国家的民法典中,居住权终止的原因主要有权利人死亡、标的物灭失、权利人放弃权利、期限届满或条件的成就、混同以及权利不行使等,我国《物权法(草案)》中居住权终止的原因并不全面,仅规定居住权人放弃居住权、居住权期间届满、解除居住权关系的条件成就、居住权被撤销、住房被征收、住房灭失这六种原因,应在借鉴国外法律的基础上根据实际情况予以补充。

应当增加如下两点:第一,居住权因混同而消灭。根据物权法原理,同一物之所有权与其他物权归于一人时,其他物权因混同而消灭,即居住权人取得房屋的所有权,可依所有权居住房屋,居住权当然归于消灭;第二,因居住权人的死亡而消灭。居住权本质上是为特定人的利益而设定,倘若居住权人死亡,居住权因失去特定的权利人而消灭。

居住权作为人的一项基本权利是满足拥有合适居所的基本要求,也是保障人类生存和发展的必要物质条件,其存在与否直接关系到基本生命体的发展与延续。居住权的确立不仅是现实生活的迫切需求,亦是现代法制社会发展的必然趋势,其权利架构乃是一项系统而复杂的工程,需在综合多重因素的基础上进行科学合理的设计,方能建构一种既可以调整婚姻家庭领域的救助关系,又能满足收益性需求并体现正义与效益价值的现代居住权。当下,在《物权法》已尘埃落定的情况下,是将理论提炼升华而形成具有可操作性的新的法律规定,亦或在原有法律规范的前提下完善相应的配套规范以调整居住关系,其具体构建模式尚有待在现有司法实践的基础上进行考量。

参考文献

一、中文版

[1] [古罗马]优士丁尼. 法学阶梯[M]. 徐国栋,译. 北京:中国政法大学出版社,1999.

[2] [日]进江幸治. 担保物权法[M]. 祝娅,王卫军,房兆融,译. 北京:法律出版社,2000.

[3] [美]罗纳德·德沃金. 认真对待权利[M]. 信春鹰,吴玉章,译. 北京:中国大百科全书出版社,2008.

[4] [美]博登海默. 法理学法哲学与法学方法[M]. 邓正来,译. 北京:中国政法大学出版社,2004.

[5] [美]克鲁斯克,杰克逊. 公共政策词典[M]. 上海:上海远东出版社,1992.

[6] [美]曼昆. 经济学原理[M]. 梁小民,梁砾,译. 北京:北京大学出版社,2009.

[7] [美]高山晟. 经济学中的分析方法[M]. 北京:中国人民大学出版社,2002.

[8] [美]贝哈安特. 不动产法[M]. 北京:中国人民大学出版社,2002.

[9] [美]丹尼斯·麦肯泽,理查德·贝茨. 不动产经济学[M]. 北京:中国人民大学出版社,2009.

[10] [美]阿列克斯·施瓦兹. 美国住房政策[M]. 北京:中信出版社,2008.

[11] [美]格拉蒂. 现代房地产实务[M]. 上海:上海人民出版社,2005.

[12] [德]鲍尔,施蒂尔纳. 德国物权法(上册)[M]. 张双根,译. 北京:法律出版社,2004.

[13] [德]卡尔·拉伦茨. 法学方法论[M]. 陈爱娥,译. 北京:商务印书馆,2003.

[14][德]曼弗雷德·沃尔夫.物权法[M].北京:法律出版社,2002.

[15][英]劳森,拉登.财产法[M].北京:中国大百科全书出版社,1982.

[16][英]玛格丽特·威尔基,戈弗雷·科尔.不动产租赁法[M].北京:法律出版社,2003.

[17][瑞典]凯梅尼.从公共住房到社会市场:租赁住房政策的比较研究[M].北京:中国建筑工业出版社,2010.

[18][意]彼德罗·彭梵德.罗马法教科书[M].黄风,译.北京:中国政法大学出版社,1992.

[19]胡长清.中国民法总论[M].北京:中国政法大学出版社,1997.

[20]林诚二.民法总则(上册、下册)[M].北京:法律出版社,2008.

[21]邱聪智.民法研究(一)[M].北京:中国人民大学出版社,2002.

[22]史尚宽.物权法论[M].北京:中国政法大学出版社,2000.

[23]王泽鉴.民法物权[M].北京:北京大学出版社,2010.

[24]王泽鉴.民法物权(一)通则·所有权[M].北京:中国政法大学出版社,2001.

[25]谢在全.民法物权论[M].北京:中国政法大学出版社,1999.

[26]郑玉波.民法物权[M].中国台湾:三民书局,1995.

[27]桂强芳.香港房地产法[M].香港:利文出版社,1992.

[28]李宗锷.香港房地产法[M].香港:天下文化出版社,1996.

[29]毕宝德.土地经济学[M].北京:中国人民大学出版社,2006.

[30]陈耀东.房地产法[M].上海:复旦大学出版社,2006.

[31]陈耀东.商品房买卖法律问题专论[M].北京:法律出版社,2003.

[32]蔡荣生,吴崇宇.我国城镇住房保障政策研究[M].北京:九州出版社,2012.

[33]崔建远.物权法[M].北京:中国政法大学出版社,2009.

[34]蔡永民.比较担保法[M].北京:北京大学出版社,2004.

[35]陈泉生,张梓太.宪法与行政法的生态化[M].北京:法律出版社,2001.

[36]崔吉子.债法通论[M].北京:北京大学出版社,2006.

[37]陈小君等.农村土地法律制度研究[M].北京:法律出版社,2004.

[38]董藩,王家庭,王锋.房地产金融[M].大连:东北财经大学出版社,2000.

[38]代春泉,徐青.房地产开发[M].北京:清华大学出版,2011.

[39]邓宏乾.房地产金融[M].上海:复旦大学出版社,2006.

[40]丁南.担保物权释论[M].北京:中国政法大学出版社,2013.

[41]符启林.商品房预售法律制度研究[M].北京:中国政法大学出版社,2002.

[42]符启林.城市房地产开发用地法律制度研究[M].北京:法律出版社,2000.

[43]房绍坤.物权法用益物权编[M].北京:中国人民大学出版社,2007.

[44]范子文.中国住房反向抵押贷款研究[M].北京:中国农业出版社,2011.

[45]耿毓修.城市规划管理与法规[M].南京:东南大学出版社,2004.

[46]高富平.土地使用权和用益物权[M].北京:法律出版社,2001.

[47]高圣平.担保法论[M].北京:法律出版社,2009.

[48]郭洁.土地资源保护与民事立法研究[M].北京:法律出版社,2002.

[49]关涛.我国不动产法律问题专论[M].北京:人民法院出版社,2007.

[50]胡晓义,等.社会保障概论[M].北京:中国劳动社会保障出版社,2012.

[51]韩再.住房反向抵押贷款运作机制[M].北京:中国金融出版社,2014.

[52]蒋晓玲,等.农村土地使用权流转法律问题研究[M].北京:法律出版社,2011.

[53]金俭.房地产法研究[M].北京:科学出版社,2004.

[54]江平.中国土地立法研究[M].北京:中国政法大学出版社,1999.

[55]梁慧星.民商法论丛(第40卷)[M].北京:法律出版社,2008.

[56]梁慧星.中国物权法草案建议稿[M].北京:社会科学文献出版社,2000.

[57]李昌麒.经济法学[M].北京:法律出版社,2008.

[58]楼建波.房地产法前沿[M].北京:中国法制出版社,2007.

[59]李雪萍.城市社区公共产品供给研究[M].北京:中国社会科学出版社,2007.

[60]刘凯湘.民法总论[M].北京:北京大学出版社,2008.

[61]吕忠梅.沟通与协调之途——论公民环境权的民法保护[M].北京:中国

人民大学出版社,2005.

[62]林建伟.房地产法基本问题[M].北京:法律出版社,2006.

[63]刘胜华,刘家彬.土地管理概论[M].武汉:武汉大学出版社,2005.

[64]刘琳,等.我国城镇住房保障制度研究[M].北京:中国计划出版社,2011.

[65]刘瑛,乔宁.房地产开发[M].北京:北京大学出版社,2007.

[66]雷兰.商品房预售法律问题研究[M].北京:知识产权出版社,2007.

[67]刘佐.中国房地产税收[M].北京:中国财政经济出版社,2006.

[68]刘飞.城市规划行政法[M].北京:北京大学出版社,2007.

[69]穆怀中.社会保障国际比较[M].北京:中国劳动社会保障出版社,2014.

[70]孟晓苏,柴晓武.反向抵押贷款[M].北京:人民出版社,2009.

[71]马新彦.美国财产法与判例研究[M].北京:法律出版社,2001.

[72]冉克平.物权法总论[M].北京:法律出版社,2015.

[73]孙光德,董克用.社会保障概论[M].北京:中国人民大学出版社,2000.

[74]孙宪忠.物权法[M].北京:社会科学文献出版社,2011.

[75]苏号朋.美国商法——制度、判例与问题[M].北京:中国法制出版社,2000.

[76]申卫星.期待权基本理论研究[M].北京:中国政法大学出版社,2006.

[77]谭术魁.房地产管理学[M].上海:复旦大学出版社,2006.

[78]唐烈英.房地产法学[M].北京:法律出版社,2008.

[79]唐义虎.担保物权制度研究[M].北京:北京大学出版社,2011.

[80]田东海.住房政策:国际经验借鉴和中国现实选择[M].北京:清华大学出版社,1998.

[81]吴春岐,楚道文,王倩.房地产法新论[M].北京:中国政法大学出版社,2008.

[82]王利明.物权法论[M].北京:中国政法大学出版社,2008.

[83]王利明.中国物权法草案建议稿及说明[M].北京:中国法制出版社,2001.

[84]王小莹.我国农村土地流转法律制度研究[M].北京:法律出版社,2012.

[85]王卫国,王广华.中国土地权利的法制建设[M].北京:中国政法大学出版

社,2002.

[86]王闯.让与担保法律制度研究[M].北京:法律出版社,2000.

[87]徐孟洲.税法[M].北京:高等教育出版社,2009.

[88]谢邦宇.罗马法[M].北京:北京大学出版社,1990.

[89]许明月,胡光志.财产权登记法律制度研究[M].北京:中国社会科学出版社,2000.

[90]尹田.物权法[M].北京:法律出版社,2013.

[91]杨紫烜.经济法[M].北京:北京大学出版社、高等教育出版社,2005.

[92]杨立新.民商法理论争议问题——用益物权[M].北京:中国人民大学出版社,2007.

[93]郑瑞琨.房地产交易[M].北京:北京大学出版社,2007.

[94]邹晓燕.房地产法律制度[M].北京:化学工业大学出版社,2010.

[95]褚超孚.城镇住房保障模式研究[M].北京:经济科学出版社,2005.

[96]张乱铭,沈正超.中国商品房预售制度研究[M].上海:上海社会科学院出版社,2006.

[97]朱大旗.税法[M].北京:中国人民大学出版社,2010.

[98]周珂.住宅立法研究[M].北京:法律出版社,2008.

[99]周枏.罗马法原论[M].北京:商务印书馆,1994.

二、外文版

[1][日]ケンセツシヨウ ケンセツ矽 ザイ 清裕.不動産六法(昭和63年度版)[M].ぎょうせい,1988.

[2][美]Sumuelson P A,Nordhaus W D..Microeconomics(Eighteenth Edition)[M].McGraw-Hill,2004.

[3][美]Felice W F.The Global New Deal:Economic and Social Human Rights in world Politics[M].Rowman &Little field Publishers Inc.,2009.

[4][美]Surhone Lambert M,Timpledon Miriam T,Marseken Susan F. Tax Law [M].Betascript Publishing,2010.

[5][美]Leckie S. National Perspectives on Housing Rights,Brill,2003.

[6][美]Mandelker D R, Law L U. The Michie Company[M]. 1982.

[7][美]Jacobus C J. Real Estate Law[M]. 2 ed. South-Western Educational Pub,1997.

[8][美]Corley R. Real Estate and the Law[M]. Random House Inc.(T),1982.

[9][美]Jennings M. Real Estate Law[M]. South-Western College Pub,1994.

[10][美]Pearce R A. Land Law[M]. Sweet & Maxwell,2013.